Das nächste Geld

*

Christoph Pfluger

Das nächste Geld

Die zehn Fallgruben des Geldsystems
und wie wir sie überwinden

Christoph Pfluger
Das nächste Geld – die zehn Fallgruben des Geldsystems
und wie wir sie überwinden
3. revidierte Auflage, 2016
ISBN: 978-3-9523955-3-0

Satz: Zeitpunkt, Solothurn
Umschlaggestaltung: Vincent Grand unter Verwendung
einer Illustration von Dan Tague, © Dan Tague
Korrektorat: Hannah Willimann
Druck: Stämpfli AG, Bern
© 2015, 2016 edition Zeitpunkt
Werkhofstr. 19, CH-4500 Solothurn, edition.zeitpunkt.ch

Inhalt

Einleitung	5
I. Irrtum mit System	8
1. Juristenfutter – Ballaststoff ohne Nährwert	46
2. Fast alles wird kontrolliert, nur das Geld nicht	56
3. Die Verwechslung von Brems- und Gaspedal	64
4. Je schneller, desto besser – warum wir uns selber überholen müssen	72
5. Mehr! Geld erzwingt Wachstum	87
6. Wachstum ohne Wachstum – die Bevorteilung der Finanzwirtschaft	97
7. Was mehr wird, verschwindet: Umverteilung durch Inflation	106
8. Jeder gegen jeden: das Geld als Konkurrenzbeschleuniger	111
9. Der grosse Umverteiler: die Transaktionssteuer, die niemand bemerkt	120
10. Das Risiko, das uns den Rest gibt	129
II. Der grosse Raubzug – die Verschuldung der Welt	142
III. Das nächste Geld – der Drache wird den Weg freigeben	200
Empfohlene Literatur	250
Über den Autor	254

Liebe Leserinnen und Leser

Man kann besser stehlen, wenn man etwas gibt. Nach dieser einfachen Logik ist es dem Geld gelungen, sich fast die ganze Welt untertan zu machen. Der Trick ist vielleicht schnell erklärt, aber seine Wirkung so umfassend, dass aus den geplanten hundert Seiten für dieses Buch mehr als das Doppelte geworden sind. Aus dem Wunsch nach einer eingängigen Darstellung der Fehler des Geldes und den Möglichkeiten ihrer Korrektur ist ein Krimi über einen Grossbetrüger geworden, der weltweit seine Fallen stellt. Menschen verschwinden in seinen Gruben, Firmen, Gemeinden und Staaten und vielleicht schon bald die ganze Erde. Trotzdem treibt er weiterhin ungestört sein Unwesen. Mittlerweile ist der Mammon so dick und fett, dass er buchstäblich «too-big-to-jail» geworden ist.

Der erste Teil dieses Buch erstellt ein Profil des Täters und beschreibt seine scheinbar harmlose Geburt. Geld entsteht buchstäblich aus dem Nichts. Wenn Banken einen Kredit vergeben, verleihen sie nicht das Geld der Sparer – diese behalten es nämlich – sondern schreiben es einfach ins Konto des Kreditnehmers. Mit dieser Zahl auf dem Konto kann er bezahlen, als ob es Geld wäre, für das jemand gearbeitet hat oder hinter dem ein realer Wert steht. Einzige Bedingung: Der Kreditnehmer muss mehr zurückgeben, als er bekommen hat.

Der einfache Vorgang erzeugt allerdings eine Vielfalt von Problemen: Weil die ganze Geldmenge aus Schulden besteht, die erst noch schneller wachsen, hat es nie genug von dieser magischen Substanz. Und weil wir alle verzweifelt danach streben, versuchen wir, alles in Geld zu verwandeln und geraten uns in die Haare. Aber kein Gesetz dieser Welt erklärt, was Geld wirklich ist.

Mit dem Geld, das uns doch verbinden und den Tausch erleichtern sollte, geht es uns wie den ersten Menschen der Bibel. Man kann bei der Geldschöpfung immer wieder bei Adam und Eva beginnen und wird jedes Mal aus einem anderen Grund aus dem Paradies geworfen. Einmal ist es der Wachstumszwang, der alle materiellen Grenzen sprengt; dann ist es die Umverteilung, die den Grossteil der Menschheit in Armut stürzt oder das Risiko, dass alles verschwindet, wo es hergekommen ist – im Nichts. Überall lauern die Fallgruben des Geldes.

Der zweite Teil erklärt sehr summarisch, wie wir in diese Gruben gefallen und nun in einem Irrtum gefangen sind, dem die meisten Menschen und vor allem wir als Kollektiv erlegen sind. Weil alle ihn teilen, ist dieser Irrtum auch so schwer zu erkennen.

Der dritte Teil beschreibt, wie wir uns wieder befreien und die Macht des Mammons brechen können. Und wir werden sehen: Es wurde auch schon gemacht. Es ist sogar erstaunlich einfach, wenn nur genügend Menschen das Geld verstehen und den Trick erkennen. Dazu braucht es freilich ein bisschen Mut, und den will dieses Buch vermitteln.

Seine Sprache ist vielleicht ein bisschen gewöhnungsbedürftig. Manchmal ist es die Erzählung eines Detektivs auf Spurensuche, manchmal der Vortrag eines Oberlehrers und hin und wieder die Warnung eines verzweifelten Predigers. Als Ganzes ist es eine unglaubliche, aber wahre Geschichte, der wir jetzt, wo sie erzählt ist, einen guten Ausgang bescheren können. Das ist das Einzige was zählt.

Dieses Buch wäre nicht möglich gewesen ohne die vielen Forscher und Denker, die sich seit hunderten von Jahren mit Geldreform befassen. Vielleicht enthält dieses Buch keinen Gedanken, der nicht irgendwann schon einmal gedacht wurde. Das meiste beruht auf jeden Fall auf dem reichen Schatz an Geldwissen, den ich hiermit zu heben und der Allgemeinheit in verständlicher Sprache und knappem Umfang zugänglich machen möchte. Es ist ein vorläufiges Resultat. Für den Fall weiterer Auflagen bin ich dankbar für Verbesserungsvorschläge.

Einen entscheidenden Einfluss auf meinen persönlichen Weg hatte die 2013 verstorbene Architektin und Geldreformerin Prof. Margrit Kennedy, die mir 1987 in einem Vortrag über Geld und Zinsen die Augen für dieses Thema öffnete. Ich war damals als Wirtschaftsjournalist für verschiedene Schweizer Tageszeitungen tätig und reiste zur Berichterstattung über die Konferenz «From Organisation to Organism» ins schottische Findhorn, an der Margrit sprach. Sie verband mich mit vielen guten Köpfen der Geldreform, u.a. mit Prof. Bernard Lietaer, dessen zahlreiche Bücher zum Besten zählen, was es zum Thema zu lesen gibt. Grösste Hochachtung habe ich auch vor Prof. Joseph Huber, dem geistigen Vater der Vollgeld-Reform, der es fast im Alleingang mit der Finanzwissenschaft aufgenommen und die Geldschöpfung zu einem Thema gemacht hat, dem heute kein Ökonom mehr ausweichen kann. Joseph Huber hat den ersten Teil des Manuskripts mit Sachkenntnis revidiert. Den zweiten und dritten Teil hat er nicht gesehen. Vermutlich wäre der zurückhaltende Mensch mit der Sprache nicht immer einverstanden gewesen. Eine grosse Stütze war schliesslich Ute Scheub, die das Manuskript als erfahrene Autorin begleitet hat. Ihre Hinweise zu geschlechtsneutralen Formulierungen habe ich allerdings längst nicht alle befolgt. Der leichte Fluss des Textes war mir meist wichtiger als die explizite Nennung aller Männer und Frauen. Ich hoffe, Ute, und mit ihr alle Leserinnen dieses Buches werden mir dies nachsehen. Eine grosse Hilfe waren auch die Hinweise der Erstleser Mark Ita, Norbert Olah und Jochen Uebel.

Ein grosser Dank geht an meine Liebsten: Linda, meine fünf erwachsenen Jungs, die MitarbeiterInnen beim Zeitpunkt, die Freunde der Bewegung für Geldreform, die einigen Verzicht leisten mussten, damit die ungestörte Arbeit erst möglich wurde.

Mein ganz grosser Dank gilt aber den Leserinnen und Leser der Zeitschrift «Zeitpunkt». Sie haben mich in all den Jahren nicht nur ständig zu neuen Nachforschungen herausgefordert; sie haben es auch ermöglicht, mich ein paar Monate von der täglichen Redaktionsarbeit zurückzuziehen. Ohne sie gäbe es «Das nächste Geld» nicht. Aber jetzt ist es da, und es kann verwendet werden.
Christoph Pfluger, Solothurn, Juli 2015.

Zur dritten Auflage: Unbeachtet vom Mainstream hat «das nächste Geld» eine ausgezeichnete Aufnahme und eine erstaunliche Verbreitung gefunden. Die zweite und dritte Auflage wurden jeweils aktualisiert und um die Entwicklungen der letzten Monate ergänzt, namentlich was Negativzinsen und die Bargeldabschaffung angeht. Das Buch bleibt, wie die Geldreform, *work in progress*. November 2016

Irrtum mit System

Je grösser der Irrtum, desto schwerer ist er zu erkennen. Der Grund ist einfach: Je mehr man in einen Fehler investiert hat – Zeit, Geld, Hoffnung – desto grösser ist der Verlust im Moment der Wahrheit. Und Verluste gilt es zu vermeiden, oder, wenn es nicht anders geht, zu verleugnen. Ein kleiner Betrug, etwa beim Rückgeld auf dem Markt, ist so schnell verwunden, wie er passiert ist. Ein grösserer, beim Kauf eines übertaueren Teppichs zum Beispiel oder eines Gebrauchtwagens mit versteckten Mängeln, braucht zu seiner Verarbeitung schon länger. «Das darf doch nicht wahr sein!» ist ein typischer Gedanke, wenn man merkt, dass man übervorteilt wurde. Der erlittene Verlust darf nicht wahr sein, deshalb wird er zunächst geleugnet. Aber das Leben geht erst weiter, wenn der Verlust akzeptiert und das Hadern über die Vergangenheit vorbei ist.

Die Irrtümer enden natürlich nicht im Geschäft mit dem Teppich- oder dem Occasionshändler. Man kann auch das falsche Haus kaufen, den verkehrten Beruf erlernen oder sich in einer Geschäftsidee verrennen. Dann kann die Verarbeitung des Irrtums länger dauern. Man bleibt im Haus und wird unglücklich; man verharrt im Beruf und wird depressiv; man behält die Investition und verliert sein Geld. Ob man es schafft, zur Erkenntnis zu kommen, ist eine andere Frage. Viele Menschen erholen sich nie mehr von einem grossen Absturz oder versuchen, das Schicksal nochmals mit demselben Trick zu überlisten.

Der Mensch kann also einem sehr grossen Irrtum erliegen, ohne ihn zu entdecken. Selbst wenn Andere auf den Fehler aufmerksam machen, wird man oft nicht einsichtig und schleppt den Selbstbetrug ins Grab. Durch Schaden wird man erst klug, wenn man ihn angenommen und verstanden hat.

Nun gibt es offensichtlich nicht nur den Irrtum des tragischen Individuums, sondern auch des unwissenden, des geblendeten oder des verführten Kollektivs – die flache Erde, der Tanz um die goldenen Kälber und viele Religionen sind Beispiele dafür. Für kollektiven Betrug wurde schon immer gerne viel Geld ausgegeben, vielleicht gerade, um ihn durch Erhöhung des Verlusts bei Entdeckung besser zu schützen. Denn ein Verlust, den man nicht wahrnimmt, hat man nicht erlitten, selbst wenn er stattgefunden hat. Wenn Sie nicht erfahren, dass Sie zehn Prozent Steuern zu viel bezahlen, wird sich kein Gefühl des Betrogenwerdens einstellen.

Ein Beispiel, über das wir heute lachen oder den Kopf schütteln mögen, ist der grassierende Ablasshandel zur Mitte des letzten Jahrtausends. Alle machten mit und erkauften sich einen direkten Weg in den Himmel, ohne Umweg über die lästige Reinigung im Fegefeuer. In Tat und Wahrheit finanzierten sie damit die prunkvollste Kirche, die jemals gebaut wurde – mehr ein Ausdruck weltlicher Potenz als göttlicher Inspiration. Aber ausgerechnet auf ihrem Höhepunkt war die päpstliche Machtentfaltung am zerbrechlichsten. Einem kleinen Augustinermönch gelang, was andere zuvor auf den Scheiterhaufen führte. Er nagelte seine Thesen an die Kirchentür von Wittenberg und sagte später vor dem Reichstag zu Worms angeblich die berühmten Worte: «Hier stehe ich und kann nicht anders.»

Auch wir Heutigen werden schon bald nicht anders können, als der Politik der Kathedralen des Geldes Einhalt zu gebieten. Denn auch unser heutiges Geld ist ein weitgehend illusionärer Glaube an ein Versprechen, das nie wahr werden wird, genauso wenig wie die erste monetäre Massenhysterie der Geschichte, die holländische Tulpenmanie der 1630er Jahre, während der man für eine seltene Tulpenzwiebel so viel bezahlte wie für ein Haus. Der Glaube an den magischen Gewinn dauerte nicht lange, in seiner heissen Phase bloss ein paar Monate. Aber er endete mit Obdachlosen, die sich mit dem Anblick einiger Tulpen über den Verlust ihrer Vermögen hinwegzutrösten versuchten.

Die holländische Tulpenmanie der 1630er Jahre gilt als die erste Spekulationsblase der Wirtschaftsgeschichte und an ihr kann man bereits den entscheidenden Bestandteil aller folgenden erkennen. Richtig losgetreten wurde sie nämlich erst, als wegen der übergrossen Nachfrage nach Tulpenzwiebeln nicht nur echte Pflanzen, sondern auch Bezugsrechte verkauft wurden. Die Käufer sicherten sich gegen eine Gebühr von 2,5 Prozent eine notariell beglaubigte Option, die zur Erntezeit erfüllt werden musste, in der Regel aber schon vorher mehrmals gewinnbringend die Hand wechselte. Man konnte also mit relativ wenig Geld und einem Versprechen an die Zukunft einen satten Profit einstreichen. Es galt einfach, rechtzeitig auszusteigen.

Die Tulpenmanie zeigt im übrigen, wie Staaten mit einem derartigen Crash umgehen müssten. Das Begehren, die abgestürzten Spekulanten zu entschädigen, beantwortete die holländische Regierung nach zweitägiger Bedenkzeit wie folgt: «Die Tulpenspekulation ist durch eine Art Fieber zustande gekommen, also im Zustand der Unzurechnungsfähigkeit. Bei Spielsucht ist aber nicht der Staat zuständig, sondern der Arzt.»[1]

Der kollektive Irrtum ist eine geschichtliche Konstante. Die Ursache liegt in der Psychologie der Massen, die den Gang der Geschichte viel stärker prägt, als wir meinen. Die Massen werden «stets durch die wunderbaren, legendären Seiten der Ereignisse am stärksten ergriffen», schrieb Gustave le Bon 1894 in seinem grundlegenden Werk *Psychologie der Massen*. «Das Wunderbare und das Legendäre sind tatsächlich die wahren Stützen einer Kultur. Der Schein hat in der Geschichte stets eine grössere Rolle gespielt als das Sein. Das Unwirkliche hat stets den Vorrang vor dem Wirklichen.»[2] Der kollektive Selbstbetrug geht sogar noch weiter. Weil die Massen nur in einfachen Bildern denken und sich von Gefühlen leiten lassen, finden «alle politischen, religiösen und sozialen Glaubenslehren bei ihnen nur Aufnahme unter der Bedingung, dass sie eine religiöse Form angenommen haben, die sie jeder Auseinandersetzung entzieht».[3] Das Geld mit seinen vielen religiösen Aspekten zählt zweifellos zu diesen sozialen Glaubenslehren.

Nun könnte das Leben auf der Erde könnte tatsächlich so schwierig sein, wie es heute vielen Menschen vorkommt. Aber der Umstand, dass die überwiegende Mehrheit der Menschen sich redlich abrackert und wir im Grunde das Gegenteil des Erstrebten erreichen, sollte uns schon stutzig machen. Wir produzieren Lebensmittel auf Teufel

---

1 Zitiert nach Georg Schramm. Eine Anfrage nach der Quelle des Zitates blieb leider bis zur Drucklegung unbeantwortet. Möglicherweise handelt es sich um einen kabarettistischen Einfall. In diesem Fall würde ich Georg Schramm sofort als Mitglied des Financial Stability Board vorschlagen.
2 Gustave le Bon: Psychologie der Massen. Nikol, 2014. S. 68/69
3 aaO, S. 76

komm raus – der Hunger steigt. Die Staatsmänner unterschreiben Verträge und Erklärungen für mehr Gerechtigkeit – die Unterschiede zwischen Nord und Süd und Arm und Reich wachsen. Wir bekämpfen die Despoten – die Kriege nehmen zu. Wir streben nach Freiheit und Unabhängigkeit – die Zwänge der Arbeitswelt durchdringen unser Privatleben. Wir wollen das Eine und bekommen das Andere. Wenn da nicht ein gigantischer Irrtum im Spiel ist?

Der grosse Irrtum dieser Welt ist das Geld, wie es heute geschaffen und verwendet wird – dies ist die Hypothese dieses Buches. Die Behauptung scheint kühn; aber wer sich nur ein bisschen mit den ideellen und wissenschaftlichen Grundlagen des Geldes befasst, erkennt schnell, dass das monetäre Wissen ein riesiger Teppich von Halbwahrheiten und blinden Flecken ist, unter den wir alle Probleme kehren, die eben dieses Geld verursacht: Arbeitslosigkeit, Hunger, Verschwendung und viele andere Plagen der Menschheit. Ein Tauschmittel, das Produzenten für die Zerstörung von Lebensmitteln belohnt, während andere hungers sterben, kann nicht der Weisheit letzter Schluss sein. Ein Geld, das Arbeitswillige inmitten einer Welt von sinnvollen Aufgaben zur Untätigkeit verdammt, während andere allein dafür fürstlich belohnt werden, dass sie Geld von einer Kasse in die andere leiten – ein solches Geld darf nicht sein, wenn unser Planet eine Zukunft haben soll.

Das Geld ist allerdings nicht so einfach zu durchschauen, wie wir bereits gesehen haben – Irrtümer haben eine lange Halbwertszeit. Selbst wenn wir bereit sind, den Verlust zu akzeptieren, das vertane Leben, die verlorene Zeit, die zerstörte Erde, selbst mit dieser grossen Bereitschaft, das Unvermeidliche anzunehmen, zeigt uns der unverstellte Blick auf das Geld noch lange nicht des Pudels Kern, wie diese Geschichte illustriert:

Ein Pilger ist unterwegs zu einem heiligen Berg. In der letzten Ortschaft vor der grossen Einsamkeit, in die er sich für ein paar Wochen zurückziehen will, kehrt er noch einmal in einer Herberge ein. Dem Wirt gibt er den grossen Schein, seine gesamte Barschaft, zur sicheren Verwahrung, bis dass er wiederkomme. Sobald der Pilger hinter dem nächsten Hügel verschwunden ist, nimmt der Wirt die Tausendernote und lässt sich dafür vom Metzger die Fleischvorräte füllen. Dieser, nun im Besitz des grossen Geldes, geht zum Bauern und kauft sich ein Rind. Und in der Bauernstube stehen schon bald neue Stühle, bezahlt mit dem Schein, den nun ein Schreiner in der Hand hält, der mit dem Wirt die Kosten der Heirat seiner Tochter verhandelt. Das ganze Dorf trifft sich im Wirtshaus, um das frohe Fest zu feiern, als der Pilger vom heiligen Berg zurückkehrt. Der Wirt holt den Schein und gibt ihn dem Pilger, der die sichere Verwahrung verdankt, die Note vor versammelter Dorfgemeinschaft zerreisst und erklärt: «Falschgeld!»

Was erklärt uns diese Geschichte?

• Auch Illusionen können funktionieren, wenn alle sie glauben: Das Falschgeld hat eine Wertschöpfungskette angestossen, von der das ganze Dorf profitierte.

• Und umgekehrt: Funktion bedeutet nicht Wahrheit. Dass unser Geldsystem zur Zeit noch «funktioniert», bedeutet noch lange nicht, dass es auf festen Pfeilern steht. Es könnte durchaus Falschgeld sein.

Was sind diese Erkenntnisse wert? Eigentlich wissen wir jetzt einfach ein bisschen besser, wie schwierig es ist, Illusionen auf die Spur zu kommen. Verlängern wir deshalb die Geschichte, lassen den Pilger beim heiligen Berg verweilen und seinen Schein noch eine Weile in Zirkulation. Der Schuster kann jetzt Schuhe nageln, der Zimmermann Häuser bauen und der Bäcker Brote backen, bis der Schein beim Lehrer landet, der ihn untersucht und eine peinliche Entdeckung macht: gefälscht. Er vertraut sich dem Bürgermeister an, der das Thema an der nächsten Dorfversammlung zur Sprache bringt. Einstimmiger Beschluss: Der Schein bleibt.

Die Geschichte ist zwar erfunden, aber der Entscheid nachvollziehbar: Wer will schon eine Illusion mit so vielen Vorteilen in Frage stellen? Nur: Warum hat die Illusion funktioniert? Alle haben sie geglaubt, allen hat sie genützt und niemand hat einen besonderen Vorteil aus ihr gezogen. Ganz anders würde es aussehen, wenn sich der Pilger im Dorf niedergelassen, ein schönes Haus gebaut und seine

Günstlinge (vor allem den misstrauischen Lehrer) mit dem nötigen Bakschisch versorgt hätte, damit die Dorfversammlung seine Scheine nicht aus dem Verkehr zieht. Mit der Zeit hätte er eine Dorfzeitung gründen müssen, um die öffentliche Meinung auf seiner Seite zu behalten und später vielleicht noch eine Polizei, um den Aufruhr zu unterdrücken.

Mit dieser veröffentlichten Meinung haben wir auch zu tun, wenn wir uns der real existierenden Illusion unseres Geldwesens zuwenden. Wir sehen eine Welt ausnahmslos hoch verschuldeter Staaten, denen sich die ausnahmslos hoch verschuldeten Banken als letzte Rettung zuwenden – und wir sind aufgefordert, uns unter immer neuen und immer grösseren Rettungsschirmen sicher zu fühlen. Der Zweck dieser hochkomplizierten und juristisch zweifelhaften Institutionen ist es, das Ablaufdatum der Illusion hinauszuschieben und die Verantwortlichen nicht im Regen stehen zu lassen.

Man sagt uns, die Wirtschaft würde wieder wachsen und die Gewinne steigen, und wir fragen uns, wo diese Gewinne geblieben sind: In den zahllosen Suppenküchen Manhattans? In den Kühlschränken der Hartz IV-Bezüger? In den Slums von Djakarta, den Hungerwüsten Afrikas? Die Zeitungen schreiben: Der Welt geht es wieder besser, die Aktienkurse steigen. Aber diese Welt scheint irgendwie nicht die zu sein, in der wir leben. Wem nützt es, wenn es durchschnittlich besser geht, aber neunzig Prozent von uns schlechter? Und wer profitiert, wenn die Umsätze steigen, aber die Werte zerfallen?

Zahlen sind heute grundsätzlich unzuverlässig und dies aus zwei Gründen: Geld gibt vor, die wirtschaftliche Realität abzubilden, blendet aber all die Werte aus, die für Geld gar nicht zu kaufen sind oder die ohne Entgelt geschaffen werden. Um dies zu korrigieren, verlangen viele Politiker, die vor allem von Frauen geleistete Gratis-Arbeit monetär zu bewerten. Die Idee ist verständlich, aber der Nutzen zweifelhaft. Unsere ganze Ökonomie basiert auf einer riesigen Allmende, der Mutter Erde im Jargon der spirituellen Ökologen. Luft, Wasser, Boden, Energie – alles liefert sie umsonst in schier unerschöpflicher Fülle. Alles, was wir brauchen ist da.

Über dieses riesige Geschenk stülpt sich nun die Ökonomie und versucht, die Fülle irgendwie sinnvoll zu organisieren. Die grosse Frage unter dem globalen Weihnachtsbaum: Wem gehören welche Geschenke? Das Ergebnis der vom Geld dominierten Ökonomie: Sie verwandelt den Reichtum in einen Mangel, die Dankbarkeit für die Gaben der Natur in Gezänk. Es ist also nicht empfehlenswert, immer mehr Teile der Fülle den Gesetzen des Mangels zu unterwerfen. Viel schlauer wäre es, die Allmende besser vor dem Zugriff des Geldes zu schützen.

Der andere Grund für die Unzuverlässigkeit wirtschaftlicher Zahlen ist die absonderliche Eigenschaft des Geldes, auch Werte für ein Plus zu halten, die zerstört und wieder ersetzt werden – der gerodete Urwald, die Gifte auf den Feldern, die Unfälle und Kriege, der unnütze Konsum, die vernichteten Lebensmittel (vom Staat bezahlt), der kranke Mensch, der medizinische Behandlung braucht oder die afrikanische Frau, die von Muttermilch auf das industrielle und womöglich verschmutzte Ersatzprodukt umsteigt. Aber auch teure Schiffe, die dann ohne Passagiere die Meere kreuzen oder Werbeartikel, die kaum verteilt, bereits wieder im Müll landen (und dort Kosten verursachen), tragen zum Bruttoinlandprodukt (BIP) bei. Die Berechnung des BIP hat drei grosse Mängel[4]:
- Zwischenprodukte (z.B. Stahl) werden nicht erfasst, um eine doppelte Zählung zu vermeiden. Das erhöht die Bedeutung des Konsums überproportional.
- Regierungsausgaben werden als produktive Ausgaben gewertet, (sogar Rüstungsgüter).
- Importe und Exporte werden saldiert. Das ist zwar nicht per se falsch, aber problematisch. Ein Land, das Güter für jeweils einen Euro importiert und exportiert, registriert denselben Beitrag zum BIP (nämlich Null) wie ein Land, das für 100 Milliarden importiert und exportiert.

Mit den Listen des Widersinns, der zum Bruttosozialprodukt beiträgt, und mit den Problemen seiner Berechnung liessen sich Bücher füllen. Die Frage ist deshalb berechtigt, ob unser Geld nicht nur das Falsche misst, sondern aus diesem Grund auch das Falsche will.

---

[4] Christopher P. Casey: How GDP Metrics Distort Our View of the Economy. The Cobden Center, Mai 2015.

Selbst wenn uns langsam dämmert, dass unser Geld ein gigantischer Irrtum sein könnte, stehen der befreienden Erkenntnis noch ein paar weitere Hindernisse im Weg, an denen auch Philosophen vom historischen Rang eines John Locke gescheitert sind und vor denen selbst die Wirtschaftsweisen der Gegenwart ratlos dastehen. Nicht einmal Alan Greenspan, als Chef des amerikanischen Federal Reserve Systems (Fed) während langen Jahren der wichtigste Währungshüter der Welt, weiss nicht, wovon er spricht, wenn er von «money» redet, wie ein denkwürdiges Kongress-Hearing vom 17. Februar 2000 zeigt, während dem er zugeben musste: «Wir haben ein Problem, Geld exakt zu definieren. ... Die gängige Definition von Geld gibt uns nicht die geeigneten Mittel, die Geldversorgung zu kontrollieren.» Und Mervyn King, der spätere Gouverneur der Bank of England, schrieb 2002 in *No Money, no Inflation*: «In den Gesprächen der meisten Ökonomen kommt das Wort ‹Geld› praktisch nicht vor. ... Ich persönlich glaube, dass die Nichtberücksichtigung des Geldes in den Standardmodellen der Ökonomen in Zukunft Probleme verursachen wird.» Die Finanzwissenschaften wissen unglaublich viel über den Geldmarkt, seine komplexen Papiere und seine vielfältigen Verflechtungen, aber fast nichts über den Einfluss dieser Sphäre auf die Realwirtschaft, wo die Werte geschaffen werden, die unsere Gesellschaft erhalten und unser Überleben sichern. Die effiziente Herstellung von Gütern und das Geld, das ihre Produktion und Verteilung steuert, sind offenbar zwei verschiedene Welten, die nichts miteinander zu tun haben. Die wissenschaftliche Nationalökonomie des Mainstreams macht sich über Geld so wenig Gedanken wie der Fisch über das Wasser, in dem er schwimmt. Es ist einfach da. Aber das ist ein Irrtum – es wird gemacht. Und die Gesetze seiner Herstellung sind auch die Gesetze seiner Verwendung. Falschgeld wirkt in einer Wirtschaft ganz anders als richtiges Geld.

Dazu kommt: Geld macht blind. Der französische Ökonom André Orléan, der Wirtschaftskrisen untersucht hat, spricht von «Blindheit vor der Katastrophe» und nennt drei verstärkende Faktoren: Zum einen glauben wir, es sei diesmal alles anders und die Lehren aus früheren Krisen seien nicht anwendbar. Der zweite Faktor ist das

Vertrauen in die «Weisheit der Masse». Was die Mehrheit tut, muss richtig sein. Tatsächlich muss man, um als Investor Erfolg zu haben, nicht den wahren Wert einer Anlage kennen, sondern was die anderen Anleger über seinen Wert denken – und dann rechtzeitig aussteigen. Denn je länger die Masse mit Irrtümern finanzielle Erfolge erzielt, desto grösser ist später der Absturz. Der dritte Faktor schliesslich beruht auf der widerlegten Vorstellung, dass Menschen, die viel Geld verdienen, sich in ihrer Einschätzung dessen, was man kaufen sollte und was nicht, kaum irren können. Die Reichen sind also nicht intelligenter als wir. Sie sind vielleicht schlauer, risikofreudiger oder rücksichtsloser, aber im Grunde gleich dumm wie wir. Der wesentliche Unterschied: Sie spielen bewusst in einem Spiel, an dem wir selber nicht teilzunehmen glauben, bei dem wir aber trotzdem verlieren können. Dies nicht zu erkennen, ist tatsächlich etwas dumm, und der Trost ist schwach, dass die Reichen letztlich auch verlieren werden. Alle. Denn der Monokrat, dem am Ende des Konzentrationsprozesses die Welt gehört, wird in seinem Turm nicht glücklich werden.

Wenn es um das Grundsätzliche geht, hat die Nationalökonomie seit John Stuart Mill, der 1848 mit seinen «Principles of Political Economy» dieses Fach begründete, nicht viel dazu gelernt. Mill schrieb damals: «Es kann, um es kurz zu sagen, wenn man die innere Bedeutung der Sache in Betracht zieht, für die wirtschaftlichen Verhältnisse der Gesellschaft nichts Unwesentlicheres geben als Geld.» Natürlich darf man nicht die gesamte ökonomische Wissenschaft über einen Leisten schlagen. Das Meiste, was Sie in diesem Buch über Geldirrtümer lesen können, haben scharfsinnige Geister schon erkannt und beschrieben, zum Teil vor Tausenden von Jahren.

Sogar die Grundlage unseres Bankwesens – die Natur eines Bankguthabens – ist im Grunde seit den Zeiten der Römer geklärt. Für sie war unbestritten, dass eine Sache nicht gleichzeitig zwei Besitzer haben kann, Deponent und Bank also nicht simultan über dasselbe Guthaben verfügen können. Diese einleuchtende Rechtsauffassung haben zwar schon die Römer selbst nicht durchgängig eingehalten; seither hat sie sich vollends im Nebel juristischer Rechtfertigungen verloren, mit dramatischen Folgen.

Die Nationalökonomie versteht sich gerne als exakte Wissenschaft, aber sie ist es trotz ihrer komplizierten Formeln nicht, wie die Nobelpreisvergabe des Jahres 2013 deutlich machte: Eugene Fama wurde für den statistisch untermauerten Beleg der Hypothese geehrt, die Preisbildung an den Aktienmärkten sei rational, Robert Shiller für den Beweis des Gegenteils. Wie gesagt: Zahlen sind, wenn es um die Ökonomie geht, mit grösster Vorsicht zu geniessen.

Das wusste auch John Maynard Keynes, für viele der grösste Vertreter seines Fachs des vergangenen Jahrhunderts. Er hielt die Ökonomie eher für eine Geisteswissenschaft; daher müsse ein Ökonom bis zu einem gewissen Grad Mathematiker, Historiker, Staatsmann und Philosoph sein – und Jurist, sollte man ergänzen. Man muss also, um Geld zu erfassen, ein bisschen rechnen können, in die Vergangenheit schauen, die Rechtsprinzipien überblicken, das Verhalten der Menschen verstehen und Grundlagen erkennen können. Und die beginnen mit einer ganz einfachen Frage.

Was ist Geld? Die gängigen Definitionen bezeichnen Geld als Mass- und Recheneinheit, als Tauschmittel und als Wertaufbewahrungsmittel. Aber das sind Aussagen über das, was Geld tut, nicht was es ist. Auch in der Wissenschaft wird diese Umschreibung immer wiederholt und so gut wie nie in Frage gestellt. Und so tappen wir, was das wahre Wesen der vorherrschenden «sozialen Technologie» (ein Begriff von Felix Martin[5]) der Erde betrifft, weitgehend im Dunkeln – und merken es nicht. Geld ist eine Konstante unseres Lebens, wie die Zeit, über die sich die meisten auch erst Gedanken machen, wenn sie abgelaufen ist. Man könnte auch sagen: zu spät.

In Unkenntnis seines Wesens können wir auch nicht feststellen, dass Geld seine behaupteten Funktionen gar nicht oder höchst unzureichend erfüllt. Was nützt eine Recheneinheit, deren Mass sich seit 1971 mehr als verfünffacht hat, wie der Dollar? Was taugt ein Tauschmittel, das Millionen von Menschen von der Wertschöpfung ausschliesst, die nur zu gerne ihre Arbeitskraft gegen das Geld tauschen würden, das

---

5 Felix Martin ist Autor von «Geld, die wahre Geschichte». Deutsche Verlags-Anstalt, 2014.

anderswo unproduktiv geparkt ist? Und was ist das für ein Wertaufbewahrungsmittel, das sich für die einen geheimnisvoll vermehrt, während es sich für die anderen mit der Zeit in Nichts auflöst?

Es gibt also deutliche Hinweise, dass Geld womöglich nicht das ist, was wir uns darunter vorstellen. Und höchstwahrscheinlich behindern uns auch einige Verständnisbarrieren, seinen Weg vom realen Recht, das es einmal war, über den Wert in Form von Münzen bis zur Last zu verfolgen, die es heute für die Erde ist.

Wenn wir heute Geld betrachten, so ist es für uns immer noch die geniale Erfindung, die uns von den Beschränkungen des Tauschhandels befreite. Diese Geschichte steht in unzähligen Broschüren von Banken und wissenschaftlichen Werken. Sie ist, wie David Graeber in seinem Buch «*Schulden, die ersten 5000 Jahre*» schreibt, «der Gründungsmythos unseres Systems der wirtschaftlichen Beziehungen und so tief im kollektiven Bewusstsein verankert, dass die meisten Menschen ... sich keine andere Möglichkeit vorstellen können, wie das Geld in die Welt gekommen sein könnte.»[6] Natürlich haben wir einmal Pilze gegen Früchte und Pelze gegen Werkzeuge getauscht. Aber eine Tauschwirtschaft kann nur am Rande der Selbstversorgung mit minimaler Spezialisierung funktionieren. Die Wahrscheinlichkeit, dass sich zwei Menschen mit gleichwertigen, aber unterschiedlichen Gütern treffen und gleichzeitig Bedarf danach haben, ist gering. Selbst mit der globalen Vernetzung von heute ist die Wahrscheinlichkeit klein, den Partner zu finden, der jetzt genau das loswerden will, was wir dringend brauchen und selbst möchte, was wir übrig haben.

Zivilisatorische Leistungen wie Ackerbau, Befestigungsanlagen oder Tempelbauten sind in einer reinen Tauschwirtschaft undenkbar. Dazu brauchte es eine Innovation, die viele Menschen in simultane Tauschbeziehungen brachte, eine Innovation, die es möglich machte, dass Menschen, die Tische brauchten und mit Eiern bezahlen wollten nicht warten mussten, bis der Schreiner endlich eine Riesen-Omelette backen mochte. Diese Erfindung war nicht das Geld, wie die Banken und viele Lehrbücher behaupten. Das Axiom vom Geld als

---

6 David Graeber: Schulden, die ersten 5000 Jahre. Klett-Cotta 2012. S. 35.

glanzvoller Sieger über die krude Tauschwirtschaft hat sich zwar in ungefähr jedem Kopf eingenistet, der sich schon mal Gedanken über Geld gemacht hat. Aber es ist falsch. Die soziale Innovation, die die wirtschaftlichen Aktivitäten beflügelt und auf eine ganz neue Ebene gebracht hat, war die Buchhaltung und die Autorität, die sie führte.

Tatsächlich: Die ältesten erhaltenen Schriften – Tontafeln aus dem mesopotamischen Uruk aus dem 4. vorchristlichen Jahrtausend – sind nicht etwa Verfügungen des Königs oder Huldigungen an die Götter, sondern Aufzeichnungen über die Geschäfte des Hofs und des Tempels, wo die nationale Buchhaltung geführt wurde. Nicht Geld überwand die Tauschwirtschaft, sondern Buchhaltung, in der festgehalten wurde, wer im Plus und wer im Minus stand. Gerechnet wurde in Silber, Getreide, Fisch und Manntagen, aber bezahlt wurde mit realer Leistung. Dieses System stand an der Wiege von dem, was wir heute Zivilisation nennen, und es hat sich mehr als 3000 Jahre gehalten, länger als alle Geldsysteme zusammen, die seither erfunden wurden. Wer einen Sack Gerste lieferte, brauchte nicht sofort hundert Eier zu beziehen, die faul geworden wären, sondern konnte sie in kleinen Portionen und über die Zeit verteilt beziehen oder für einen Tisch zum Preis von vielleicht zehn Sack Gerste ansparen.

Dieses System offenbart uns die Entstehung der Grundform des Geldes. Sie wird verständlich, wenn wir die fundamentale wirtschaftliche Tätigkeit – den Tausch von Gütern und Dienstleistungen zwischen Individuen – in ihren grundlegenden Elementen betrachten: Individuum A liefert einem Individuum B eine Sache. Weil B die Gegenleistung nicht sofort erbringen kann oder A sie nicht umgehend will, erhält A einen entsprechenden Anspruch auf spätere Erfüllung. Dieser Anspruch erhält durch die Buchhaltung des Kollektivs drei wesentliche Aufwertungen:

1. Sie sichert den Anspruch und gibt ihm eine rechtliche Form – ein Eintrag in den «Büchern» (Tontafeln) des Tempels.
2. Sie definiert ein einheitliches Mass.
3. Sie ermöglicht die Übertragung des Anspruchs auf jeden anderen Teilnehmer mit einem Konto in der Tempelbuchhaltung und sichert dadurch allgemeine Verwendbarkeit.

Geld ist also Anspruch auf Gegenleistung, der durch eine soziale Technologie zu einem sicheren und übertragbaren Kredit erhoben wird. Das Individuum ist der erste Schöpfer von Geld: Es leistet etwas, verzichtet auf sofortige Gegenleistung und erhält stattdessen ein Anrecht auf spätere Erfüllung. Geld ist also ein Recht, das durch Leistung erworben und durch ein Rechtssystem gesichert und übertragbar gemacht wird. Um diese zwei Elemente kommt kein Geldsystem herum, das auf Dauer und Gerechtigkeit hin angelegt ist. Geld ist keine Ware – beispielsweise Gold –, sondern ein Recht zum Bezug von Waren. Es wird zwar durch Symbole dargestellt – bedrucktes Papier, Zahlen auf einem Konto, Elektronen in einem Computer. Am Ende ist und bleibt Geld ein Recht. Wird es verwässert, verbogen oder gar gestrichen, hört es auf, ein Recht zu sein. Geld wird dann zum Unrecht. Zum Unrecht wird Geld auch, wenn dieses Anrecht auf Gegenleistung ohne vorangegangene Leistung geschöpft wird. Wie wir noch sehen werden, haben beide Probleme – die Streichung echter und die Schöpfung unechter Rechte – heute ein Ausmass angenommen, das praktisch nicht mehr lösbar ist.

Natürlich hatte das mesopotamische Geldsystem auch Nachteile. Insbesondere fehlten ihm der universelle Wertmassstab und die Übertragbarkeit von Guthaben ausserhalb des Systems, auf reisende Händler zum Beispiel. Auch das Umrechnen von Fisch in Manntage oder Getreide darf man sich ruhig etwas kompliziert vorstellen. Den Menschen von damals, für die Wirtschaft ausschliesslich Realwirtschaft bedeutete, leistete es aber unschätzbare Dienste. Die soziale Mobilität wurde von diesem Geld, das von der Tempelbürokratie verwaltet wurde, allerdings kaum gefördert. Der Mensch war nicht frei in der Verwendung seiner Mittel. Er konnte damit nur tun, was der Tempel zuliess. Dazu brauchte es eine weitere Innovation, die erst noch gemacht werden musste.

Den Anstoss gab, wie zu vielen monetären Neuerungen, der Krieg. Diese Innovation entstand, wie David Graeber schreibt, zwischen dem 7. und 5. Jh. v. Chr. ungefähr zeitgleich in Griechenland, Indien und China und unter ähnlichen Umständen. Anstatt die Soldaten wie bis anhin mit einem Anteil an der Beute zu beteiligen, bezahlten die

Herrscher ihre Krieger mit Münzen, die sie aus den geraubten Schätzen schlugen. Graeber: «Wenn man den Soldaten einfach Münzen gab und dann verfügte, jede Familie im Königreich habe dem König eine solche Münze zu zahlen, dann hatte man mit einem Schlag seine ganze Volkswirtschaft in eine gewaltige Maschine zur Versorgung der Soldaten verwandelt. Denn um an die Münzen zu kommen, musste jede Familie einen Weg finden, wie sie auf ihre Weise zu der allgemeinen Anstrengung, die Soldaten zu unterhalten, beitragen konnte. Als Nebeneffekt entstanden Märkte.»[7] Diese Innovation ermöglichte Armeen mit Berufssoldaten und die Einführung der berühmten Phalanx («Walze»), mit dem es dem kleinen Griechenland gelang, das grosse Persien zu schlagen. Aber es gab noch andere Effekte mit nachhaltigerer Wirkung. Mit Einführung der Münzen mutierte das Geld von einem Recht auf einen Wert (was es ist) zum Wert an sich (was es nicht sein kann). Wie verführerisch und illusorisch dieser Wert für die Lebenspraxis allerdings ist, erkannten schon die alten Griechen. Midas, der sagenhaft reiche König von Phrygien, machte alles zu Gold, was er berührte. Seine Speisen konnte er nicht mehr essen, seine Liebsten nicht mehr küssen. Mit dem Münzgeld als Wert an sich, der nicht mehr von den Tempelherren verwaltet wurde, sondern von Individuen besessen und angehäuft werden konnte, explodierte auch die soziale Mobilität. Man konnte mit Fremden Handel treiben und kraft seines Besitzes die Standesgrenzen überwinden. Ein bedeutender Fortschritt war zudem die Einführung eines überregionalen Wertmassstabs. Man brauchte nicht mehr in Fischen und Gerstensäcken zu rechnen, sondern hatte für alles ein universelles Mass, wenn auch ein trügerisches: Man kann zwar alles in Gewicht von Gold ausdrücken, aber leben kann man nur von dem, was sich damit erwerben lässt.

«Der Übergang von der traditionellen zur monetären Gesellschaft», schreibt Felix Martin in seinem Buch *Geld, die wahre Geschichte*, «löste einen schmutzigen Klassenkampf aus.»[8] Es gab im Griechenland des 7. vorchristlichen Jahrhunderts noch kein Recht, die neuen Streitigkeiten aus Verträgen mit Geld zu regeln. Die Krise, ausgelöst durch

---

7 a.a.O., S.56.
8 Felix Martin: Geld, die wahre Geschichte. 2014. S. 237.

die Einführung eines universellen ökonomischen Masstabs und eines übertragbaren, werthaltigen Tauschmittels, führte zum Aufstieg des (männlichen) Individuums und der Errichtung der ersten Demokratien, allerdings noch ohne Beteiligung der Frauen und Sklaven. Das Geld in der Tasche ersetzte das Recht des Tempels. Ein Warengeld bleibt zwar in seiner Essenz ein Recht, aber es kann gestohlen werden und führt daher zu einer Aufwertung des Rechts des Stärkeren. Es ist wohl kein Zufall, dass das kleine Griechenland das erste, von Europa ausgehende Weltreich schuf.

Das wichtigste monetäre Erbe aber, das uns die Griechen hinterlassen haben, ist die Vorstellung der Urform von Geld als der Münze aus Edelmetall. Aber dabei handelt es sich um eine Perversion des ursprünglichen Hilfsmittels zum Tausch von Werten zu einem Wert an sich. Diese Illusion verleiht weitgehend nutzlosen, wenn auch sehr schönen Metallen wie Gold und Silber einen Wert, den sie gar nicht in sich tragen. Denn auch eine Münze aus Edelmetall ist letztlich ein Bezugsrecht für Waren und Dienstleistungen von realem Nutzen. Das wusste auch schon Aristoteles, der erste Geldtheoretiker der Geschichte, als er schrieb, dass «Geld seine Existenz nicht der Natur [also den für das Leben notwendigen Werten und Gütern], sondern dem Gesetz (nomos)» verdanke. Genützt hat seine Erkenntnis nichts. Die Illusion von Geld als Wert an sich hat sich in den Jahrtausenden seither unantastbar ins kollektive Bewusstsein eingegraben. Die Mängel werden dabei geflissentlich übersehen. Gold, als Edelmetall par excellence, mag für Liebhaber ein attraktives Stück Vermögen sein wie für andere ein Haus. Aber ein Geld aus Gold, dessen Gewinnung in den Bergwerken viel kostet und dessen Verfügbarkeit so schwankend ist wie das Eroberungsglück der Spanier im sprichwörtlichen Eldorado, ist zwar praktischer als Kartoffeln, hat aber schwerwiegende Nachteile, von den enormen ökologischen Schäden der heutigen Goldgewinnung einmal abgesehen. Nach jeder neuen Erschliessung einer ergiebigen Mine erhöht sich die Geldmenge schneller als die Gütermenge, die ihr entsprechen sollte, und Inflation bricht aus. So geschehen im Spanien des 16. Jahrhunderts, als die Schätze der Inkas und Mayas Europa überfluteten. Und nach jedem Versiegen eines wichtigen Vorkommens wird die Wirtschaft von Geldmangel erdrückt. Bloss weil das Tauschmittel fehlt, wird nichts mehr gekauft, der Mensch verliert Arbeit und damit sein Brot. Die Geschichte der goldgedeckten Währungen, nach denen sich in diesen unsicheren Zeiten wieder so viele sehnen, ist eine einzige Abfolge von Blüten und Schwächen im Takt der Jahrzehnte, hervorgerufen durch die unterschiedliche Versorgung mit Tauschmittel.

Über den Wert des Goldes, auch das muss mit aller Deutlichkeit gesagt werden, streiten sich die Nationalökonomen seit je. Die einen sehen in ihm den Wert der darin steckenden Arbeit (graben, schürfen, schmelzen, verteilen), die anderen lassen seinen Preis vom Spiel zwischen Angebot und Nachfrage bestimmen.

Beide Vorstellungen, selbst wenn sie gleichermassen zutreffen, führen letztlich in einen logischen Kurzschluss: Man kann nicht einen Stoff als «Geld» definieren, dessen Beschaffung mit dem Stoff selber bezahlt werden muss. Dann würde man doch besser dem italienischen Komiker Peppe Grillo folgen, der sich darüber mokiert, dass man mit grossem Aufwand tiefe Löcher in die Erde bohrt, Gold herausbuddelt und es in den Kellern der Banken wieder versorgt. Viel einfacher wäre es, die Banken gleich über den Eingängen zu den Minen zu bauen und das Gold in der Erde zu lassen.

Gold ist vielleicht gut für die «energetische Anregung» und die «Erweiterung und Vertiefung spiritueller Erfahrung», wie der emeritierte Professor für Nationalökonomie Bernd Senf in seinem lesenswerten Buch *Der Nebel um das Geld* schreibt, aber es taugt nicht als Geld, als Tauschmittel, das im Gleichschritt mit dem Wachsen der Gütermenge eine Volkswirtschaft in dynamischem, aber stabilem Gleichgewicht zwischen Angebot und Nachfrage halten sollte. Der biblische Tanz um das Goldene Kalb sollte uns Mahnung genug sein, den Symbolwert des Goldes auf das zurechtzustutzen, was es ist: ein Edelmetall unter anderen, das uns in die Irre führt, wenn wir daraus etwas machen, was es nicht sein kann: Geld.

Wenn konservative Investoren jetzt wieder die Einführung von «God's Money» fordern, dann ist dieser Gott vermutlich ein antiker Götze, der in eine Museumsvitrine gehört, aber ganz sicher nicht in eine ökonomische Behörde, die im Interesse der Allgemeinheit für ein stabiles und gerechtes Geld sorgen soll.

An alternativen Modellen und Beispielen, die die Wissenschaft hätte stutzig machen sollen, hat es dabei nicht gefehlt. Ein besonders leuchtendes Beispiel ist das Steingeld von Yap, einer abgelegenen Südseeinsel, die der amerikanische Anthropologe William Henry Furness III um 1900 besuchte, beschrieb und damit die Ökonomen nachdenklich machte. Die Yap-Wirtschaft war mit den hauptsächlichen Handelsgütern Fisch, Kokosnüssen und Seegurken relativ einfach, die in Kasten organisierte Gesellschaft relativ komplex und das Geldsystem hochinteressant. Die Währung bestand aus 0,3 bis 3,6 Meter grossen Steinscheiben, den sogenannten *fei* mit einem Loch für den Transport in der Mitte. Die *fei* waren nicht nur ziemlich diebstahlsicher, sie wurden zur Bezahlung auch nur ausnahmsweise herumgetragen. Sie dienten vielmehr als Verrechnungseinheit, als Anbindung der Zahlungsvorgänge an reale Gegenstände. Man wusste: Der grosse *fei* vor der Hütte von X gehört eigentlich Y. Ein *fei* musste auch nicht mehr real greifbar sein, um als Zahlungsmittel zu dienen. Eine besonders reiche Familie besass zum Beispiel einen riesigen *fei*, der vor Generationen beim Transport auf die Insel im Meer versank.

Was uns das Beispiel von Yap sagt: Das Gegenständliche des Geldes ist gegenüber den Transaktionen, die sie symbolisieren, absolut sekundär. Keynes war tief beeindruckt von den Yap, deren «Gedanken zur Währung vermutlich tiefsinniger sind als die jedes anderen Volkes». Er hat über sie geschrieben, aber gelernt haben wir etwas anderes: die Perfektionierung der Illusion.

Es waren vor allem die Italiener, die mit einfachen Massnahmen die Beschränkungen der Goldmünzen überwanden. Die Geldwechsler tauschten nicht nur die Münzen in lokale Währung, sondern stellten auch beglaubigte Wechsel aus. Diese konnten sich die auf dem Wechsel bezeichneten Inhaber auch an fernen Orten von kooperierenden Geldwechslern in klingender Münze auszahlen lassen. Ende des 12. Jahrhunderts wurde in Genua die erste Bank gegründet. Schon im 14. Jahrhundert war die bargeldlose Zahlung mit Schecks die bevorzugte Form für grössere Transaktionen, auch in lokalen Geschäften. Im 14. Jahrhundert konnten die Geldwechsler, nun eigentliche Banken geworden, die Wechsel ohne notarielle Beglaubigung ausstellen;[9] und jeder Überbringer, nicht mehr ein namentlich bezeichneter Inhaber, konnte ihn sich auszahlen lassen. Das Bankgeschäft mit Papier anstelle von Münzen war geboren. Zu Beginn, schreibt der spanische Rechts- und Wirtschaftswissenschafter Jesus Huerta de Soto[10], operierten diese Banken «mit einer hundertprozentigen Reservedeckung. ... Dann wurden diese Prinzipien wegen der Gier der Banken und der Komplizenschaft der Regierenden immer mehr missachtet und die Bankiers begannen, das Geld der Sichteinlagen zu verleihen, und zwar oftmals an die Regierenden.» Sie seien sich der unrechtmässigen Natur ihrer Aktivitäten durchaus bewusst gewesen «und wussten auch, dass ihre Kunden, falls sie von diesen Aktivitäten erfahren würden, unmittelbar das Vertrauen in die Bank verlieren und diese bestimmt zusammenbrechen würde.» Dies erkläre die für das Bankwesen bis zum heutigen Tag typische Geheimhaltung. Trotz allem war das Misstrauen des Publikums gegenüber den Banken beträchtlich, und die Strafen für fehlbare Bankiers waren drastisch, wenigstens in Barcelona. Dort mussten bankrottgegangene Bankiers ab 1300 bei Wasser und Brot leben, bis sie den Gläubigern ihre Depositen rückerstattet hatten. Wenn ihnen dies nicht binnen eines Jahres gelang, wurden sie vor ihrer eigenen Bank geköpft. De Soto schreibt von einem einzigen vollstreckten Urteil. Die anderen fehlbaren Banker dürften wohl rechtzeitig das Weite gesucht haben.

In Italien ging man damit wesentlich lockerer um, und das private Geld führte zu einer beispiellosen Blüte, deren Früchte wir auch heute noch auf jeder Italienreise bewundern können. Rund die Hälfte der weltweiten Kulturgüter sollen sich in Italien befinden. Bank (von banca), Giro, Saldo und viele andere Begriffe des Bankwesens gehen auf diese Zeit zurück. Die Verletzung der hundertprozentigen Reservepflicht und die damit verbundene Ausweitung des Kreditgeldes führten aber auch immer wieder zu spektakulären Pleiten und langen Rezessionen. Selbst die grosse Bank der Medici, die ihren eigenen Aufstieg der Pleite ihrer wichtigsten Konkurrenten verdankte, ging 1494

---

9 www.um-bruch.net/uwiki/index.php/Das_Geldrätsel:_Geschichte:_Italienische_Banken
10 Jesus Huerta de Soto: Geld, Bankkredit und Konjunkturzyklen. 2011. S. 47.

nach mehr als 200-jähriger Geschichte an dieser Praxis zugrunde. Auch die Einführung der doppelten Buchhaltung, eine Erfindung des Franziskanermönchs Luca Paciolo von 1491, hätte sie nicht retten können. Geld aus dem Nichts kehrt früher oder später ins Nichts zurück, Luftbuchungen können den Prozess bloss verschleiern und aufschieben.

Etwas anders und mit Verzögerung verlief die Entwicklung im übrigen Europa. Werthaltiges Münzgeld war weniger verbreitet, dafür die Brakteaten, dünne, einseitig geprägte Metallscheiben, deren Wert sich durch Umprägen verändern – in der Regel vermindern – liess. Dem sogenannten Münzverruf waren auch die werthaltigen Münzen unterworfen. Sie hatten damals keinen fest eingeprägten Nennwert und konnten per Dekret ganz einfach in ihrem Wert verändert werden. Steuern in Geld einzutreiben, war für die Herrscher dieser Zeit eine grosse logistische Herausforderung – wer wusste schon, wieviel Geld die Bürger in ihren Schatullen hielten? Da war die periodische Münzverschlechterung der einfachere Weg der Besteuerung. So gab es in den knapp 200 Jahren zwischen 1285 und 1480 in Frankreich nicht weniger als 129 Münzverrufe[11], mit denen u.a. der hundertjährige Krieg gegen England finanziert wurde. Die Brakteaten und der Münzverruf hatten übrigens nicht nur negative Auswirkungen: Weil die Gefahr einer Abwertung ständig drohte, zirkulierte das Geld schnell und regte die Produktivität an. Die grossen Kathedralen des späten Mittelalters – nicht nur architektonische, sondern auch soziale und ökonomische Wunderwerke – sind Zeugnis der Blüte, die das angeblich schlechte Geld bewirkte. Auch die rund hundert kirchlichen Feiertage, an denen nicht oder kaum gearbeitet wurde, musste man sich erst leisten können. Eine verarmte Gesellschaft kann nicht dauernd feiern, auch im angeblich «dunklen» Mittelalter nicht.

Gar nicht begeistert vom Münzverruf waren die Besitzer grosser Geldvermögen, die international tätigen Händler und Bankhäuser. Auf ihrer Suche nach einer Alternative griffen sie auf das System des Templerordens zurück, der 1118 bis 1312 zur Sicherung der Pilger- und

---

11 Rolnick, Velde u. Weber: The Debasement Puzzle – an Essay on Medieval Monetary History. In Journal of Economic History 56 (1996).

Handelsrouten ein Netz von Herbergen, Krankenstationen und Komtureien aufbaute. Sie betrieben eine Art Reiseschecksystem; Händler und Reisende hinterlegten in der einen Komturei eine bestimmte Summe Gold und erhielten ein Dokument, mit sie sich bei einer anderen Komturei wieder auszahlen lassen konnten. Die Templer waren als «Arme Ritterschaft Christi und des salomonischen Tempels zu Jerusalem» uneigennützig und so erfolgreich, dass der Orden 1312 in einem fürchterlichen Progrom vom französischen König und dem Papst ausgelöscht und seine umfangreichen Besitzungen eingezogen wurden. Mögliche Hintergründe liegen verschlossen in den Archiven des Vatikan.[12]

Im Gegensatz zum System der Templer basierte das Konzept der internationalen Händler und Bankhäuser im 15. Jahrhundert auf einem Netz von Wechselbanken mit einer Kreditpyramide, die folgendermassen funktionierte: Brauchte ein italienischer Schneider einen seltenen und teuren Stoff aus den Niederlanden, hinterlegte er beim lokalen Bankier ein Zahlungsversprechen. Auf dessen Basis erstellte ein international tätiges Handelshaus, wie zum Beispiel die Fugger, einen Wechsel, den der niederländische Lieferant bei der örtlichen Niederlassung in klingende Münze umwandeln konnte. Die Handelshäuser entwickelten sich dadurch zu Banken, ganz ähnlich wie auch heute grosse Händler in den Zahlungsverkehr einsteigen wollen.

So entstand auf der Basis von Kreditvereinbarungen ein europaweites privates Geldsystem. Zentrale Verrechnungsstelle war der vierteljährliche grosse Markt von Lyon, wo die Vertreter der grossen Handelshäuser ihre Konten saldierten oder auf das nächste Quartal übertrugen. Getragen wurde das System von einer kleinen Elite mit eisernen Regeln, die das gegenseitige Vertrauen auch ohne staatliches Rechtssystem garantierten, das in den zerstückelten Hoheitsgebieten Europas ohnehin uneinheitlich war.

---

12 Die Templer waren so fortschrittlich und wohltätig, dass Uwe Burka sein Buch «Eine zukunftsfähige Geld- und Wirtschaftsordnung für Mensch und Natur» (2015 im Selbstverlag erschienen) ihrem letzten Grossmeister, Jacques de Molay, widmete. Das Buch kann kostenlos über die Website www.aktivZUKUNFTsichern.com heruntergeladen oder in gedruckter Form bezogen werden.

Dieses bargeldlose Geld hatte viele Vorteile, aber einen entscheidenden Mangel: Es war privat; niemand konnte zu seiner Annahme verpflichtet werden. Und es brauchte wieder einmal einen Krieg, um diesen Mangel zu beseitigen.

1688 wurde der calvinistische Holländer Wilhelm III. von Oranien von den Protestanten im englischen Parlament um Hilfe gegen die Rekatholisierungsversuche von König Jakob II. gebeten. Wilhelm kam mit einer fremd finanzierten Söldnerarmee, vertrieb seinen Schwiegervater und bestieg mit seiner Frau Maria II. den englischen Thron, nachdem er die neu geschaffene *Bill of Rights* unterschrieben hatte, in der er sich dem Parlament weitgehend unterwarf – die *Glorious Revolution*. Ihm wurde namentlich verboten, ohne Zustimmung des Parlamentes Steuern zu erheben. Nur: Wie wollte er seinen Krieg gegen Frankreich finanzieren, der ihn in der Hoffnung auf englische Unterstützung erst nach England gebracht hatte? Die Hilfe kam von einem Konsortium reicher Individuen unter der Führung des Schotten William Paterson, das ihm die Gründung der Bank of England vorschlug, die heute als Mutter aller Zentralbanken gilt. Die Bank erhielt das Recht, mit einer geringfügigen Deckung an Edelmetall ein gesetzliches Zahlungsmittel zu emittieren. Eine ähnliche Praxis verfolgten vorher schon die englischen Goldschmiede, die Edelmetall zur Aufbewahrung entgegennahmen und darauf Quittungen ausstellten, die als privates Zahlungsmittel zirkulierten. Natürlich stellten sie mehr Quittungen aus, als sie Edelmetall in Reserve hielten. Mit der Gründung der Bank of England wurde diese Praxis nun offiziell. Im Gegenzug für dieses Recht verpflichtete sich die Bank, dem König die nötigen Geldmittel zur Verfügung zu stellen – gegen Zins natürlich. So verbanden sich erstmals in der Geschichte der Geldschöpfung die Zuverlässigkeit und der Geschäftssinn der privaten Kaufleute mit der staatlichen Autorität des Königs – zum beiderseitigen Vorteil. Wobei die Aktionäre der Bank of England vielleicht doch ein bisschen mehr profitiert haben dürften, schrieb doch Paterson im ersten Prospekt der neuen Bank 1694 den bemerkenswerten Satz «Die Bank erhält den Zinsgewinn von all den Geldern, die sie, die Bank, aus dem Nichts erzeugt.» Einer solchen Versuchung ist natürlich schwer zu widerstehen, zu jeder Zeit.

Und wie entsteht Geld heute? «Der Vorgang, mit dem Banken Geld erzeugen ist so simpel,» schreibt der grosse Ökonom John Kenneth Galbraith, «dass der Verstand ihn kaum fassen kann». Ist dies die Erklärung dafür, dass er in den meisten der vielen Bücher über die Finanzkrise kaum erwähnt, geschweige denn beschrieben wird? Ist dies der Grund, warum er an den Universitäten nicht gelehrt wird, die Politiker ihn nicht verstehen oder die Banker ihn nicht einmal andeuten? Vermutlich kommt Henry Ford der Wahrheit nahe, wenn er sagt: «Eigentlich ist es gut, dass die Menschen der Nation unser Banken- und Währungssystem nicht verstehen. Ich denke, würden sie es verstehen, hätten wir eine Revolution vor morgen früh.»

Natürlich ist die Geldschöpfung kein Staatsgeheimnis, dessen Verrat verfolgt und bestraft wird. Aber sie ist eines der grossen Geheimnisse, über die McLuhan sagte, sie müssten nicht geschützt werden, da sie durch öffentlichen Unglauben geheim gehalten würden.

Was auf der Suche nach einer Antwort als erstes auffällt: Die Geldschöpfung ist weder in der Schweiz, der EU, noch in Grossbritannien oder den USA gesetzlich geregelt. Art. 99 der Bundesverfassung der Schweizerischen Eidgenossenschaft bestimmt zwar: «Das Geld- und Währungswesen ist Sache des Bundes; diesem allein steht das Recht zur Ausgabe von Münzen und Banknoten zu.» Doch da muss der moderne Zeitgenosse, der den grössten Teil seiner Zahlungen unbar, d.h. per Bankanweisung oder mit der Bankkarte erledigt, schon stutzig werden. Elektronisches Geld, rund 90 Prozent der Geldmenge, fällt offenbar nicht unter die staatliche Geldhoheit.

Der rauchende Colt findet sich auf Seite 19 der Broschüre *Die Nationalbank und das liebe Geld*, wo die Nationalbank lapidar festhält: «Die Banken schaffen neues Geld, indem sie Kredite vergeben.» Aha! Die Banken verleihen also nicht das Geld der Sparer, wie uns die Bankenwerbung immer wieder weismachen will, sondern sie schöpfen einfach neues Geld, wenn ein Kreditnehmer welches braucht.

Dazu gibt es zwei Sichtweisen, die aber beide in den Nebel führen: Wenn die Banken mit ihrer Behauptung, das Geld der Sparer zu verleihen recht haben, dann hat das Geld auf ihren Konten zwei Besitzer, den Sparer A und den Kreditnehmer B. A kann mit seinem Geld

Rechnungen bezahlen und muss es auch versteuern. Es ist also Geld im praktischen Sinn des Wortes, und es gehört ihm. B kann jedoch ebenfalls Rechnungen bezahlen damit; sein «Geld» funktioniert wie richtiges Geld. Und die Bank sorgt dafür, dass es mit dieser doppelten Besitzerschaft keine Probleme gibt, dass zum Beispiel A nicht auf sein Geld warten muss, bis B seinen Kredit zurückbezahlt hat. Alles klar? Vermutlich nicht.

Die zweite, etwas richtigere Sichtweise: Die Bank lässt das Geld von A liegen und schöpft das Geld für das Kreditbedürfnis von B, indem sie ihm gegen das Versprechen auf Rückzahlung den entsprechenden Betrag ins Konto schreibt. Das Geld hat es vorher nicht gegeben, aber jetzt ist es da, und B kann mit ihm machen, was er will. Das aus dem Nichts geschaffene Geld funktioniert wie normales, sauer verdientes Geld: Man kann damit bezahlen. Man kann dieses Bankengeld auch angeblich unbeschränkt gegen Münzen und Banknoten tauschen, das Geld, das gemäss Verfassung nur der Staat herausgeben darf.

Damit die Bilanz der Bank nicht aus dem Lot gerät, wird der Vorgang auf der Passiv- und auf der Aktivseite verbucht – die sogenannte Bilanzverlängerung. Auf der Aktivseite steht die Schuld des Kreditnehmers an die Bank, auf der Passivseite die Verpflichtung der Bank, das Guthaben des Kreditnehmers auf Wunsch in Münzen oder Banknoten auszuzahlen. Die Banken vermitteln also nicht Geld, wie sie mit Verweis auf ihre wirtschaftliche Bedeutung immer wieder behaupten. Unser Geld sind ihre Schulden; die kann man nicht vermitteln, nur bezahlen.

Ganz ohne Schranken können die Banken allerdings nicht Geld aus dem Nichts schöpfen. «Ihre Möglichkeiten zur Geldschöpfung sind begrenzt», schreibt die Nationalbank, «weil sie einen gewissen Teil ihrer Einlagen nicht als Kredit weitergeben können, sondern als Reserven behalten müssen.» Das ist technisch gesehen zwar falsch – die Banken verleihen nicht die Einlagen der Sparer –, aber im übertragenen Sinn richtig: Die Banken müssen zur Sicherung der Einlagen, die sie entgegennehmen und der Kredite, die sie verleihen, Reserven an Zentralbankgeld halten. Wie viel, bzw. wie wenig, das schreibt die Nationalbank in ihrer für das Volk gemachten Broschüre nicht, sondern gibt ein irreführendes Rechenbeispiel:

«Ein Unternehmer braucht Geld für eine Computeranlage. Die Bank leiht ihm von den 20 000 Franken, die [ein] Sparer einbezahlt hat, 16 000 Franken als Kredit und schreibt ihm den Betrag auf seinem Konto gut. Hat sich die Geldmenge dadurch verändert? Der Sparer hat noch immer 20 000 Franken auf seinem Konto. Der Unternehmer verfügt als Kreditnehmer über 16 000 Franken. Die Geldmenge hat also um 16 000 Franken zugenommen. Wenn nun der Unternehmer mit den 16 000 Franken Computer kauft und der Computerhändler den erhaltenen Barbetrag bei seiner Bank einbezahlt, wird diese wiederum einen Teil davon als Kredit ausleihen. Dies führt abermals zu einem Anstieg der Geldmenge; die Geldschöpfung geht weiter.»

Bis zu welchem Betrag die Geldschöpfung weitergeht, schreibt die Nationalbank nicht. Man rechne also selber: Die Reserve im offiziellen Beispiel beträgt 4000 Franken oder 20 Prozent. Wenn von den 16 000 des Computerhändlers wiederum 80 Prozent weiter verliehen und 20 Prozent als Reserve behalten werden, dann sind bis zum Ende der Kreditkette aus den 20 000 echten Geldes 100 000 in unbarem Bankengeld geworden. Nicht schlecht.

Nun beträgt aber der Mindestreservesatz nicht 20, sondern in der Schweiz bloss 2,5 Prozent. Aus den 20 000 können so 800 000 entstehen. In der Eurozone, wo der Mindestreservesatz auf ein Prozent gesenkt wurde, entstehen aus den 20 000 glatte zwei Millionen.

Fairerweise muss man sagen, dass der Mindestreservesatz nicht die einzige Reservpflicht der Banken ist. Die internationalen Regelwerke Basel II und Basel III schreiben je nach Klassifizierung der Kredite zusätzliche Reserven und Eigenkapital-Polster vor, sodass sich die Reservehaltung in der Praxis um die zehn Prozent bewegt. Echte Reserven sind dies jedoch nicht, da ein Teil zur Aufrechterhaltung des Zahlungsverkehrs ständig in Verwendung ist. Wird nämlich ein Betrag von einer Bank zur anderen überwiesen, geschieht dies nicht mit Banken-, sondern mit Zentralbankgeld. Dieser Umstand erklärt gleichzeitig den Wettbewerbsvorteil grosser Institute und den Drang zu grossen Banken: Wenn sie Guthaben innerhalb derselben Bank von einem Konto auf ein anderes verschieben, brauchen sie dafür kein Zentralbankgeld. Ein kostenloser Klick genügt.

Interessant ist der Vorgang, wenn ein Sparer 10000 Franken in Münzen und Banknoten – das einzige gesetzliche Zahlungsmittel von uns Bürgern – bei seiner Bank einzahlt: Dabei verwandeln sich 9750 Franken in virtuelles Bankengeld, von dem die Bank verspricht, es auf Verlangen jederzeit in gesetzlichem Zahlungsmittel auszuzahlen, also in bar. Die restlichen 250 Franken, die Mindestreserve von 2,5 Prozent, werden von der Bank gehalten, um das Versprechen glaubhaft zu machen. Sie kann dieses Geld in Form gesetzlichen Zahlungsmittels entweder bar in der Kasse oder elektronisch auf ihrem Konto bei der Nationalbank halten. Ein Konto bei der Nationalbank können allerdings nur Banken, der Staat und die Mitarbeiter der Nationalbank führen.

Die Deutsche Bundesbank erklärt die Geldschöpfung ebenfalls nur populär, in dem als Lehrmittel gedachten Buch *Geld und Geldpolitik*.[13] In der Ausgabe von 2004/2005 nennt sie zwar den korrekten Mindestreservesatz, schreibt aber verharmlosend: «Die Geschäftsbanken können auch selbst Geld schaffen, das sogenannte Giralgeld.» Das klingt ganz nebensächlich. Dabei wird unterschlagen, dass mit rund 90 Prozent der erdrückende Anteil der Geldmenge von den privaten Banken geschöpft wird! Oder es wird so nett gesagt, dass die Banken bei fehlender Mindestreserve bei der Zentralbank einen Kredit aufnehmen müssten, für den ein Zins fällig werde, der als Ertrag der Zentralbank in den Staatshaushalt fliesse und «damit letztlich der Allgemeinheit zugute» komme. Tönt nach einem guten Geschäft für uns alle. Aber hier macht ein anderer Wirt die Rechnung, und die sieht real so aus: Fehlt der Bank für den Kredit über 100000 Euro aus dem Beispiel der Bundesbank die Mindestreserve von 1000 Euro, dann muss sie dafür bei der Europäischen Zentralbank EZB einen Zins von 0,05 Prozent, bzw. 50 Cent bezahlen (Stand Dezember

---

13 Aktuelle Ausgabe: www.bundesbank.de/Redaktion/DE/Downloads/ Veroeffentlichungen/Buch_Broschuere_Flyer/geld_und_geldpolitik.pdf?__blob=publicationFile . Ausgabe von 2004/2005: http://hgcn.de/pdf/2005_Geld2_gesamt.pdf

2015, gültig seit September 2014). Mit diesem lächerlichen Betrag finanziert sie einen Kredit, für den sie bei 5 Prozent Zins jährlich 5000 Euro einnimmt, der in der Folge in die Preise eingerechnet wird, die wir als Konsumenten bezahlen. Das ist eine Marge von zehntausend Prozent. Wenn man sich da fragen muss, was der Allgemeinheit wohl zugute kommen könnte, wird einem schon schwindlig, bevor man die Frage verstanden hat.

Mit dieser Brutto-Marge muss die Bank allerdings – wie jedes andere Unternehmen auch – ihre Kosten bestreiten, die Refinanzierung etwa oder die Verzinsung der Einlagen. Geldschöpfung aus dem Nichts heisst auch nicht, dass der Bank das neu geschöpfte Geld als Gewinn zufliesst, sondern bloss, dass sie – abgesehen von den Mindestreserven und dem Eigenkapital – keine Kosten dafür aufwenden muss.

Sogar die ehrwürdige Bank of England, die in ihrem allerersten Prospekt vor 321 Jahren den potenziellen Anlegern die Geldschöpfung aus dem Nichts anpries, hat vor kurzem ihr jahrhundertelanges Schweigen gebrochen. In ihrem ersten Quartalsbulletin von 2014 erklärt sie die Geldschöpfung korrekt: «Bankausleihungen schaffen Guthaben.» Und sie weist sogar darauf hin, dass ihre Beschreibung des Geldschöpfungsvorgangs von der Geschichte abweiche, die in manchen Lehrbüchern gefunden werde: «This description of how money is created differs from the story found in some economics textbooks.»[14] Dazu veröffentlichte sie einen Videofilm auf ihrer Internetseite, dessen erste zwei Minuten so kompliziert sind, dass garantiert alle wegklicken, die den Trick mit der Geldschöpfung nicht ohnehin schon kennen. Informationsauftrag erfüllt.

Fassen wir zusammen:
• Die Banken schaffen neues Geld, indem sie Kredite vergeben.
• Die Geldschöpfung wird theoretisch begrenzt durch die Mindestreserve an Zentralbankgeld (Münzen, Banknoten und Guthaben bei der Zentralbank), die die Banken für alle Guthaben halten müssen, für solche, die sie per Kredit selber schaffen wie auch für Einlagen, die sie entgegennehmen. Die Mindestreserve beträgt in der Schweiz 2,5 Prozent, im Euroraum 1 Prozent.

---

14 www.bankofengland.co.uk/publications/Documents/quarterlybulletin/2014/qb14q1prereleasemoneycreation.pdf

- Für diese Reserve bezahlen sie der Zentralbank den Leitzins, in der Schweiz 0,75 Prozent, im Euroraum 0,05 Prozent.
- Damit erzielen sie Margen bis zu mehreren tausend Prozent.

Was ist der Überfall auf eine Bank gegenüber der Gründung einer Bank? fragte Bertold Brecht. Jetzt kennen wir die Antwort. Der Überfall ist um Grössenordnungen weniger rentabel.

Der emeritierte St. Galler Ökonomieprofessor Hans Christoph Binswanger, als Schöpfer der ökologischen Steuerreform berühmt geworden, macht in einem Aufsatz auf einen weiteren wichtigen Aspekt der privaten Geldschöpfung aufmerksam: «Die Verschuldung der Banken und die Verschuldung der Kreditnehmer sind allerdings – dies ist zu beachten! – asymmetrisch. Der Kreditnehmer muss die Schuld begleichen *und* einen Zins bezahlen, solange er schuldig bleibt. Die Banken hingegen müssen nur einen kleinen Teil der Schuld begleichen, nämlich den (geringen) Teil, der in Banknoten eingelöst wird. Sie brauchen für diese Schuld auch keinen bzw. nur einen geringen Zins zu zahlen. Warum nicht? Weil ihre Schuld eben Geld darstellt. Man lässt die Schuld stehen, weil sie Geld ist.»[15]

Schön gesagt: «Man lässt die Schuld stehen, weil sie Geld ist.» Etwas später im Text wird Binswanger noch deutlicher: «So werden Schulden zu Geld, d.h. zu Vermögen, das sich in dem Ausmass, als mehr neue Kredite entstehen als zurückbezahlt werden, im Lauf der Zeit ins Unendliche anhäuft. Das ist das Wesen der im Geldsystem waltenden Magie: Aus Minus (-) gleich Schuld wird ein Plus (+) gleich (Geld-)Vermögen.»[16]

Es ist aber nicht so, dass alle Schulden auch Geld sind – das ist die Krux der asymmetrischen Geldschöpfung durch die Banken. Bei der Kreditvergabe entsteht ein gleich bleibendes Guthaben, das in Zirkulation geht und eine Forderung, die mit der Zeit wächst.

Kurz und knapp beschreibt der deutsche Soziologe Dirk Baecker den Charakter des Geldes in seinem Buch *Womit handeln Banken?*:

---

15 Verein Monetäre Modernisierung (Hrsg.): Die Vollgeld-Reform. edition Zeitpunkt, 4. Aufl., 2015. Mit Aufsätzen von Hans Christoph Binswanger, Joseph Huber und Philippe Mastronardi. S. 26
16 a.a.O., S. 27

«mit Zahlungsverpflichtungen». Das Buchgeld der Banken ist also nichts weiter als Schulden. Es stellt damit kein Recht auf einen Wert dar, sondern auf einen, der noch erschaffen werden muss und – wir ahnen es – in seiner Gesamtheit nie erschaffen werden wird. Dass wir einen kleinen Teil dieses Privatgeldes in der realen Wirtschaft in reale Güter tauschen können, bedeutet noch lange nicht, dass wir dies mit den beträchtlich grösseren Mengen ebenso tun können, die in der virtuellen Finanzwelt herumrauschen. Neben den riesigen Schulden von Staaten, Firmen und privaten Haushalten von 199 Billionen Dollar warten in der Derivatblase noch Forderungen im Umfang von 600 Billionen Dollar, dem Zehnfachen des Weltbruttosozialproduktes. Wenn diese «Werte» alle faul werden, müsste die Menschheit zehn Jahre lang im Schweisse ihres Angesichts schuften, ohne Lohn und ohne einen kleinen Teil der Früchte ihrer Arbeit für sich abzweigen zu dürfen. Fairerweise muss man anmerken, dass sich ein Teil der Forderungen in der Derivatblase gegenseitig aufhebt, sodass die Rechnung nicht ganz so negativ ausfallen dürfte. Unbezahlbar bleibt sie auf jeden Fall.

Deshalb ist die Nervosität in der Welt des virtuellen Geldes gross: Rund 98 Prozent der Devisen-Transaktionen dienen nicht dem Gütertausch, sondern der spekulativen Suche nach der momentan besten Rendite. Das ist ziemlich irre. Man stelle sich einmal einen Kunden im Bäckerladen vor, der sein Geld fünfzig mal in seinen verschiedenen Brieftaschen umschichtet, bevor er endlich sein Brötchen bezahlt! Der Mann würde ziemlich rasch in der Klapsmühle landen. Aber dieser Zustand ist die Normalität in unserem Geldsystem.

Nicht nur das: Die Leute, die diese falschen Zahlungsversprechen fabrizieren, werden auch noch fürstlich belohnt. Merke: In einen Irrtum wird gerne viel investiert, um ihn wahrer zu machen. Die 70 Millionen Abgangsentschädigung von Novartis-Chef Daniel Vasella, über die sich die ganze Schweiz aufgeregt hat (und zur Strafe die Abzockerinitiative angenommen hat) nehmen sich wie ein bescheidenes Trinkgeld aus neben den 3,7 Mrd. Dollar, die John Paulson vom gleichnamigen Hedgefonds 2007 «verdiente». Das ist kein Einzelfall, wie Prof. Marc Chesney schreibt, Vizedirektor des Department of Banking and Finance der Universität Zürich: «2006 haben die 20 bestverdienenden Direktoren von spekulativen Fonds im Durchschnitt 657 Mio. Dollar erhalten [d.h.

pro Person! Anm. d. Verf.], 15 000 mal mehr als das Durchschnittseinkommen und ungefähr 18 mal mehr als der Durchschnitt der zwanzig bestbezahlten CEOs der Nichtfinanzunternehmen des Standard&Poor-500-Index.»[17] Man darf davon ausgehen, dass diese Menschen das Teuerste von sich verkaufen, was sie überhaupt hergeben können, ihre Seele. Wer so viele leere Versprechen abgibt, verliert sich selbst.

Es ist denn auch der Domino-Effekt der in sich zusammenstürzenden Versprechen, vor dem sich die Finanzwelt so fürchtet und der die Staaten und Zentralbanken in den letzten Jahren zu Rettungsmassnahmen veranlasste, die jedes bisher denkbare Mass überstiegen. Schon kleine Erschütterungen können unkontrollierbare Kettenreaktionen auslösen. Griechenland hat vielleicht einen unordentlichen Finanzhaushalt – zwei Drittel der Ärzte bezahlen keine Steuern –, ist aber mit einem Anteil von drei Prozent am Bruttosozialprodukt der EU eine quantité négligeable. Wenn ein unbedeutendes Mitglied einer Sippe in wirtschaftliche Schwierigkeiten gerät, sollte das kein grosses Problem sein. Man nimmt es ins Gebet, hilft aus und ist in Zukunft etwas vorsichtiger. Nicht so in der Finanzwelt mit ihren hochkomplexen, weit überdehnten und sich dank Zins und Zinseszins ständig aufschaukelnden Zahlungsversprechen: Da kann schon ein kleines Lüftchen kapitale Sturmschäden hinterlassen. Und die Akteure merken: Wenn die Griechen ihre Zahlungsversprechen nicht einhalten müssen, dann könnten die Spanier, Portugiesen, Italiener und Franzosen auch bald um Gnade bitten.

Die Rettungsschirme der EU bestehen natürlich nicht aus Geld, sondern aus Krediten und der Garantie der Mitgliedsländer, im Bedarfsfall weitere Kredite zu sprechen – also im Notfall weitere Versprechen zu leisten, die nur gehalten werden können, wenn ihnen weitere folgen. Und so weiter, bis zum allerletzten Versprechen des einsamen Kapitäns auf der Kommandobrücke der Finanz-Titanic – falls der nicht schon längst den Schettino[18] gemacht hat.

---

[17] Marc Chesney: Vom Grossen Krieg zur permanenten Krise. 2014. S. 42.
[18] Franceso Schettino war der Kapitän, der das Unglücksschiff «Costa Concordia» vorzeitig verliess.

Konkret: Die Banken haben sich verspekuliert und einem Land unvorsichtigerweise oder betrügerisch (im Fall von Goldman-Sachs und Griechenland) Kredite gegeben. Wenn das Land seine Kredite nicht mehr bedienen kann, müsste es rechtlich gesehen pleite gehen und die Banken müssten die Ausstände abschreiben. Je nach Bank reicht schon eine Wertverminderung ihrer Aktiva um zwei Prozent, um sie konkursreif zu machen und aufgrund der weltweiten Kreditverflechtungen weitere Institute in den Abgrund zu reissen. Damit würden auch die Einlagen vernichtet, mit enormen Folgen. Deshalb gelten auch relativ kleine Institute wie die Credit Suisse mit einer Bilanzsumme von weniger als einem Prozent des Weltbruttosozialprodukts als global systemrelevant. Auf die reale Welt übertragen: Ein Regentag weniger und eine Hungerkatastrophe bricht aus – so fragil ist unser Geldsystem. Weil die Banken nicht pleite gehen dürfen, müssen die konkursiten Staaten gerettet werden, deren Papiere grosse Aktivposten in den Büchern der Banken darstellen. Das ist Sinn und Zweck des Europäischen Stabilitätsmechanismus, einer Institution der Euroländer mit Sitz in Luxemburg. Der ESM verfügt über ein Stammkapital von 704 Mrd. Euro, 80 Mrd. einbezahlt, 624 Mrd. auf Abruf zugesagt von den Mitgliedsländern. Gemessen am einbezahlten Kapital (die Deutsche Bank mit einem Aktienkapital von 68 Mrd. hat bloss 15 Prozent weniger) ist der ESM zwar kein Rettungsboot mehr, aber auch keine Arche, und nur für ruhige See geeignet. Wenn nämlich die Situation so schlimm wird, dass weiteres Kapital abgerufen werden muss – wogegen keine demokratischen Mittel bestehen –, dann werden einige der bereits hochverschuldeten Mitgliedstaaten ihre Nachschusspflichten kaum noch erfüllen können und ihre Bürger mit unkonventionellen Methoden zur Kasse bitten.

Diesen ESM mit ein bisschen Geld baten nun die notleidenden Staaten um Hilfe, damit sie ihren Verpflichtungen gegenüber den Banken nachkommen konnten. Der ESM seinerseits ging zu den Banken (die gerettet werden mussten), nahm das nötige Geld auf (ein Kredit aus dem Nichts), transferierte es mit einem Sparprogramm im Beipackzettel an die bedürftigen Staaten, die es ihrerseits an die Banken überwiesen. Das Resultat dieser Luftnummer: Die Banken sind nun «gerettet», die Haftung ist auf den Steuerzahler übergegangen.

Der ESM ist auch rechtlich eine Institution mit erheblichen Defiziten. So kann zum Beispiel sein Gouverneursrat eigenmächtig das Kapital erhöhen und die entsprechenden Beträge seinen Mitgliedsländern in Rechnung stellen, und kein Parlament im Euroland kann dies verhindern. Er untersteht keiner Gerichtsbarkeit – der Europäische Gerichtshof ist bloss Schlichtungsstelle –, seine Mitarbeiter geniessen Immunität und die Rechnungsprüfung erfolgt durch eine private, vom Direktorium bestimmte Institution.[19] Dabei geht es um happige Summen, die mit dürftigster demokratischer Legitimation zur Aufrechterhaltung der Finanzindustrie aufgewendet werden. Der Beitrag Deutschlands zum ESM steht zur Zeit bei 190 Mrd. (22 davon einbezahlt); das sind 64 Prozent des deutschen Haushalts von 2014, wo um jede Position gestritten wird. Ausgerechnet bei den ganz grossen Brocken wird das Haushaltsrecht des Parlamentes mit Füssen getreten. Ein klein bisschen hat dies auch das Bundesverfassungsgericht erkannt und verlangt, dass ein Gesetz geschaffen werde, das den Finanzminister als Mitglied des ESM-Gouverneursrates ermächtige, das Kapital auch ohne Beschluss des Bundestags zu erhöhen. Da kann man nur noch mit Schiller hoffen: Die Grossen hören auf zu herrschen, wenn die Kleinen aufhören zu kriechen.

Damit in Europa niemand vergisst, wer hier das Sagen hat, müssen nun die Griechen kriechen. Wenn sie zur Aufrechterhaltung ihres Finanzsystems weitere Rettungsmilliarden erhalten wollen, müssen sie den destruktiven Sparkurs fortführen, dessen Abschaffung die Regierung Tsipras versprochen hatte. Dabei war Griechenland schon 2011 zu Beginn des Rettungsprogramms der Troika überschuldet, hätte also keine weitere Kredite erhalten dürfen, sondern saniert werden müssen. Jetzt steckt Griechenland im «Sparparadox»: Seine Staatsschuld ist seit 2011 zwar kaum gestiegen, aber das Bruttosozialprodukt ist um 26 Prozent gesunken, ein Drittel mehr als in Deutschland in den verheerenden 1930er Jahren. Wenn alle sparen, gibt es auch weniger zu verdienen und der Schuldenabbau wird noch schwieriger.

Weil es aus diesem Paradox kein Entrinnen gibt, wird vorderhand mit Demokratieabbau nachgeholfen. Wie der deutsche Bestseller-

---

19 Der ESM-Vertrag (ohne eigenen Link) findet sich auf der obersten Ebene der ESM-Webdite: http://esm.europa.eu

und Filmautor Harald Schumann in seinem jüngsten Film «Macht ohne Kontrolle – die Troika»[20] zeigt, hat der Int. Währungsfonds IWF bei seiner Kreditvergabe die eigenen Regeln gebrochen bzw. in undurchsichtiger Weise und ohne formalen Beschluss geändert. Im Weiteren hat der IWF direkt in den griechischen Gesetzgebungsprozess eingegriffen und beim Verkauf griechischer Staatsgüter unter Preis Oligarchen gezielt bevorteilt. Ein Protest politischer Behörden oder der Leitmedien blieb weitgehend aus.

Auch die Eurogruppe hat keine Rechtspersönlichkeit, wie ein Vorfall in der Endphase der Verhandlungen mit Griechenland zeigte. Jeroen Dijsselbloem, Chef der Eurogruppe, wollte eine Sitzung unter Ausschluss seines ordentlichen Mitglieds Griechenland einberufen. Als der damalige Finanzminister Varoufakis die Legalität dieses Schrittes in Frage stellte, gab es einen zehnminütigen Unterbruch, während dem die Teilnehmer an ihren Handys hingen und sich über den rechtlichen Stand der Dinge schlau machten. Schliesslich erklärte ein Rechtsexperte: «Die Eurogruppe existiert rechtlich gar nicht, es gibt keine Rechtsgrundlage für die Gruppe.»[21] Das bedeutete nicht nur, dass Dijsselbloem tatsächlich eine Sitzung unter Ausschluss ordentlicher Mitglieder einberufen konnte. Das bedeutet auch, dass eine Institution im rechtsfreien Raum und ohne demokratisch geregelte Verantwortlichkeit buchstäblich Entscheide über Leben und Tod fällen kann, gegen die es keine Rechtsmittel gibt. Die betroffene Bevölkerung wird wohl andere Mittel finden müssen und man kann nur hoffen, dass es friedliche sein werden.

Die anderen verschuldeten Staaten müssen sich natürlich auch ein bisschen selber retten (d.h. auf dem Buckel der Bürger sparen),

---

20 Harald Schumann und Arpad Bondy: «Macht ohne Kontrolle – die Troika», ausgestrahlt auf arte am 24. Februar 2015 und abrufbar hier: https://www.youtube.com/watch?v=2zzMWcadFE4
Mehr dazu in: Harald Schumann u. Ute Scheub: Die Troika – Macht ohne Kontrolle. Eine griechische Tragödie und eine europäische Groteske in fünf Akten. edition Zeitpunkt, 2015.
21 Interview mit Yanis Varoufakis im New Statesman, 13.7.2015. www.newstatesman.com/world-affairs/2015/07/yanis-varoufakis-full-transcript-our-battle-save-greece

gerade so viel, um die Wählerschaften nicht vollends ins extreme Lager zu treiben, sodass das Spiel noch eine Runde weitergehen kann. Heute «rettet» vor allem die Europäische Zentralbank, indem sie den Banken die schrottigen und giftigen Schuldtitel abkauft (nicht jedoch die griechischen), deren wahrer Wert auf dem Markt sonst im Keller verschwinden würde. Vor einem Jahr stellte die EZB den Banken noch langfristige Kredite zur Verfügung – vorher noch sozusagen verboten – und dies zum Quasi-Nullzins. Diese spottbillige Heissluft bliesen die Banken dann in den Markt der maroden Staatsanleihen und verdienten damit noch happige Zinsen, die der Steuerzahler brav bezahlte und damit den Banken, die er vorher gerettet hatte, eine Marge von tausend und mehr Prozent ermöglichte. Ein solches Spiel vor aller Augen durchzuziehen, braucht einiges Können, die Unterstützung der Medien und gute Nerven, denn ganz ohne Zweifel ist diese Form der Geldschöpfung nie durchgekommen.

In der Tat steht dieses sogenannte «Fraktionale Reservesystem», in der mit kleinen Einlagen aus gesetzlichem Zahlungsmittel grosse Mengen an Buchgeld geschöpft werden, seit seiner Einführung in der Kritik. Es ist bestimmt schon eine kleine Bibliothek voller Bücher zum Thema geschrieben worden, von gebildeten Quereinsteigern, ein paar wenigen echten Experten, aber auch von empörten Laien mit dem überwältigenden Bedürfnis, es der Welt endlich zu sagen. Ich selber gehöre vermutlich zur dritten Kategorie.

Nur die Akademiker hegen eine bemerkenswerte Abneigung gegen das Thema, ganz sicher, wenn sie Karriere machen und vielleicht sogar den Preis der Schwedischen Reichsbank erhalten wollen, besser bekannt als Nobelpreis für Wirtschaftswissenschaften. Er wurde zwar nicht von Alfred Nobel gestiftet, sondern 1968 von der Schwedischen Reichsbank aus Anlass ihres 300-jährigen Bestehens. «Nichts spricht dafür, dass er [Alfred Nobel] einen solchen Preis gewollt hätte», sagte sein Ururneffe Peter Nobel 2005. «Er wird zwar so verliehen, als sei er ein Nobelpreis, doch er ist nur ein PR-Coup von Ökonomen, die ihren Ruf aufbessern wollen. Meistens geht er doch an Börsenspekulanten.» Erst zweimal bekamen ihn Wissenschaftler, die sich kritisch mit dem Geldsystem auseinandergesetzt hatten. Aber auch die äusserten ihre Kritik erst, nachdem sie ihn erhalten hatten:

Friedrich August von Hayek, der das free banking mit hundertprozentiger Reservehaltung favorisierte und Maurice Allais, der das fraktionale Reserve-Banking mit Geldfälschung verglich. Es gibt auch andere namhafte Kritiker. Einer von ihnen ist der bereits zitierte Hans Christoph Binswanger, ein profunder Kenner der *Magie des Geldes*, wie eines seiner zahlreichen Bücher betitelt ist. Deshalb wird er auch den Preis der Schwedischen Reichsbank nie erhalten. Den Nobelpreis hingegen, den hätte er verdient.

Ein anderer ist der Franzose Marc Chesney, Professor für «Quantitative Finance» an der Universität Zürich, in dessen jüngst erschienenem Buch *Vom Grossen Krieg zur permanenten Krise* Sätze wie dieser zu lesen sind: «Die Verbreitung intellektuellen Falschgeldes durch die vielfach manipulierten Eliten trägt nur zu einer Verlängerung der Krise und der Massenarbeitslosigkeit bei.» Dieser Aufsatz über den «Aufstieg der Finanzaristokratie und das Versagen der Demokratie» enthält Klartext, wie man es sich von einem Wissenschaftler, der tatsächlich Wissen schafft, nur wünschen kann.

Nur einmal in jüngerer Zeit wurde die Geldschöpfung in einer breiten Öffentlichkeit diskutiert, in den 30er Jahren in den USA. Damals wurden verschiedene Strategien zur Reform des krisengeschüttelten Bankwesens diskutiert, u.a. auch der sogenannte «Chicago-Plan», der eine 100-Prozent Deckung der Bankguthaben vorschlug, um die Geldschöpfung durch die Banken besser zu kontrollieren und das Geldsystem stabiler zu machen. Obwohl der Plan von drei Vierteln der amerikanischen Ökonomieprofessoren unterstützt wurde, schaffte er es nicht durch den Kongress. Die Banken-Lobby war zu stark. Erst mit der Finanzkrise 2008 ist die Geldschöpfung wieder vereinzelt in den Mainstream-Medien aufgetaucht, Tendenz steigend.

Die Banken schöpfen nicht nur Geld aus dem Nichts, wenn sie Kredite verleihen; sie können mit demselben «Nichts» auch selber bezahlen. Als ich dies im Buch *Geldschöpfung – die verborgene Macht der Banken* (2013) von Horst Seiffert erstmals las, besuchte ich umgehend einen befreundeten Bankmanager, um mich eines Besseren belehren zu lassen. Mit selbst geschöpftem Geld bezahlen, das durfte einfach nicht wahr sein. Doch er bestätigte den Vorgang. Wenn der Verkäufer ein Konto bei der Bank führt, kann sie ihm einfach den entsprechenden Betrag hineinschreiben – gewissermassen als Kredit an sich selber – und sich gegen Nullkommanichts bei der Zentralbank die notwendige Mindestreserve organisieren. Natürlich muss sie die Sache ordentlich abschreiben und dafür auch das notwendige Einkommen generieren. Aber die Zinsen, bei Immobilien auf lange Sicht der grösste Kostenfaktor, kann sie sich sparen. Der Sachverhalt, eine eklatante Privilegierung der Banken gegenüber den Nicht-Banken, wird von offiziellen Stellen allerdings widersprüchlich beurteilt. Die Nationalbank schrieb mir am 10. Juni 2015 in Antwort auf eine briefliche Anfrage:«Wie Sie geschrieben haben, müsste sich deshalb die Bank gewissermassen selber einen Kredit geben, wenn sie eine Anschaffung durch Geldschöpfung finanzieren möchte. Ein Kredit bedeutet jedoch die Überlassung von Geldmitteln an Dritte (innerhalb eines festgelegten Zeitraums und gegen die Zahlung eines Zinses). Sich selber einen Kredit zu gewähren, also eine Verbindlichkeit gegenüber sich selber zu haben, ist nicht möglich.» Nach Darstellung der Nationalbank kann also eine Bank Anschaffungen nicht mit selbst geschöpftem Geld tätigen.

Ganz anders sieht es die Bundesbank in ihrer Antwort auf die gleichlautende Frage: «Der Kauf einer Immobilie durch eine Bank ist ein spezieller Fall von ‹Erwerb eines Vermögenswerts›. Im ersten Schritt kann die Bank mit selbstgeschaffenem Buchgeld zahlen, das sie dem Verkäufer als Sichteinlage gutschreibt. Aus Sicht der Bank ist dieses selbstgeschaffene Buchgeld –die Sichteinlage –eine Verbindlichkeit (‹Schulden›). Durch die Transaktion ‹Immobilienerwerb› kommt es deshalb für die Bank zu keinem Netto-Vermögenszuwachs (‹die Bank wird nicht reicher›); denn in ihrer Bilanz wird zwar auf der Aktivseite der erworbene Vermögenswert verbucht, doch stehen diesem auf der Passivseite Verbindlichkeiten in gleicher Höhe gegenüber.»

Als ich die Nationalbank mit der Einschätzung der Bundesbank konfrontierte, änderte sie ihre Interpretation. Sie sei bei den «Anschaffungen» von «Verbrauchsmaterial oder einem Betriebsfest» ausgegangen und nicht von einer Immobilie, die «werthaltig und aktivierbar» sei. Der Erwerb einer Immobilie durch eine Bank auf eigene

Rechnung unterscheide sich nicht wesentlich von einem Kreditgeschäft mit einem Kunden. «In beiden Fällen wird Geld geschöpft und beide Transaktionen müssen mit Reserven unterlegt werden.»[22]

Was dieser phantastische Wettbewerbsvorteil der Banken für die Volkswirtschaft bedeutet, kann man sich fast nicht vorstellen. Die Kapitalkosten betragen im Durchschnitt rund 30 Prozent – so gross ist in etwa der Anteil der Kapitalgewinne am Volkseinkommen. Diese Kosten, die von den übrigen Wirtschaftssubjekten mit realer Arbeit getragen werden müssen, können sich die Banken aufgrund eines Privilegs ersparen, über das nie demokratisch entschieden wurde. Erstaunt es unter diesen Umständen, dass in den USA die Banken wertmässig bereits mehr Immobilien besitzen als alle Privaten zusammen?[23]

Die Weltwirtschaft gleicht einem Industriemuseum im Keller einer Bank: Unten wird zur Aufrechterhaltung des Scheins noch irgendetwas gewerkelt, oben wird mit den Illusionen des Publikums gezockt. Dass ein solches Geldsystem nicht wirklich Zukunft hat, ahnt jeder, der den Geldschöpfungsprozess verstanden hat. Man braucht dazu die konkreten Konsequenzen, die in der Folge beschrieben werden, nicht zwingend zu kennen. In der Tat zählte der Internationale Währungsfonds IWF zwischen 1970 und 2010 nicht weniger als 145 Bankenkrisen, 208 «Monetary Crashes» und 72 Schuldenkrisen, insgesamt also 425 systemische Krisen, fast elf pro Jahr. Diese sind nicht einfach der Misswirtschaft oder gierigen Bankern geschuldet, sondern einem System, das auf dem Weg zum unausweichlichen Bankrott seine schwachen Glieder schon mal abschüttelt und den Moment der Wahrheit hinausschiebt.

Diese Frist wollen wir doch etwas verkürzen und uns die Fallgruben dieses Geldes im Einzelnen vornehmen. Als Vorspeise beginnen wir mit einem vergleichsweise harmlosen Problem – mit ein bisschen Juristenfutter.

---

22 Der ganze Briefwechsel ist zu finden unter www.christoph-pfluger.ch
23 DiePresse.com: Abgewirtschaftet: 15 hässliche Fakten über die US-Wirtschaft. http://diepresse.com/home/wirtschaft/international/580651/Abgewirtschaftet_15-haessliche-Fakten-uber-die-USWirtschaft?gal=580651&index=4&direct=623572&_vl_backlink=/home/index.do&popup=

1. Juristenfutter – Ballaststoff ohne Nährwert

An der Schnittstelle zwischen Jurisprudenz und Bankwesen, wo die Klarheit der Sprache ihren höchsten Stand erreichen und die Verhältnisse eindeutig benennen müsste, ist Geld erstaunlicherweise ein unscharfer Begriff. Was Geld ist, wird auf keiner der rund 65 000 Seiten bundesrechtlicher Erlasse der Schweiz definiert, obwohl es in fast allen der knapp 5000 Gesetze und Verordnungen eine wichtige, manchmal die entscheidende Rolle spielt. Recht hat fast immer auch mit Geld zu tun. Aber welches Recht Geld darstellt, das weiss der Gesetzgeber nicht. Immerhin beantwortet er in Art. 2 des Bundesgesetzes über die Währung und die Zahlungsmittel (WZG) von 1999 die Frage nach dem gesetzlichen Zahlungsmittel:

«Als gesetzliche Zahlungsmittel gelten:
a. die vom Bund ausgegebenen Münzen;
b. die von der Schweizerischen Nationalbank ausgegebenen Banknoten;
c. auf Franken lautende Sichtguthaben bei der Schweizerischen Nationalbank.»

Zwei Dinge fallen auf:

• Ein Guthaben bei einer Bank ist offenbar nicht gesetzliches Zahlungsmittel, obwohl man damit (bargeldlos) bezahlen kann.

• Es gibt ein unbares gesetzliches Zahlungsmittel, aber nur für Inhaber eines Kontos bei der Nationalbank. Ein solches ist normalen Menschen im Gegensatz zu den Banken allerdings verwehrt. (Ausgenommen sind erstaunlicherweise die Mitarbeitenden der Nationalbank, die als einzige natürliche Personen der Schweiz über ein gesetzliches, elektronisches Zahlungsmittel verfügen können.)

Kann das sein? Eine Rückfrage bei der Nationalbank – offen gestanden nicht ganz ehrlich gemeint – soll Klarheit schaffen. Bevor der Gesprächspartner von der Rechtsabteilung Auskunft gibt, muss ich mich verpflichten, seinen Namen nicht zu nennen. Das Thema ist offenbar heikel (oder war es zum Zeitpunkt des Gesprächs im September 2011). Fakt ist: Giralgeld auf einem Bankkonto ist nicht gesetzliches Zahlungsmittel, kann aber jederzeit in solches umgetauscht werden und würde deshalb aus Usanz allgemein akzeptiert. Sogar von Stellen, die eigentlich nur gesetzliches Zahlungsmittel annehmen dürfen, zum Beispiel die Steuerbehörden. Mehr dazu sei in der bundesrätlichen Botschaft zum WZG zu finden. Und die beginnt ganz erfreulich:

«Die Zahlungsmitteleigenschaft der verschiedenen Formen staatlichen Geldes – Münzen, Banknoten, allenfalls auch des Zentralbank-Buchgeldes – sollte in einem die stoffliche Ausprägung übergreifenden Erlass, für jedermann leicht erkennbar, geregelt sein.» (S. 2763)

Da kann man nur zustimmen: eine für jedermann leicht erkennbare Regelung einer für uns alle elementaren Materie! Aber die Regelung ist nur vorübergehend leicht erkennbar. Nachdem noch einmal Münzen, Banknoten und Sichtguthaben bei der Nationalbank als einzige gesetzliche Zahlungsmittel bezeichnet werden, schreibt der Bundesrat von 1999:

«Guthaben bei einer Gross-, Kantonal- oder Regionalbank oder gar einer Kreditkartenorganisation sind etwas genuin anderes als Guthaben bei der SNB, die als einzige Institution im Lande – gestützt auf öffentlichrechtliche Normen – autonom Geld schöpfen kann.» Das ist im Prinzip getreu der Verfassung: Nur das Geld, das die Nationalbank schöpft, ist echtes Geld, Guthaben bei Banken sind etwas grundlegend anderes. Aber was ist es dann? Das beantwortet der Bundesrat nicht, das Parlament von damals wollte es auch nicht wissen, und so wissen wir es bis heute nicht. Die Antwort, die von Bankfachleuten gelegentlich gegeben wird, ist, obwohl «richtig», natürlich keine: Giroguthaben bei einer Bank sind ein Anspruch auf gesetzliches Zahlungsmittel. Nur: Der Anspruch gilt nur, wenn er nicht erfüllt werden muss. Er ist so viel wert wie ein Versprechen, das nicht gehalten werden muss.

Im Durchschnitt der Jahre 2003 bis 2012 machten die gesetzlichen Zahlungsmittel im Umlauf gerade mal 13 Prozent der eng gefassten Geldmenge M1 (Bargeld und sofort verfügbare Bankguthaben). Wenn wir also glauben, unser Geld bei der Bank sei Geld, dann liegen wir zu

87 Prozent falsch. Oder anders ausgedrückt: Wenn wir von den Banken Geld für unser Guthaben wollen, dann gehen wir zu 87 Prozent leer aus. Mindestens.

Man kann fast alles versprechen, wenn man es nicht halten muss. In privaten Beziehungen ist dies vielleicht ärgerlich, im Rechts- und im Finanzverkehr auf Dauer unmöglich.

Giroguthaben bei einer Bank sind also nicht gesetzliches Zahlungsmittel, sondern bloss eine paradoxe Forderung darauf, die nur erfüllt werden kann, wenn sie nicht gestellt wird.

Trotzdem schreibt der Bundesrat: «Dies hindert die Wirtschaftssubjekte nicht daran, vertraglich – ausdrücklich oder konkludent – zu vereinbaren, dass eine Geldschuld durch Gutschrift auf ein Konto des Gläubigers bei einer Geschäftsbank oder der Post getilgt werden darf» (S. 7271/7272). In der Rechtssprache bezeichnet *konkludentes* Handeln ein «Verhalten, das auf einen bestimmten Willen schliessen lässt und eine ausdrückliche Willenserklärung rechtlich ersetzt» (Duden). Wir Bürgerinnen und Bürger wollen offenbar Bankguthaben wie Geld behandeln, meint der Bundesrat von 1999, auch wenn wir dies nicht ausdrücklich so gesagt hätten. Aber wir wurden auch seit 125 Jahren, als der Vielfalt privater Banknoten ein Ende gesetzt wurde, gar nicht mehr gefragt. Der Banknotenartikel der Bundesverfassung von 1891 lautete: «Das Recht zur Ausgabe von Banknoten und andern gleichartigen Geldzeichen steht ausschliesslich dem Bunde zu.» Er hielt über hundert Jahre, bis er der als «Nachführung» bezeichneten Totalrevision von 1999 zum Opfer fiel. Seither beschränkt sich das Geldregal des Bundes auf Münzen und Banknoten; die «anderen gleichartigen Geldzeichen», unter die auch das elektronische Geld auf unseren Giroguthaben fallen müsste, wurden praktisch diskussionslos gestrichen. Es fällt schwer, dahinter keine Absicht zu vermuten. Falls eine bestanden hat, kann man nur sagen: Der Staatsstreich ist gelungen.

Mittlerweile wird das gesetzliche Zahlungsmittel auch von staatlichen Stellen tendenziell abgelehnt, wie ich im Rahmen eines kleinen Versuchs selber feststellen konnte. Ich trat nämlich mit meiner

Steuerrechnung und einer passenden Summe gesetzlichen Zahlungsmittels an den mit «Inkasso» bezeichneten Schalter des kantonalen Finanzdepartementes und erklärte meine Absicht, meine Steuern zu bezahlen. Dies sei nicht möglich, beschied mir die zuständige Beamtin. Nach meinem Insistieren erschien aus dem Hintergrund die deutlich weniger freundliche Vorgesetzte. Sie gab erst auf, als ich ihr sagte, dass sie zur Annahme des gesetzlichen Zahlungsmittels verpflichtet sei, andernfalls der Anspruch erlösche. Dann dauerte es ein paar Minuten, bis aus dem oberen Stock der humorvolle Vorvorgesetzte auf den Plan trat, der die Sachlage erkannte und die Zahlung entgegennahm. Im anschliessenden Gespräch erklärte er mir, er würde das Geld am Nachmittag auf ein Konto einzahlen. Er war sich offenbar nicht bewusst, dass er damit gesetzliches Zahlungsmittel in ein leeres Bankversprechen verwandelte.

Nicht ganz bei vollem Rechtsbewusstsein war offenbar auch das Eidg. Finanzdepartement mit seinem Vorhaben, die Verwendung des gesetzlichen Zahlungsmittels für Transaktionen über 100 000 Franken ungesetzlich zu machen. Wie es um die Rechtssicherheit in Geldsachen bestellt ist, zeigen auch die weltweiten Bemühungen, die Verwendung von Bargeld einzuschränken und das private elektronische Bankengeld zum einzigen gesetzlichen Zahlungsmittel zu erheben. Wenn es gar gelingen sollte, das Bargeld bis 2018 abzuschaffen, käme dies einer eigentlichen Machtergreifung gleich.

Haarspaltereien, werden manche denken: Geld ist Geld. Aber das stimmt nur, wenn die Wirtschaft wächst, die Stabilität der Banken über jedem Zweifel steht und nur wenige Kunden ihr Substitut gegen echtes Geld tauschen wollen. Sobald die Bonität der Banken schwankt, zeigen unsere Bankguthaben ihr wahres Gesicht, das eines Kredits. Um ihn zu retten, muss der Staat, d.h. das Kollektiv der Steuerzahler das unsichere Privatgeld der Banken mit echtem Geld der Nationalbank unterfüttern. Wieviel das kostet, ahnen wir seit der UBS-Krise. Aber das war in einer Zeit, als Krisen noch Dutzende von Milliarden kosteten. Jetzt sind es Hunderte. Und es ist nicht mehr unser kollektives Steuerzahlergeld, das auf dem Spiel steht, sondern unser privates und das der ganzen Weltwirtschaft.

Wie schnell sich die Rechtslage ändern kann, zeigt die «Verordnung der Eidgenössischen Finanzmarktaufsicht (FINMA) über die Insolvenz von Banken und Effektenhändlern» vom 30. August 2012, der weltweit ersten, einigermassen regulär zustande gekommenen Rechtsvorschrift über den sogenannten Bail-in, die Beteiligung der Gläubiger an der Sanierung einer Bank. Die Verordnung, die still und heimlich erlassen wurde, entbindet die FINMA ausdrücklich von der Pflicht, sich bei der Entschädigung der Gläubiger an ihren Rang zu halten. Und: «Im Gegensatz zu den allgemeinen Regeln kann bei systemisch wichtigen Banken nicht einmal eine Mehrheit der Gläubiger dritten Ranges den Restrukturierungsplan ablehnen, weil sich die Restrukturierung auf den Schutz des Finanzsystems und die Wirtschaft als Ganzes fokussiert.»[24] In demselben Papier schreibt die FINMA, sie trage als Insolvenzverwalterin «die Verantwortung für die Stabilisierung, Wiederherstellung und Auflösung von Banken und Effektenhändlern». Ihren Zweck gemäss Art. 5 des FINMA-Gesetzes nimmt sie offenbar nur ernst, wenn es gerade passt: «Die Finanzmarktaufsicht bezweckt ... den Schutz der Gläubigerinnen und Gläubiger, der Anlegerinnen und Anleger, der Versicherten sowie den Schutz der Funktionsfähigkeit der Finanzmärkte.»

Konkret: Bei der Abwicklung einer systemrelevanten Bank werden die natürlichen Personen nachrangig behandelt und haben nicht einmal Rechtsmittel, sich dagegen zu wehren. Diese mittlere Revolution im Schuldbetreibungs- und Konkursrecht fand ohne jegliche öffentliche Debatte oder parlamentarische Kontrolle statt.

Warum ist die Rechtsnatur des Geldes so wichtig? Wenn wir etwas leisten, erhalten wir dafür ein Recht auf Gegenleistung in Form von Geld, das wir bei Bedarf oder passender Gelegenheit wieder in eine entsprechende realwirtschaftliche Gegenleistung tauschen können (sollten). Wenn sich die Geldmenge in der Zwischenzeit ohne parallele Steigerung der Wirtschaftsleistung erhöht, dann vermindert sich unser rechtmässiger Anspruch. Die autonome Geldschöpfung durch die privaten Banken greift damit tief in die Eigentumsrechte ein und

---

24 FINMA: Resolution of global systemically important banks. 7.8.2013, S. 12. (Übersetzung durch den Autor).

gefährdet, was die Banken zu verteidigen vorgeben: die liberale Gesellschaftsordnung.

Nehmen wir einmal an, Sie deponierten eine Tausendernote mit der Aufschrift «Schweizerische Nationalbank», das echteste Geld, das in der Schweiz verfügbar ist, auf dem Girokonto Ihrer Bank. Was geschieht damit? Erstens, und das ist unbestritten, verwandelt es sich in eine Zahl auf Ihrem Konto, bzw. erhöht die vorhandene um den entsprechenden Betrag. Dann beginnt bereits die Konfusion. Sie halten das Geld für ein Depositum und denken: «Dies ist mein Geld, ich kann jederzeit darüber verfügen und es auf Wunsch in bar beziehen.» Die Banker denken: «Dies ist unser Geld, lasst uns etwas Profitables damit machen» und behandeln das Geld als Darlehen. Eine Sache, zwei Besitzer; ein Vorgang, zwei Verträge – ein juristisches Problem, das die Rechtsgelehrten seit mehr als 2000 Jahren beschäftigt. Im antiken Griechenland wurde die Benutzung der Gelder der Deponenten durch den Bankier als Betrug angesehen. In Ephesos fand um diese Zeit die erste dokumentierte Bankenrettung statt: Den Banken wurde ein zehnjähriger Aufschub zur Rückzahlung ihrer Depositen gewährt.[25]

Auch die römischen Bankiers standen offenbar in der Versuchung, die Gelder ihrer Kunden für eigene Zwecke zu missbrauchen. Zum *Corpus Juris civilis* von 239 n. Chr. schrieb Kaiser Gordianus ausdrücklich, «wer wissend und willentlich das deponierte Gut zu seinem eigenen Gewinn gegen den Willen des Eigentümers nutzt, begeht das Verbrechen des Diebstahls.» Zur zusätzlichen Abschreckung wurden die Mitglieder der römischen Bankier-Vereinigung *Societas Argentariae* kollektiv einer unbeschränkten Haftung unterworfen, was gleichzeitig soziale Kontrolle bewirkte und wie eine Versicherung funktionierte. Geriet ein Bankier in Schwierigkeiten, mussten die anderen einspringen. Der Kontrast zur heutigen Regelung könnte nicht grösser sein.

Die Verwirrungen über die Rechtsnatur des Depositums und des Vertrags zwischen Einleger und Bank begannen im Mittelalter. Nach

---

25 Raymond Bogaert: Banques et banquiers dans les cités grecques. 1968

Darstellung von Jesús Huerta de Soto, der die juristischen Konflikte rund um das monetäre Depositum und ihre weitreichenden ökonomischen Folgen eingehend studiert hat[26], sind sie das Ergebnis des biblischen Zinsverbotes, das durch allerlei Kunstgriffe umgangen wurde: Scheinverträge, Strafklauseln, falsche Darlehensbeträge, überhöhte Kosten für Devisentransaktionen und dergleichen mehr. Irgendwie musste der Zins, der ja gezahlt wurde, versteckt werden.

Beginnend in Italien, dann im übrigen Europa wurde die Teildeckung zum Standard im Bankwesen. «Es ist nicht überraschend», schreibt de Soto, «dass grosse Anstrengungen unternommen wurden, um das zu rechtfertigen, was scheinbar nicht zu rechtfertigen ist»: die Aneignung von Geldern, die zur sicheren Aufbewahrung deponiert wurden, und Depositenbelege für mehr Geld auszustellen, als tatsächlich hinterlegt wurde. Eine Gruppe von Rechtsgelehrten versuchte die Praxis mit der Begründung zu rechtfertigen, das Depositum sei eigentlich ein Darlehensvertrag – was es natürlich nicht ist. Beim Depositum behält der Eigner die Verfügungsgewalt über sein Geld, beim Darlehen überträgt sie der Kreditgeber für eine bestimmte Frist. Die andere Gruppe verlegte sich darauf, die «Verfügbarkeit» als Rechtskonzept zu etablieren. Da ohnehin nicht alle Deponenten gleichzeitig ihre Gelder abholen wollten, genüge eine kleinere Menge, um die Depots verfügbar zu halten. Wenn der Bankier umsichtig mit dem anvertrauten Geld umgehe, bleibe dem Deponenten die Verfügbarkeit erhalten.

Damit gilt das Recht aber nicht mehr unbedingt, sondern ist abhängig von der Zahl der Deponenten. Eine fiktive Depositenbank mit zwei Einlegern hält wohl besser die gesamten Depots verfügbar, um mit der grossen Wahrscheinlichkeit fertig zu werden, dass beide Deponenten gleichzeitig ihr Geld abheben wollen. Bei hundert oder tausend Deponenten sinkt die Wahrscheinlichkeit des gleichzeitigen Geldrückzugs und die Reserven dürfen entsprechend kleiner sein, und so weiter. Aber: Auch mit dem Konzept der Verfügbarkeit, das

---

26 ausführlich beschrieben in «Geld, Bankkredit und Konjunkturzyklen», Lucius&Lucius, 2011. S. 82 ff

übrigens nach wie vor gilt, bleibt das Depositum ein Glücksvertrag. Er kann nur dann erfüllt werden, wenn ich das Glück habe, dass nicht gleichzeitig zu viele andere ihre Depots auflösen.

Jesús Huerta de Soto zählt sieben rechtliche Klassifikationen, den Bankdepositenvertrag mit Teildeckung für ungültig zu erklären:

1. Es liegt eine Täuschung oder Betrug vor. Es handelt sich um den Tatbestand der Veruntreuung und der Vertrag ist null und nichtig (historisch der unrühmliche Ursprung des Teildeckungsbankwesens).

2. Es liegt keine Täuschung vor, jedoch besteht ein «error in negotio»: Der Vertrag ist null und nichtig. [error in negotio: Irrtum über den Vertragstyp. In diesem Fall: Man nimmt an, es sei ein Depositum, dabei ist es ein Darlehen.]

3. Es liegt kein «error in negotio» vor, jedoch verfolgt jede Partei ihren typischen Zweck bei dem Vertrag: Aufgrund der notwendigerweise unvereinbaren Zwecke ist der Vertrag null und nichtig.

4. Selbst wenn man die unvereinbaren Zwecke als kompatibel ansieht, ist der Vertrag null und nichtig, weil er (ohne eine Zentralbank) unmöglich vollzogen werden kann.

5. Ein ergänzendes Argument: Selbst wenn das «Gesetz der grossen Zahl» gültig wäre (was es in diesem Falle nicht ist), wäre der Vertrag immer noch ein Glücksvertrag (und weder ein Depositennoch ein Darlehensvertrag).

6. Die Anwendung des Vertrages hängt von einer Staatsvollmacht (Privileg) und der Unterstützung durch eine Zentralbank ab, die das Geld nationalisiert, gesetzliche Zahlungsmittelregulierungen einführt und Liquidität schafft.

7. In jedem Fall ist der Vertrag null und nichtig, weil er dritten Parteien schwerwiegende Schäden zufügt (wirtschaftliche, durch die Zentralbank verschärfte Krisen) – viel grössere Schäden als jene. die von einem Geldfälscher verursacht werden. (Zitat Ende)[27]

---

27 a.a.O., S. 111.

Das juristische Problem – eine Sache, zwei Besitzer – lässt sich mit gültigen Verträgen also nicht lösen. Bis zum heutigen Tag.

Die Frage nach der Besitzerschaft ist freilich nicht ganz so trivial. Während ein *reguläres Depositum*, ein Bild oder ein Möbelstück, in ein und derselben Sache retourniert werden muss, ist es beim *depositum irregulare* unmöglich, zwischen den einzelnen Einheiten zu unterscheiden. Der Depositar kann beim Getreide unmöglich dieselben Körner und beim Geld dieselben Scheine oder Münzen zurückgeben. Getreide und Geld müssen aber gleichermassen verfügbar sein, wenn der Deponent dies wünscht.

Ein Depositum braucht auch nicht in die Bilanz des Depositars einzugehen; ein Journaleintrag genügt, um die Übersicht über die Ein- und Ausgänge zu behalten. Die Aktiva und Passiva sind nicht betroffen, wie dies heute bei den Banken der Fall ist.

Dass sich diese juristisch korrekte Rechtsauffassung nicht durchgesetzt hat, führt de Soto auf die «intime Komplizenschaft» zurück, «die traditionell (und heute noch) die Beziehungen zwischen Staats- und Bankinstitutionen bestimmt.» Die Banken wollten lasche Regeln, die Regierenden gaben sie ihnen und erhielten dafür Kredit. De Soto: «Als schliesslich die Missbräuche und Betrugsfälle an die Oberfläche kamen und besser verstanden wurden, hatte sich die Institution des Bankwesens schon so lange etabliert, dass es praktisch unmöglich war, die Missbräuche effektiv zu zügeln.»[28] Und so ist es bis heute.

Es ist erstaunlich und eigentlich erschreckend, dass ausgerechnet das Geld aus einer einzigen juristischen Verwirrung besteht und das in einer Zeit, in der buchstäblich alles durch Gesetze, Verordnung und Standards geregelt ist und in der Rechtssicherheit besonders wichtig wäre. Dabei haben wir in den letzten Abschnitten nur vom Geld auf unseren Bankkonten gesprochen, dem Giralgeld, das die Banken aus dem Nichts schöpfen. Das ungelöste juristische Problem an der Basis des Bankgeschäfts bewirkt natürlich weitere, durchaus reale Probleme. De Soto: «Der systematische Zusammenbruch von privaten

---

28 a.a.O.:, S. 26.

Teildeckungsbanken, die nicht von einer Zentralbank (oder einem Äquivalent) unterstützt werden, ist ein geschichtliches Faktum.»[29] Weil die Banken durch die Geldschöpfung aus dem Nichts immer wieder in Schwierigkeiten geraten, braucht es also Zentralbanken, die sie bei Bedarf mit unbeschränkter Liquidität versorgen können.

Das Zentralbankgeld – für uns Normalsterbliche Münzen und Banknoten – ist an sich leicht zu verstehen: Eine Einheit berechtigt zum Bezug eines entsprechenden Anteils an der volkswirtschaftlichen Produktion. Gütermenge und Geldmenge sollten sich in einem stabilen Verhältnis befinden; dann sind auch die Preise stabil und wir können rechnen und Entscheidungen für die Zukunft treffen. Das Besondere an den Zentralbanken: Sie können beliebig Geld emittieren. Wenn sie mehr Geld drucken als die Produktion steigt, verlieren die bestehenden Bezugsrechte an Wert. Die Geldemission der Nationalbank ist also ein Vorgang von höchster juristischer Relevanz, der alle Verträge und Beziehungen tangiert, in denen Geld eine Rolle spielt. Man müsste also ein Höchstmass an juristischer Klarheit erwarten. Aber das Gegenteil ist der Fall.

Immerhin ist die erste und wichtigste Aufgabe der Nationalbank die Wahrung der Preisstabilität (Art. 5, Abs. 1 des Nationalbank-Gesetzes vom 3.10.2003). Man soll für eine bestimmte Summe immer etwa gleichviel kaufen können. Weil das so wichtig ist, sind die meisten Zentralbanken diesem Grundsatz verpflichtet. Das für diese Aufgabe geeichte Messinstrument der SNB ist der offizielle «Index der Konsumentenpreise» des Bundesamtes für Statistik. Die grosse Frage ist nun, wie dieser Index berechnet wird. Als erstes fällt auf, dass nur die Preise von Gütern und Dienstleistungen erfasst werden, nicht aber von Immobilien, für die volkswirtschaftlich höchst relevante Preise bezahlt werden, oder von Wertpapieren, die für den zukünftigen Wert der Vermögen ausschlaggebend sind. Hier haben in den letzten Jahren gewaltige Preissteigerungen zum Vorteil der Vermögenden stattgefunden. Die Messung der Preisstabilität erfolgt also auf eine Art, die die Einen enorm bevorteilt. Ist das rechtens? De iure

---

29 a.a.O.: S. 47.

schon, denn die Definition des Preisindex ist ein bürokratischer und kein gesetzgeberischer Akt. Ist es aber gerecht? Eher nein, wie die teilweise dreisten Manipulationen des Preisindex andeuten, auf die wir später zurückkommen werden.

Die Interessen, die offizielle Teuerungsrate tief zu halten, sind vielfältig und stark. Je geringer die offiziellen Preissteigerungen, desto stärker steigt das reale Bruttoinlandprodukt, desto weniger müssen indexgebundene Leistungen angepasst werden und desto mehr Geld darf geschöpft werden.

Zum einen ist entscheidend, was im Warenkorb ist und was nicht. In der Schweiz zum Beispiel sind ausgerechnet Gebühren und Versicherungen, bei denen erhebliche Preissteigerungen zu verzeichnen waren, nicht im Landesindex enthalten. Zum andern werden verbesserte Produkte preislich heruntergerechnet. Ein doppelt so schneller Computer zum selben Preis wie im Vorjahr gilt dann als billiger. Umgekehrt werden aber Produkte, die schlechter geworden sind (z.B. durch eine gewollte Verkürzung der Lebensdauer) oder solche, die den Konsumenten Mehrarbeit bescheren (z.B. Möbel zum Selberbauen), selbstverständlich zum neuen tieferen Preis in der Statistik geführt.

Ein eigentlicher Systemfehler liegt schliesslich in der Gewichtung der einzelnen Kategorien selbst. Das Ziel der Gewichtung besteht richtigerweise darin, den Einfluss von Preisveränderungen wenig gebrauchter Produkte auf den Index gering zu halten. Höhere Champagnerpreise sollen sich nicht so stark auswirken wie höhere Brotpreise. Steigt nun der Preis eines Produktes, wird es weniger nachgefragt und sein Einfluss auf den Index sinkt, während billigere Produkte mehr nachgefragt werden und an Einfluss gewinnen. Der Index ist jedoch blind für diesen Umsteigeeffekt. Ein hypothetisches Beispiel: Wenn eine Bevölkerungsmehrheit aufgrund von Preissteigerungen ihr Budget einschränken muss und nur noch Wasser und Brot konsumiert, steigt der Einfluss der Preise von Wasser und Brot, und der Index bleibt tief.

Die Preis-Indizes werden unter diesen Einflüssen immer mehr zu einem *cost of living index (COLI)*. Das ist offenbar gewollt, denn ein

Index der Lebenshaltungskosten versteckt die zunehmende Prekarisierung. Man gibt zwar gleich viel Geld aus – es herrscht berechnete Preisstabilität –, aber man erhält weniger dafür.

Wie weit die Verfälschungen gehen, darüber sind sich Kritiker der offiziellen Methoden uneinig. Für die USA gehen die Schätzungen der realen Inflationsrate von 5,3 bis 11,5 Prozent pro Jahr, der offizielle Wert liegt bei 2,2 Prozent.[30]

Wie gross die realen, die gefühlten oder die berechneten Preissteigerungen auch waren, die Geldmengen sind auf jeden Fall wesentlich schneller gewachsen. Die Geldmenge (M3) des Euro wuchs zwischen 2000 und Ende 2014 von 4715 Mrd. auf 10 440 Mrd. oder um 121 Prozent. Die Inflationsrate in Europa in derselben Periode lag bei 32 Prozent.[31] Die Geldmenge ist also knapp viermal schneller gestiegen als die Preise. In der Schweiz wuchs die Geldmenge in denselben Jahren um 102 Prozent von 470 Mrd. auf 950 Mrd. bei einer offiziellen Teuerungsrate von 8,3 Prozent.[32] Die Geldmenge ist also mehr als zwölfmal schneller gewachsen.

Das wirft eine Menge von Fragen auf: Wo ist das viele Geld geblieben? Wo findet die Teuerung durch die aufgeblasenen Geldmengen tatsächlich statt und wann wird sie die Brieftasche von Otto Normalverbraucher erreichen? Wer profitiert davon und womit müssen wir rechnen? Zuerst aber wollen wir der Kernfrage unseres Finanzsystems nachgehen: Wer kontrolliert die Geldmenge und wie? Die Antwort auf den folgenden Seiten wird Sie vermutlich enttäuschen.

---

30 www.investopedia.com/articles/07/consumerpriceindex.asp
31 www.statbureau.org
32 www.portal-stat.admin.ch/lik_rechner

2. Fast alles wird kontrolliert, nur das Geld nicht

Wir leben in einer ängstlichen Welt. Alles wird kontrolliert, von den Toiletten der Alpkäsereien über die Abwaschmaschinen der Kinderkrippen bis zu den Schnullerketten, die von der EU jüngst in einer 52-seitigen Verordnung reglementiert wurden. Natürlich werden auch wirklich wichtige Dinge überwacht, wie die Funktionstüchtigkeit von Autobremsen, die Radaranlagen der Flugsicherung oder die Sicherheit von Medikamenten.

Nur die Geldmenge, unser kollektives Recht auf angemessene Gegenleistung, wird nicht gesteuert. Zwar wiederholen Banker, Politiker und Medien unentwegt, die Zentralbanken kontrollierten die Geldmenge. Aber diese Steuerung ist so schwach, dass sie an dieser Stelle einmal erklärt werden soll, damit Sie sich ein eigenes Bild über die Qualität dieser Kontrolle machen können.

Wie bereits erwähnt, schöpfen Banken Geld aus dem Nichts, jedes Mal, wenn sie einen Kredit verleihen. Sie brauchen dazu bloss eine kleine Mindestreserve an Zentralbankgeld, in der Schweiz von 2,5 Prozent, in der Eurozone von einem Prozent.

Nehmen wir einmal an, der Bank, die vom Unternehmer aus dem früher zitierten Beispiel der Nationalbank für einen Kredit von 20 000 Franken angefragt wurde, fehlte die dazu erforderliche Mindestreserve von 500 Franken. Sie muss sich deshalb diese 500 Franken bei der Nationalbank leihen, Sicherheiten hinterlegen und dafür den aktuellen Leitzins von 0,75 Prozent bezahlen, also Fr. 3.75. Der Kreditnehmer bezahlt für das Darlehen den für KMUs typischen Satz von 5 Prozent oder 1000 Franken. Der Bruttogewinn der Bank beträgt Fr. 996.25 pro Jahr.

Wenn nun die Nationalbank den Eindruck hat, es würden zu viele Kredite gesprochen und die Geldmenge steige zu schnell, dann wird sie ihr hauptsächliches Steuerungsinstrument zur Anwendung bringen und den Leitzins erhöhen. Veränderungen des Leitzinses finden normalerweise in kleinen Schritten von 0,25 Prozent statt. Bei einer hypothetischen Verdoppelung auf 1,5 Prozent und gleichbleibendem Zins des Kreditnehmers sinkt der Bruttogewinn der Bank um 0,35 Prozent auf Fr. 992.50. Ist diese Gewinnschmälerung gross genug, um die Bank auf den Kredit verzichten zu lassen? Wohl kaum.

Wir sehen: Die Steuerung der Geldschöpfung durch die Zentralbanken ist weitgehend illusionär. Sie ist etwa so wirksam wie die Senkung des Alkoholpegels am Oktoberfest durch Verkleinerung der Masskrüge um einen Fingerhut.

Die Banken müssen vor der Erhöhung der Geldmenge die Zentralbank weder informieren noch anfragen. Sie melden einfach die Bestände ihrer Ausleihungen und gleichen ihren Kontostand bei der Zentralbank monatlich aus.

Es ist auch nicht so, dass die Zentralbanken eine bestimmte Menge an Zentralbankgeld festlegen, die sie dann an die meistbietenden Banken zur Deckung ihrer Geldschöpfung verleihen. Das wäre zwar eine echte Kontrolle der Geldmenge, würde aber die ohnehin bedrohliche Situation der Realwirtschaft weiter verschlechtern, da in der Finanzwirtschaft grössere und leichtere Gewinne zu realisieren sind und sie das ganze neue Geld an sich ziehen würde.

Trotz allem geht eine Veränderung des Leitzinses nicht spurlos an der Wirtschaft vorbei. Erhöht die Bank aus dem obigen Beispiel aufgrund der Erhöhung des Leitzinses auch den Zins für das Darlehen von 5 auf 6 Prozent, dann muss der Unternehmer 1200 statt 1000 Franken Jahreszins bezahlen und wird möglicherweise auf die Computeranlage verzichten. Die Bank reicht dabei nicht einfach ihre erhöhten Kosten weiter – ihre Marge erhöht sich sogar von 996.25 auf 1193 Franken –, sondern zieht auch in Betracht, dass sich das wirtschaftliche Klima durch die Signalwirkung der Leitzinserhöhung verändert; Kredite können möglicherweise in Zukunft nicht mehr so leicht bedient werden. Entscheidend bei diesen Überlegungen ist aber nicht die Realwirtschaft, sondern die Finanzwirtschaft. Dort werden zum Teil mit einem Fremdkapitalanteil von 98 Prozent riskante Operationen getätigt. Da entscheiden dank der Hebelwirkung auch Stellen hinter dem Komma über Sein oder Nichtsein.

Die Veränderung der Mindestreserve hätte natürlich eine Wirkung auf die Geldmenge. In Anbetracht der Tatsache, dass bereits eine Schwächung der Vermögenswerte um 2 Prozent manche Bank in Schieflage bringen könnte, wäre eine Erhöhung durchaus angezeigt. Aber mit Ausnahme der Bank of China und einigen Drittweltbanken wird dieses Instrument nicht angewendet, und wenn, dann meist zur Reduktion der Mindestreserve.

Fazit: Die Zentralbanken kontrollieren die Geldmenge so gut wie nicht. Sie sind bloss Sanktionierer der Geldschöpfungsakte der privaten Banken.

Gefährliche, um nicht zu sagen fatale Kontrolldefizite, gibt es noch in einigen anderen Bereichen der Finanzwirtschaft. Während die Banken durch die Aufsichtsbehörden noch einigermassen kontrolliert werden, hat sich in den letzten drei Jahrzehnten ein unkontrolliertes Schattenbankensystem entwickelt, das in den USA bei Ausbruch der Finanzkrise mehr als doppelt so gross war wie das traditionelle Bankensystem.[33] Bei diesem System handelt es sich um ganze Lieferketten von Spezialfirmen, die Kredite vermitteln, Anträge bearbeiten, Kredite bündeln und daraus verbriefte Wertpapiere machen, diese Derivate verkaufen, versichern oder darauf wetten. Wie seriös in dieser Branche gearbeitet wird, zeigt beispielhaft die Prüfung der Anträge für Sub-Prime-Hypotheken vor Ausbruch der Finanzkrise. Nicht einmal eine Minute, so erzählte ein amerikanischer Prüfer der Wochenzeitung «Zeit», hätte er pro Antrag verwendet.

Die meisten Derivate werden *over the counter (OTC)*, also über den Ladentisch und nicht an der Börse gehandelt. Diese OTC-Geschäfte sind deshalb verhängnisvoll, weil die Banken damit die transparente Preisbildung an den Börsen umgehen, sich gegenseitig marode Papiere zu übersetzten Preisen verkaufen und diese Werte dann in ihre Bilanz übernehmen können. Sie stehen dadurch besser da, als sie tat-

---

[33] Z. Poszar u. M. Singh, 2011, im Working Paper des IWF «The Nonbank-Nexus and the Shadow Banking System».

sächlich sind, und niemand merkt es bis zum unglücklichen Tag, an dem sie diese Papiere verkaufen müssen.

Zum Schattenbankensystem gehören auch die vielen *special purpose vehicles*, die für sogenannte strukturierte Finanzierungen geschaffen werden und den Gläubigern in der Regel weniger Rechte bieten. Es ist eine eigentliche Parallelwelt, die sich auf undurchsichtigen, eben *strukturierten* Wegen in die Geldschöpfung eingeschlichen hat. Sie produzieren die Wertpapiere, die den Banken als Sicherheiten für ihre Kredite dienen.

Mit der Geldschöpfung nur indirekt verbunden sind die Rating-Agenturen, die seit Ausbruch der Finanzkrise eine zweifelhafte Berühmtheit erlangt haben. Sie bewerten Länder, Firmen und Wertpapiere auf einer Skala von AAA (sehr sicher) bis Ca (bereits in Zahlungsverzug) und beeinflussen damit die Geldschöpfung entscheidend. Je besser ein Land oder ein Unternehmen klassifiziert ist, desto leichter erhält es Kredit und desto günstiger ist der Zins. Je höher das Rating eines Wertpapiers, desto leichter kann es als Sicherheit für Kredite eingesetzt werden. Die Rolle der Rating-Agenturen in diesem Spiel ist also relativ entscheidend, umso wichtiger wäre ihre Unabhängigkeit. Aber: Einerseits sind Grossbanken und Investment-Gesellschaften selber Hauptaktionäre der Rating-Agenturen, andererseits bezahlen sie für die Ratings. Wenn die Schüler für die Noten der Lehrer bezahlen, muss man sich nicht über erstklassige Abschlusszeugnisse wundern – die im Alltag nichts taugen. Zudem beschäftigen die grossen Investmentbanken der Wallstreet extra Fachleute, die nichts anderes tun, als die Modelle der Rating-Agenturen zu manipulieren.[34] Wie VW seine Dieselmotoren für den Testbetrieb manipulierte, verpesten die Banken im Verbund mit den Rating-Agenturen die Finanzwelt mit getürkten Papieren – ein Mega-Skandal ohne jegliche Konsequenzen.

«Rating-Agenturen sind für ihre zahl- und folgenreichen falschen Ratings auf der ganzen Welt noch nie zur Rechenschaft gezogen worden», schreibt Werner Rügemer in seinem Buch *Rating-Agenturen –*

---

[34] Michael Lewis: The big short. 2010. S. 127

Einblicke in die Kapitalmacht der Gegenwart (Transcript-Verlag, 2012). Denn: «Erstens streiten sie jede Haftung für die eigenen Handlungen prinzipiell ab. Zweitens sind sie global tätig, entziehen sich aber mit juristischen Winkelzügen der rechtlichen Greifbarkeit.» Ihr Zweck ist nicht der Schutz des Anlegers, sondern seine Verwirrung, mit dem Ziel, das magische Geschäft der Banken am Laufen zu halten.

«Die Mitarbeiter dieser Prüfstellen begutachten die betreffenden Wertpapiere nach Methoden, welche sie noch niemals offengelegt haben», schreibt der Wiener Professor für Unternehmensrechnung Franz Hörmann.[35] «Selbst in Gerichtsprozessen beziehen sich die Rating-Agenturen stets auf die Geheimhaltung aus Wettbewerbsgründen, geradewegs so, als wären ihre Prüfmethoden der Stein der Weisen.»

Die Bewertungen der Rating-Agenturen haben zudem eine systemische Neigung, zur sich selbst erfüllenden Prophezeiung zu werden. Wird ein Land oder eine Unternehmung gut bewertet, erhält es günstiger Kredit und ist dadurch wettbewerbsfähiger. Sinkt die Bewertung, steigen die Zinskosten und die Nachteile potenzieren sich.

Alle Beteiligten haben ein Interesse daran, die Geldmenge wachsen zu lassen, ein Prozess, dessen Nutzen allerdings sehr ungleich verteilt ist, wie wir noch sehen werden. Die Kontrolle der Geldschöpfung durch die Zentralbanken und Aufsichtsorgane ist so wirksam wie die Bekämpfung einer Feuersbrunst durch Pyromanen.

Man könnte das alles auch ein bisschen wissenschaftlicher und zurückhaltender beschreiben, aber die Sprache der Finanzwirtschaft ist wie das Latein der römisch-katholischen Kirche vor dem Zweiten Vatikanischen Konzil «zu einem komplizierten, pseudowissenschaftlichen Jargon verkommen, der die Gläubigen eher beeindruckt denn überzeugt», wie Marc Chesney, selber Professor für «Quantitative Finance» an der Universität Zürich, treffend schreibt.[36] Ein bisschen Deutsch kann also nicht schaden.

---

35 Franz Hörmann/Otmar Pregetter: Das Ende des Geldes. 2010. S. 25
36 Marc Chesney: Vom Grossen Krieg zur permanenten Krise. Verso, 2014.

Es wird zwar gemessen und beobachtet (nicht aber das Schattenbankensystem); es wird mit homöopathischen Mitteln ein bisschen gesteuert (im Fall der Zentralbanken), vor allem aber wird Brandbeschleuniger als Löschwasser verkauft (im Fall der Rating-Agenturen). Dass die Ganoven die Türsteher im Finanzsystem spielen, ist nicht bloss ärgerlich, es ist tragisch. Dass etwas faul ist mit unserem Geldsystem, hätten wir aber schon viel früher merken können.

3. Die Verwechslung von Brems- und Gaspedal

Bis jetzt wissen wir, dass Geld zum grössten Teil über Bankkredite geschöpft wird und in Umlauf kommt. Im weiteren wissen wir, dass diese Praxis kaum gesteuert und auf kontraproduktive Art und Weise kontrolliert wird – anstatt gewarnt wird empfohlen. Natürlich findet trotzdem eine gewisse Kontrolle der Geldschöpfung statt – in den Büros der Kreditsachbearbeiter der Banken. Diese pflichtbewussten, bestens beleumundeten Menschen wissen meistens gar nicht, dass sie im Cockpit der Geldschöpfung sitzen und vor allem wissen sie nicht, dass sie Gas- und Bremspedal verwechseln. Denn sie tun es auf Befehl – weil es die Mechanismen unseres Geldsystems so wollen.

Damit wir diese Mechanismen verstehen, müssen wir noch ein bisschen tiefer in die Geldwirtschaft eintauchen. Als erstes gilt es zu erkennen, dass «Konsumieren und Investieren Alternativen sind», wie es F.A. Hayek in einer frühen Arbeit formuliert hat.[37] Man kann also nicht beides gleichzeitig tun. Wenn die Sparquote steigt, fliesst weniger Geld in den Konsum und der Umsatz der dem Konsum am nächsten liegenden Unternehmen sinkt. Sie werden deshalb danach trachten, billiger zu produzieren und regen damit die vorgelagerten Stufen zu Innovationen und Investitionen an. Dafür steht auch mehr angespartes Kapital zur Verfügung. Nach einer gewissen Frist – wenn sich der mehrstufige Produktionsprozess angepasst hat –, werden die Produkte billiger oder besser (oder beides) und der Konsument wird mit mehr Kaufkraft belohnt. Das Sparen hat sich ausgezahlt.

Wenn viel gespart wird, sinkt der Zins, das Investieren wird billiger, aber das Sparen wird auch weniger rentabel – ein labiles Gleichgewicht zwischen Sparen und Konsumieren auf Seite der Verbraucher und Investieren und Produzieren auf Seite der Wirtschaft, das

---

37 F.A. Hayek: «Kapitalaufzehrung» in «Weltwirtschaftliches Archiv 36, Nr. 2. 1932. S. 92

sich langsam hochschaukelt, gesteuert durch die sogenannte Zeitpräferenz der Konsumenten. Je mehr sie sofort über den Nutzen verfügen wollen (Zeitpräferenz hoch), desto kleiner fällt der langfristige Spargewinn aus. Je mehr sie den Nutzen in die Zukunft verschieben (Zeitpräferenz tief), desto grösser fällt er aus.

Die vorherrschende Zeitpräferenz ist übrigens eines der grundlegenden Defizite des menschlichen Verstandes, das uns in die Falle unseres Geldsystems getrieben hat. Wie verschiedene Forschungen immer wieder bestätigt haben, bevorzugt der Mensch mehrheitlich den kleineren Sofortgewinn gegenüber dem grösseren in der Zukunft. Lieber jetzt ein Marshmallow als später zwei.

Ende der 1960er Jahre ist der österreichisch-amerikanische Psychologe Walter Mischel mit einem Test berühmt geworden, bei dem er vierjährigen Kindern ein Marshmallow vorsetzte und ihnen sagte, sie würden ein zweites kriegen, wenn sie mit dem Verzehr bis zu seiner Rückkehr warteten. Nach einer Viertelstunde kehrte der Versuchsleiter zurück, aber in der Zwischenzeit hatte die Versuchung schon zugeschlagen. Im Durchschnitt konnten die Vierjährigen dem Zuckerschaum sechs bis zehn Minuten widerstehen. 14 Jahre später untersuchte Mischel seine Marshmallow-Kinder erneut. Wer damals der Versuchung widerstehen konnte, war zu einem emotional stabilen jungen Erwachsenen geworden und konnte gut mit Rückschlägen umgehen; sogar die Schulnoten waren besser – unabhängig von der Intelligenz. Die Resultate wurden 2011 von einem Forscherteam der Cornell University, die 59 der ursprünglichen Versuchskinder einem anderen Test unterstellten, weitgehend bestätigt.[38]

Wir handeln damit als Kollektiv sehr unökonomisch, beherrscht von der Marshmallow-Logik kleiner Kinder. Diese Feststellung mag uns angesichts der scheinbar effizienten Hochgeschwindigkeitswirtschaft etwas sonderbar vorkommen. Aber sie ist wahr.

---

38 Casey, B.J., Somerville, L.H., Gotlib, I., Ayduk, O., Franklin, N., Askren, M.K., Jonides, J., Berman, M. G., Wilson, N.L., Teslovich, T., Glover, G., Zayas, V., Mischel, W., & Shoda, Y.. Behavioral and neural correlates of delay of gratification 40 years later. Proceedings of the National Academy of Sciences, USA. 2011

Der Begriff «Zeitpräferenz» stammt zwar aus der Ökonomie, kann aber auch auf das ganze Leben angewendet werden und erklärt sogar den guten Tod. Menschen mit hoher Zeitpräferenz (ich will es jetzt), haben auf dem Sterbebett oft den Eindruck, das wirkliche Leben verpasst zu haben, während Menschen mit tiefer Zeitpräferenz (alles hat seine Zeit) ein gutes Alter haben.

Natürlich kann man die Ernte des Sparens nicht in die Unendlichkeit verschieben und dadurch den Ertrag maximieren. Erstens braucht man immer etwas zum Leben und zweitens wird nie irgendetwas fertig, wenn wir warten, bis es noch besser wird. Man kann aber auch nicht alle Erträge der Arbeit sofort aufbrauchen, wenn man seine Lebensgrundlagen verbessern will.

Diesen Konflikt veranschaulichte der österreichische Ökonom Eugen Böhm von Bawerk (1854 bis 1914), Mitbegründer der Österreichischen Schule der Nationalökonomie, am Beispiel von Robinson Crusoe, der sich auf seiner Insel zunächst von Beeren ernährte. Um an höhere Äste zu gelangen und den Sammelertrag zu steigern, musste er sich einen Stock schneiden, was ihn fünf Tage Arbeit kostete. Damit er nicht verhungerte, musste er zunächst einen Verzicht leisten und eine entsprechende Menge Beeren ansparen. Durch diese Einschränkung und die Einführung einer zusätzlichen Produktionsstufe wurde er mit mehr Zeit belohnt, die er nicht mit dem Sammeln von Beeren zubrachte, sondern weiter in die Verbesserung seiner Verhältnisse investieren konnte. Vielleicht versuchte er in einer dritten Stufe, seine Ernte länger haltbar zu machen (Gefässe herstellen, Grube graben etc.).

Genauso wie Robinson muss auch unsere Volkswirtschaft zur Verbesserung der Verhältnisse Verzichtsleistungen erbringen und schrittweise vorgehen. Ein besseres Auto braucht bessere Motoren, diese erfordern widerstandsfähigere Legierungen, was neue Bergbaumethoden zur Gewinnung der dafür nötigen Metalle voraussetzt und für all das auch besser ausgebildete Ingenieure – um nur eine einzige Kette zu erwähnen. Schritte auszulassen funktioniert nicht; ohne die stärkeren Legierungen wird der neue Motor schlapp machen, bevor irgendjemand gemerkt hat, dass er fast der bessere gewesen wäre. Erfindungen können den Weg durchaus verkürzen, aber er muss gegangen werden.

Mit diesem Wissen kann man auch erkennen, was bei einem Rückgang der Sparquote geschieht: Weil mehr Geld für den Konsum zur Verfügung steht, machen die Unternehmen der Konsumindustrie überproportionale Gewinne. Das zieht Ressourcen aus den vorgelagerten Stufen ab. Man bleibt beim alten Motor. Anstatt mit neuen Legierungen zu experimentieren, werden die Zierleisten poliert. So verflacht sich die Produktionsstruktur, die Volkswirtschaft als Ganzes wird weniger effizient. Als Folge sinkt die Kaufkraft der Konsumenten, bis eine schmerzliche Anpassung erforderlich wird – das verpasste Sparen muss jetzt mit Zinsaufschlag nachgeholt werden. Natürlich könnte man sich auch dem Konsum verweigern, würde sich damit aber zum Aussenseiter machen, eine Position, die dem Sozialwesen Mensch zuwider läuft. Zudem ist Stillstand in einer kompetitiven, globalisierten Wirtschaft gleichbedeutend mit Rückschritt, da fortlaufend Ressourcen zu den Leistungsfähigeren abfliessen.

Die US-Autoindustrie ist ein gutes Beispiel dafür. Nach einem guten Start verlegte sie sich zunehmend darauf, die Autofahrer jedes Jahr mit optisch verbesserten Modellen in die Showrooms zu locken. Technische Verbesserungen, die jahrelang erforscht und getestet werden müssen, wurden vernachlässigt. Die sparsamen Deutschen und die fleissigen Japaner legten dagegen ihren ganzen Ehrgeiz in das bessere Automobil. Heute ist die Autoindustrie im Mutterland der Massenmotorisierung faktisch tot. Wer in den USA ein gutes Auto will, fährt einen Japaner, wer damit auch noch angeben möchte, einen Deutschen. So funktionieren Auf und Ab des langen Produktionszyklus.

Was geschieht nun, wenn der notwendige Verzicht durch Sparen mit einer künstlichen Kreditausweitung aus dem Nichts aufgehoben wird? Es steht jetzt genügend Geld sowohl für den Sofort-Konsum als auch zum Investieren zur Verfügung. Jetzt verkürzt sich die Zeitpräferenz künstlich: Man will sofort haben, was unter normalen Bedingungen Zeit erfordert, und man kriegt es auch. Denn das Geld sowohl zur Steigerung der Produktion als auch des Konsums ist da. Der illusionäre Optimismus pflanzt sich fort als eine Kette von ökonomischen Irrtümern auf allen Stufen: Das neue Geld fliesst bevorzugt in die konsumnahen Stufen, da dort die schnellsten Gewinne zu realisieren sind. Bis eine Mehrproduktion stattgefunden hat, steigen die Preise. Wenn die Produktion anzieht, wird sie aber weder besser noch billiger. Im Gegenteil: Sie wird tendenziell schlechter, da kein Geld in die vorgelagerten Stufen geht oder sogar daraus abfliesst. So versucht man es halt mit schlechteren Materialien, da in der Stufe vorher die Maschinen nicht unterhalten wurden. Konsequenz: Die Produktionskette verkürzt sich, wird insgesamt unwirtschaftlicher, die Kaufkraft sinkt und die schönen Hoffnungen zerschlagen sich. So geschehen mit dem Ami-Schlitten: Kaum auf Pump gekauft, führte die Fahrt auf den Schrottplatz.

Das ist aber erst der Auftakt zum richtigen Ärger: Der Konsum in einer kreditgetriebenen Wirtschaft ist nicht nur qualitativ unbefriedigend; er ist auch teuer, es fallen ja noch Zinsen an. Der Boom fällt in sich zusammen und die Banken fordern angesichts der trüben Aussichten ihre Ausstände ein – die Geldmenge schrumpft. Denn die Banken schaffen nicht nur mit jedem Kredit Geld aus dem Nichts, sie lassen es bei der Rückzahlung auch wieder dort verschwinden und behalten den Zins als Geldschöpfungsgewinn.

An dieser verrückten Maschine sitzen nun die Mitarbeiter der Banken und verstehen sie nicht. Zu Beginn tun sie, was sie tun müssen, um Geld zu verdienen: Sie treten aufs Gas und verleihen Kredite. Die Geldmenge steigt, der Optimismus wächst, die Wirtschaft scheint zu brummen. Die Chancen stehen gut, dass die Bankkunden den Kredit pünktlich zurückzahlen. Das ist die Stimmung, die wir alle lieben, ganz besonders die Banken. Dank der wachsenden Geldmenge scheinen die Risiken klein. Das reichliche Kreditgeld wird natürlich nicht nur dazu verwendet, Neues zu schaffen – das dauert und ist risikoreich, wie wir gesehen haben. Anstatt im Nutzlauf zu zirkulieren, wandert ein Teil des Geldes in den Verbrauch und in den Leerlauf: Aktien, Immobilien und andere bereits bestehende Anlagegüter.

An dieser Stelle muss ein sprachliches Missverständnis geklärt werden: Man *investiert* ausschliesslich dann in Aktien, wenn man neu emittierte Papiere kauft. In allen anderen Fällen ist man einfach der berühmte *greater fool*, der einem bestehenden Besitzer die Papiere abkauft, an welche dieser nicht mehr glaubt. Wenn Sie jemandem Brötchen abkaufen, wird der Bäcker deshalb keine neue backen. Da müssen Sie schon selber in den Bäckerladen gehen. Dort sind sie überdies frischer.

Das Geld wandert also in den Leerlauf, weil man da schneller von den steigenden Preisen profitieren kann. Die Banken beschleunigen diesen unglücklichen Prozess, in dem sie noch mehr Gas geben und Kredite auch ausschliesslich zu diesem Zweck ausreichen. Die von Bankern und Spekulanten gesteuerte Maschine fährt immer schneller. Der Tag der Wahrheit lässt sich vielleicht hinausschieben, aber nicht aus dem Kalender streichen. Man kann die höheren Kosten in Form von Zinsen (für das aufgeschobene Sparen) nur tragen, wenn man einen ökonomischen Vorteil erzielt hat, sprich: die Produktionskette effizienter gemacht hat. Aber das geschieht, wie wir gesehen haben, nicht oder in ungenügendem Ausmass. Die Warnlampen leuchten auf.

Was tun die Banken mit diesen Warnungen? Sie treten auf die Bremse und bringen ihr Geld (das eigentlich gar nicht ihres ist) in Sicherheit. Sie kündigen Kredite; das Geld kehrt zurück, wo es herkommt – ins Nichts – und die Geldmenge schrumpft. Gleichzeitig erhöhen die Banken die Zinsen, um ihre nunmehr offensichtlich gewordenen Risiken abzudecken. Das Geldverdienen und die Rückzahlung werden entsprechend schwieriger, und jetzt erklingen auch noch Sirenen. In den Banken wird noch heftiger auf die Bremsen getreten und alles wird noch schlimmer.

Eine Erhöhung der Geldmenge aus dem Nichts lässt die Preise höher steigen als die Wirtschaft wachsen. Geld ist also mitnichten eine neutrale Substanz, deren Schöpfung man unkontrollierten und intransparenten Kräften überlassen sollte. Doch für die Mainstream-Ökonomie, die ratlos vor den sich regelmässig wiederholenden Booms und Krisen steht, ist Geld eine neutrale Substanz, deren Schöpfung aus dem Nichts nur kurzfristig das Wirtschaftsgeschehen beeinflusst, langfristig aber einfach zu einem neuen harmonischen Gleichgewicht führt. Dabei ist mehrfach und über längere Zeitachsen schlüssig bewiesen, dass sich das Wachstum der Geldmenge mehr in höheren Preisen als in realwirtschaftlichem Wachstum manifestiert, wie die folgende Tabelle zeigt:

	USA	England	Schweiz
Geldmenge	6,3	8,2	6,3
Realwirtschaft	3,1	2,2	2,1
Preisniveau	3,4	5,2	2,6

Durchschnittliche jährliche Wachstumsraten von 1950 bis 2012 (in Prozent). Quelle: Binswanger: Geld aus dem Nichts.[39]

Nachteil dieser Kalkulation ist allerdings die bereits erwähnte Unzuverlässigkeit der Berechnungen der Preisentwicklung. Wenn die Preise real stärker gewachsen sind als gemessen, wofür es starke Argumente gibt, dann müsste auch das Wachstum der Realwirtschaft tiefer veranschlagt werden.

Reales Wachstum hin oder her: Banken beschleunigen, wenn Vorsicht am Platz wäre und bremsen, wenn Investitionen besonders nötig wären. Sie geben nicht nur denen Geld, die keines brauchen, wie der Volksmund weiss; sie nehmen es auch denen weg, die es am nötigsten hätten. Das tun sie nicht, weil sie schlechte Absichten hätten oder bösartig wären. Das tun sie, weil privates, zinsbehaftetes Kreditgeld aus dem Nichts fast zwangsläufig zu falschen Entscheidungen führt. Trotzdem betonen die Manager des Geldes immer wieder, wie wichtig die Finanzmärkte für die effiziente Zuteilung von Kapital seien. Unter den Bedingungen der heutigen Geldschöpfung ist das Gegenteil wahr

So verstärkt die Mechanik unserer Geldschöpfung in verhängnisvoller Weise die bereits bestehenden Kräfte und bringt sie ständig aus dem Gleichgewicht. Dieses prozyklische Verhalten der Banken muss dann vom Staat mit einer antizyklischen Politik und entsprechenden Schulden korrigiert werden. Ob diese Arbeitsteilung zwischen Staat

---

[39] Ausführliches dazu in: Mathias Binswanger: Geld aus dem Nichts. Wiley, 2015, S. 189. Datenquellen: Federal Reserve, Bank of England, Schweiz. Nationalbank, Bundesamt für Statistik.

und Privatwirtschaft so gut funktioniert, wie ihre Befürworter behaupten, muss an dieser Stelle offen bleiben. Jedenfalls: Solange sich die Staaten zu diesem Zweck bei den Banken verschulden, bleibt die Ursache des Problems bestehen. Hochverschuldete Staaten, Ausverkauf der Infrastruktur und immer schlechter werdende öffentliche Dienstleistungen sind auf jeden Fall kein Leistungsausweis für ein Modell, das jeden Gleichgewichtszustand so schnell als möglich zerstört.

Da möchte man doch gerne wieder einmal durchatmen und zur Ruhe kommen. Aber, und das ist eine weitere Fallgrube unseres Geldes: Es erzwingt genau das Gegenteil.

4. Je schneller, desto besser – warum wir uns selber überholen müssen

«Der grösste Fehler des Menschen ist seine Unfähigkeit, die Exponentialfunktion zu verstehen», sagt der US-Physikprofessor Albert Bartlett (1923 bsi 2013). Exponentielles Wachstum kommt in der Natur nur ausnahmsweise und in kurzen Phasen vor, zum Beispiel in den frühen Entwicklungsphasen von Organismen oder den finalen, im Falle des Krebs. Durch Teilung vermehren sich die Zellen zu Beginn sehr schnell, wobei sich das Wachstum bis zur Erreichung der optimalen Grösse stetig verflacht. Das ist natürliches Wachstum, mit dem der Mensch aufgrund seiner evolutionsgeschichtlichen Vergangenheit vertraut ist. Alles was sich in der Natur entfaltet, bremst sein anfänglich schnelles Wachstum und stoppt es an seiner natürlichen Grenze. Bei exponentiellen Prozessen ist es gerade umgekehrt: zuerst langsam, dann immer schneller. Vielleicht kann der Mensch deshalb exponentielles Wachstum weder wahrnehmen noch verstehen.

Dann ist es besonders fatal, wenn er sich ein Wirtschafts- und Gesellschaftsmodell zulegt, das genau auf dieser Funktion basiert. Denn die grundlegende Dynamik unseres Kreditgeldsystems ist der Zins, eine Exponentialfunktion. Ihre verhängnisvolle Wirkung erklärt Albert Bartlett mit dieser Geschichte:

«Bakterien wachsen durch Verdoppelung. Eine Bakterie teilt sich, und es werden zwei daraus. Die zwei teilen sich, und es werden vier, die vier werden acht, sechzehn, zweiunddreissig usw. Nehmen wir an, dass sich die Bakterien jede Minute auf diese Weise verdoppeln. Nehmen wir weiter an, dass wir eine Bakterie um elf Uhr vormittags in eine Flasche geben. Wir werden dann beobachten, dass die Flasche um zwölf Uhr mittags voll ist. Das ist also der eben erwähnte Fall eines ganz gewöhnlichen Wachstums: Die Verdoppelungsperiode beträgt eine Minute, und die begrenzte Umgebung ist die Flasche.

Ich möchte Ihnen nun drei Fragen stellen. Die erste: Zu welchem Zeitpunkt war die Flasche halb voll? Nun, wären Sie spontan darauf gekommen, dass das genau um 11.59 Uhr der Fall war? Aber es ist so, denn die Bakterien verdoppeln sich jeweils in einer Minute.

Die zweite Frage lautet: Wenn Sie eine Bakterie in dem Glas wären, zu welchem Zeitpunkt würden Sie erkennen, dass der Raum in der Flasche knapp wird? Betrachten wir einmal die letzten Minuten in der Flasche. Um 12.00 Uhr ist sie voll, eine Minute davor war sie halb voll, zwei Minuten davor ein Viertel voll, dann ein Achtel, ein Sechzehntel usw. Ich frage Sie nun: Als die Flasche fünf Minuten vor zwölf gerade zu drei Prozent voll war und sich 97 Prozent des Raums in der Flasche nach Entwicklung sehnten – wie viele von Ihnen hätten zu diesem Zeitpunkt erkannt, dass es bald ein Problem geben wird?

Nehmen wir nun an, dass zwei Minuten vor zwölf einige der Bakterien in der Flasche erkennen, dass der Raum knapp wird. Sie beginnen daraufhin eine grosse Suchaktion nach neuen Flaschen. Sie suchen im Meer, in der Arktis, und sie finden drei weitere Flaschen. Das ist eine unglaubliche Entdeckung: Nun haben sie vier Flaschen, vorher gab es nur eine. Das wird ihnen nun bestimmt eine nachhaltige Gesellschaft sichern, oder?

Sie ahnen bereits meine dritte Frage: Wie lange kann das Wachstum nach dieser wunderbaren Entdeckung weitergehen? Sehen Sie auf den Punktestand: um 12 Uhr mittags ist eine Flasche voll, drei leere gibt es noch; um 12:01 sind zwei Flaschen voll, zwei sind noch leer; und um 12:02 sind alle vier Flaschen voll, und das war's dann.

Sie brauchen nicht mehr arithmetisches Verständnis, um die absolut widersprüchlichen Aussagen zu durchschauen, die wir alle von Fachleuten gehört und gelesen haben. Sie sagen uns in einem Atemzug, dass wir mit der Wachstumsrate unseres Konsums von fossilem Öl fortfahren können und im nächsten Atemzug sagen sie: ‹Keine Sorge, wir können immer die neuen Ressourcen entdecken, die wir brauchen, um den Bedarf für dieses Wachstum zu decken.»» (Zitat Ende)[40]

---

[40] Albert Bartletts sehenswerter Vortrag ist auf youtube unter Eingabe von «Albert Bartlett Exponentialfunktion» leicht zu finden.

Das Entscheidende passiert also ganz am Schluss, wenn der Prozess unumkehrbar geworden ist. Exponentielles Wachstum, unserer Beobachtung nicht zugänglich, muss daher als Konzept verstanden werden, wenn wir das Geldproblem lösen wollen. Wenn wir uns nur auf die Beobachtung verlassen, werden wir die Signale erst erkennen, wenn wir die Kontrolle bereits verloren haben, und so schnell, dass eine angemessene Reaktion nicht mehr möglich ist. Dies plausibel zu machen, ist die grosse Leistung dieser Geschichte.

Ein ganz ähnliches Beispiel hat Chris Martenson für seinen Crash Course gewählt, einem Video-Lehrgang über unser Geldsystem.[41] Martenson erfüllt die gängigen Klischees über erfolgreiche Amerikaner: Zuerst studierte er Medizin und ging in die Forschung. Dann studierte er Wirtschaft und ging in die Anlageberatung, wo er es als Unternehmer zu einer Villa am Meer mit fünf Badezimmern schaffte. Dann aber erkannte er die Zusammenhänge unseres Geldsystems, die darin eingebaute Zerstörung und den unvermeidlichen Zusammenbruch unseres Kreditgeld-Systems. Er vereinfachte sein Leben und lancierte eine Website, die mit fachlicher Tiefe und pädagogisch gekonnt die Folgen unseres Geldsystems, die Endlichkeit der Erdölreserven und die Notwendigkeit eines Umstiegs auf kleinräumige autarke Einheiten darstellt.

In seinem *Crash Course* erklärt er die Exponentialfunktion mit einem grossen Fussballstadion und einer magischen Pipette. Nach einer Minute kommt ein Tropfen Wasser, nach zwei Minuten zwei, nach drei Minuten vier und so weiter. Wann entdecken die Zuschauer in der obersten Reihe, dass das Spielfeld mit Wasser von zwei Meter Tiefe bedeckt ist, also etwas schief läuft? Antwort: Nach 45 Minuten. Sie haben zu diesem Zeitpunkt noch genau vier Minuten Zeit für die Evakuation. Zu spät.

Das sind bloss hypothetische Beispiele. Nähern wir uns dem Geldsystem also mit einem Beispiel, das real sein könnte: Vor etwas mehr als zweitausend Jahren zahlte ein Zimmermann auf die Sparkasse von

---

[41] www.peakprosperity.com/crashcourse

Nazareth die kleine Summe von einem Pfennig für seinen Sohn ein. Dieser lebte bescheiden und hatte nach heutiger Ansicht auch keine Nachkommen, sodass das bisschen Geld ungenutzt auf dem Konto liegenblieb und sich mit fünf Prozent Zins und Zinseszins vermehren konnte. Wieviel wäre dieser sogenannte Josephspfennig heute wert? Bevor das Resultat verraten sei, hier noch ein Einschub zur Belustigung: Am 29. April 2010 diskutierten in einer Talksendung auf ZDF unter der Leitung von Markus Lanz der frühere deutsche Finanzminister Hans Eichel, der Börsenguru Dirk Müller und der Wirtschaftswissenschaftler Wilhelm Hankel über das Geldsystem und die Finanzkrise. Auf die Frage nach dem heutigen Wert des Josephspfennigs wollte sich Hans Eichel zuerst um eine Antwort drücken und meinte schliesslich «sehr viel Geld», der Ökonom schätzte den Betrag auf die gesamte Geldmenge der Erde. Aber die ungefähr richtige Antwort wusste der Börsenmann Müller: Rund 195 Millionen Goldkugeln vom Gewicht der Erde – seither sind es noch ein paar Millionen Goldkugeln mehr geworden.[42] Mit anderen Worten: Um das vom Zins vorgegebene exponentielle Wachstum durchhalten zu können, müsste die ganze Erde mitsamt der Natur und ihres brodelnden Kerns in pures Gold verwandelt werden, und zwar nicht einmal, sondern gleich ein paar hundert Milliarden mal. Das müsste uns an den Mythos von Midas erinnern, den armen König von Phrygien, der so reich war, dass sich alles, was er berührte, in Gold verwandelte.

Auf diesen alchemistischen Prozess weist Hans Christoph Binswanger in seinen Werken immer wieder hin: «Das eigentliche Anliegen der Alchemie im Sinne der Reichtumsvermehrung ist ja nicht,

---

[42] In der ersten Auflage wurden an dieser Stelle noch 268 Mrd. Goldkugeln vom Gewicht der Erde genannt. In einer Talkshow mit Markus Lanz vom 27. September 2011 auf ZDF korrigierte Dirk Müller die Zahl auf 195 Mio. Goldkugeln. Kurz vor Drucklegung sandte mir ein promovierter Ökonom, der die 268 Mrd. Goldkugeln für einen «totalen Fehlschluss» hielt, eine umfangreiche Tabellenkalkulation. Nach dieser wären aus dem einen Cent bei drei Prozent Zins nach 2000 Jahren 674 Trilliarden Euro entstanden. Das ist ungefähr das Elfmilliardenfache der heutigen Weltgeldmenge, aber nur das 0.00000007 einer Goldkugel vom Gewicht der Erde. Wie immer man rechnet: Ein zinsbasiertes Geldsystem lässt sich nur ein paar Generationen lang durchhalten. Dann braucht es eine grundlegende Währungsreform.

dass tatsächlich Blei in Gold transmutiert wird, sondern lediglich, dass sich eine wertlose Substanz in eine wertvolle verwandelt. ... Die Wirtschaft stellt sich als eine Art Zylinder dar, aus dem ein Kaninchen herausgeholt werden kann, das vorher nicht drin war. Es ist eine Wertschöpfung möglich, die das Gesetz der Erhaltung von Energie und Masse überwindet, also zu einem ständigen Wachstum der Wirtschaft führt. ... Es geht um die Maximierung des Geldwertes in der Welt. In diesem Sinne ist die ganze Welt ein Goldbergwerk, in dem nicht nur das echte Gold, sondern alles, was man in der Welt vorfindet, in vergoldetem, d.h. in Geld verwandeltem Zustand, herausgeholt und verwertet werden kann.»[43] Man sieht: Mit unserem Geld sind Gesetze am Wirken, die nicht nur die Tragfähigkeit der Natur, sondern auch unsere Vorstellungskraft bei weitem übersteigen.

Die Konsequenz kann nur lauten: Zins funktioniert vielleicht in individuellen, zeitlich begrenzten Verträgen, aber ganz sicher nicht als Basis unseres Geldsystems. Kein Wunder, dass die grossen Weltreligionen Christentum, Judentum und Islam allesamt ein Zinsverbot kannten, allerdings mit Einschränkungen. Im Judentum galt das Zinsverbot nur für Glaubensgenossen, im Christentum ist es faktisch längst aufgehoben. Im islamischen Bankwesen wird es immerhin noch praktiziert, indem der Kapitalgeber keinen Zins nimmt, sondern sich am Geschäftserfolg beteiligt.

Zwar gilt in der katholischen Kirche offiziell nach wie vor das Zinsverbot, wie die Glaubenskongregation unter dem späteren Papst Benedikt XVI in den 1980er Jahren auf eine Anfrage von zwei mexikanischen Katholiken erklärte. Nur seien im Vatikan jetzt keine Experten mehr vorhanden (die verbieten wohl lieber Kondome). Offiziell ist die Zinsfrage seit 1822 beim Vatikan hängig. Damals wurde einer Frau aus Lyon wegen Zinsnehmens die Absolution verweigert. Weil sie rekurrierte, wandte sich der zuständige Bischof an Rom. Von dort wurde ihm beschieden, der Frau bis zur endgültigen Klärung die Sünden zu erlassen. 1830 wurde eine Klärung in Aussicht gestellt und zuletzt nochmals 1873. Seither lässt sich die katholische Kirche zum

---

[43] Hans Christoph Binswanger in: Philosophicum Lech: Geld – was die Welt im Innersten zusammenhält? 2009. S. 26/32.

Zinsverbot, das von etlichen Konzilen bekräftigt und scharf geahndet wurde, nicht mehr vernehmen. Die eigenen Vermögensverwalter sollen dagegen gemäss dem kanonischen Gesetz von 1917 (Kanon 1523) «überflüssige Gelder soweit als möglich zum Nutzen der Kirche fruchtbringend anlegen.»[44]

Die Geschichte mit dem Josephspfennig zeigt, wie der Zins einen in die Unendlichkeit steigenden Druck ausübt, restlos alles in Geld umzuwandeln. In einem zinsbasierten Geldsystem sind wir gezwungen, in derselben Zeit immer mehr zu tun – die Beschleunigung nimmt zu. Wir halten den Fuss nicht nur ständig auf dem Gas, wir treten auch noch immer stärker aufs Pedal. Das ist natürlich nicht durchzuhalten. Deshalb sind die Geldsysteme seit den Zeiten von Jesus schon unzählige Male ganz oder teilweise zusammengebrochen und ermöglichten so einen Neuanfang. Auch unser gegenwärtiges Geldsystem wird diese Beschleunigung keinesfalls überleben. Die Frage ist nur, ob wir Menschen mit ihr fertig werden, bevor sie uns fertig gemacht hat. Bevor wir uns dieser Frage zuwenden, wollen wir uns noch genauer anschauen, wie sich unser Geldsystem konkret auf die Beschleunigung auswirkt.

Dazu schauen wir uns die reale Wirtschaft durch die Brille eines Investors oder eines Kreditsachbearbeiters einer Bank an. Das Buch *Money – Sustainability: The Missing Link* des Club of Rome[45] bringt hierzu ein illustratives Beispiel. Zur Wahl steht die Investition von 100 Geldeinheiten in einen Tannenwald, der alle zehn Jahre einen Ertrag von 100 pro Baum gibt oder in einen Eichenwald, der in 100 Jahren 1000 Geldeinheiten pro Baum einbringt. Die beiden Investitionen scheinen gleichwertig, nicht aber aus der Optik unseres Geldsystems.

Die 100 Geldeinheiten, welche die Tannen in zehn Jahren einbringen, haben einen heutigen Wert von 61. Denn wenn Sie heute 61

---

[44] Lietaer: Das Geld der Zukunft, 1999. S. 130
[45] Money – Sustainability: The Missing Link. Report from the Club of Rome EU Chapter. Von Bernard Lietaer, Christian Arnsperger, Sally Goerner und Stefan Brunnhuber. 2012. Auf Deutsch erschienen unter «Geld und Nachhaltigkeit», Europa-Verlag, 2013.

Geldeinheiten zu 5 Prozent auf der Bank deponieren, so haben Sie in zehn Jahren 100. Die Tanne in zehn Jahren hat also den heutigen Wert von 61 – und heute steht die Investitionsentscheidung an. Zu demselben Zinssatz von 5 Prozent hat aber die Eiche, die in 100 Jahren 1000 Einheiten einbringt, einen heutigen Wert von bloss 7,60. Die Entscheidung ist klar: Aus heutiger Sicht ist die Tanne die wesentlich bessere Investition.

Wenn die Eiche in den 100 Jahren doppelt so viel bringt wie die zehn Tannen, also 2000 Geldeinheiten, dann müsste doch die Entscheidung klar sein! Weit gefehlt: In diesem Fall hat die Eiche einen Gegenwartswert von bloss 15,21 Geldeinheiten – keine Chance gegen die Tannen, die am Ende in diesem Beispiel halb so wirtschaftlich sind. Damit sich die Investoren heute für die Eiche entscheiden, müsste sie nach 100 Jahren 8021 Geldeinheiten wert sein, mehr als acht mal so viel wie die Tannen.

Verallgemeinert bedeutet das, dass eine langfristige Investition enorm viel bringen muss, damit sie heute überhaupt getätigt wird. Deshalb ist unsere Wirtschaft derart auf den kurzfristigen Profit fixiert – eine «Diktatur des Jetzt», wie es der Klimaforscher Hans Joachim Schellnhuber bildhaft formuliert hat. Sie fällt die alten Urwaldriesen und ersetzt sie durch schnellwachsende Monokulturen. Dies ist nicht nur ökonomischer Unsinn, sondern auch gefährlich. Das schnelle Geld zerstört seine eigenen Grundlagen und macht damit ironischerweise seine unausgesprochenen ökonomischen Vorhersagen wahr: Wenn das Wüten nämlich weitergeht, dann ist die Eiche in hundert Jahren so selten, dass sie 8000 Geldeinheiten wert ist. Mindestens, und inflationsbereinigt.

Der Einfluss des Geldsystems auf die Nachhaltigkeit ist gigantisch, auch wenn die grünen Parteien das (noch) nicht erkennen. Wenn Sie heute 1000 Geldeinheiten in eine Solaranlage investieren, die jedes Jahr einen Nettoertrag von 100 bringt, dann ist die Investition in zehn Jahren abbezahlt und die Sonne schenkt ab diesem Zeitpunkt ihre Energie umsonst. Bei einer Lebensdauer der Anlage von zwanzig Jahren erzielen Sie so nach konventioneller Logik einen Nettoertrag von 1000 Geldeinheiten. Nicht so in der Sphäre des zinsbehafteten Kreditgeldes!

In der Welt des Geldes gilt das Gesetz der Diskontierung, nach Ansicht der Frankfurter Allgemeinen Zeitung der «Goldstandard der traditionellen Ökonomie»[46]. Weil man sein Geld, anstatt in die Realwirtschaft zu investieren, immer auch am Geldmarkt anlegen und einen sicheren Zinsgewinn realisieren könnte, müssen die zu erwartenden Einnahmen diskontiert, d.h. abgezinst werden, üblicherweise zum Diskontsatz von zehn Prozent. Man darf also die jährlichen Einnahmen der Solaranlage aus dem obigen Beispiel nicht mit 100 Geldeinheiten in die Rechung nehmen, sondern nach dem ersten Jahr 91, dem zweiten 83, dem dritten 75, nach 15 Jahren noch 24 Geldeinheiten. Anstatt innert zehn Jahren, wie in der offensichtlichen Rechnung, kann die Anlage in diesem Beispiel aus Bernhard Lietaers lesenswertem Buch *Das Geld der Zukunft* (Riemann, 1999) gar nie amortisiert werden. Lietaer geht dabei von einem Diskontsatz von hohen zehn Prozent aus. Bei der Beurteilung der Finanzierung von gewerblichen Investitionen gehen die Banken üblicherweise sogar von einem Diskontsatz von zwölf Prozent aus.

Die Folgen dieses «Goldstandards» sind verheerend. Damit eine Investition rentabel ist, muss sie sich vor allem schnell bezahlt machen. Nach der Schätzung von Bernard Lietaer werden rund 90 Prozent der Investitionsentscheidungen von Diskont-Berechnungen aus der Welt des Kreditgeldes bestimmt. Ich erinnere mich noch gut, als Rudolf von Werdt, der damalige Verwaltungsratspräsident der Bernischen Kraftwerke auf dem Mont Soleil 1992 das damals grösste Solarkraftwerk Europas einweihte. Sonnenenergie sei leider nicht rentabel, meinte er mit Verweis auf die prognostizierte Betriebsrechnung, die den Presseunterlagen beilag. Dort konnte man nachlesen, dass über 90 Prozent des Aufwandes auf Kapitalkosten entfielen. Die Kurzsichtigkeit des Mannes wirkte sich ziemlich ungünstig aus. Die Schweiz verlor ihre führende Stellung in der Solarbranche, die sie sich dank dem angeblich unökonomischen Verhalten ihrer Pioniere erarbeitet hatte. Durch Favorisierung des schnellen kleinen Gewinns verspielten wir den grossen der Zukunft.

---

46 FAZ, 3. August 2010.

Der in unser Geldsystem eingebaute Zins ist die hauptsächliche Bremse der Nachhaltigkeit. Mit dem Abzinsungs-Denken werden übrigens auch private Investitionen in die Sonnenenergie behindert. Um beispielsweise in den Genuss der «kostendeckenden Einspeisevergütung» KEV in der Schweiz zu kommen, müssen private Anlagen gewisse wirtschaftliche Kriterien erfüllen. Das scheint vernünftig, obwohl es dem Staat egal sein könnte, wieviel eine privat finanzierte Anlage gekostet hat. Er bezahlt ja nur den Strom, den diese liefert und nicht ihre Erstellungskosten. Die Regelung privilegiert grosse Anlagen etablierter Stromproduzenten, was durchaus beabsichtigt sein könnte. Zur Beurteilung der Wirtschaftlichkeit muss aber auch das private Eigenkapital mit fünf Prozent verzinst werden, was viele Anlagen rechnerisch verteuert und aus der Bezugsberechtigung wirft, obwohl dem Steuerzahler kein Rappen Verlust dadurch entsteht. Im Gegenteil: Die Allgemeinheit müsste froh sein um Investoren, die auf eine hohe Verzinsung des Eigenkapitals verzichten und so der Solarenergie den Schub verleihen, der ihr fehlt, solange die Grossen warten, bis sie reif ist für das grosse Geschäft.

Leider verteuert der Zins nicht nur das Gute, er macht das Schlechte auch billig. Wie wir gesehen haben, rechnet unser Geldsystem Einnahmen in der Zukunft klein: Je ferner der Nutzen, desto geringer sein Wert, selbst wenn er ausserordentlich hoch ist. Umgekehrt sind Kosten umso geringer, je später sie anfallen. Die aufgeklärte menschliche Logik würde dagegen sagen: Lasst uns die Probleme jetzt lösen, solange sie noch klein sind. Aber das Gegenteil ist der Fall: Kosten werden nach Möglichkeit so weit in die Zukunft verfrachtet, wie es nur geht. Das ist wahrer als man denkt. Bis «2170 oder später» könne sich die Endlagerung des Atommülls noch hinziehen, sagte Michael Müller, Vorsitzender der Endlager-Suchkommission des Bundestages am 19. April 2015 in der Frankfurter Rundschau. Nehmen wir mal an, die Kosten der Atommüllbeseitigung belaufen sich heute auf zehn Milliarden Euro. In hundert Jahren betragen diese Kosten bei einem Diskontsatz von zehn Prozent und null Inflation gerade mal noch 700 Euro. So lange wird unsere

Geldsystem nie und nimmer durchhalten, und trotzdem belasten wir hemmungslos die künftigen Generationen. Sie werden unsere Probleme in exponentiellem Format und in sehr kurzer Zeit zu lösen haben – eine Zeitverdichtung epochalen Ausmasses. Wenn Ihnen das nicht plausibel vorkommt, dann malen Sie sich mal aus, in welcher Höhe sich die ersten Autofahrer vor 139 Jahren die heutigen Strassenbaukosten vorgestellt haben könnten.

Jetzt wird es ein bisschen philosophisch. Die Beispiele zeigen nicht nur, wie sich in unserem Geldsystem die Werte verschieben, sondern auch die Zeitverhältnisse umkehren und damit unsere Wahrnehmung der Welt verändern. Alles muss immer schneller gehen. So erleben wir zur Zeit so etwas wie rasenden Stillstand. Alles bewegt sich, aber kaum jemand weiss, wohin die Reise geht. Die Beschleunigung wird zu einer Herausforderung erster Ordnung werden, für das Menschenkollektiv, wie auch für jedes Individuum. Das Geldsystem spielt dabei ohne Zweifel die Hauptrolle, aber das Stück hat das Universum geschrieben. Hier gilt das Gesetz der Entropie: Alle Vorgänge streben nach einer Zunahme der Unordnung. Aber wir beobachten gleichzeitig das Gegenteil: Die Ordnung nimmt zu. In der planetaren Evolution zeigt sich sehr anschaulich: Leben differenziert sich, multipliziert die Interaktionsmöglichkeiten und beschleunigt damit die Veränderung. Während die Bildung einfacher Einzeller noch Milliarden von Jahren erforderte, brauchte die Entwicklung multizellulärer Organismen bloss noch Hunderte von Millionen. Damit aus Fischen Säugetiere werden konnten, genügten dann schon Dutzende von Jahrmillionen. Und der Schritt vom Primaten zum homo sapiens war in zwei Millionen Jahren vollzogen und läutete damit eine neue Epoche beschleunigter Veränderung ein. Nach der langsamen Physik und der gemächlichen Biologie wird die Erdoberfläche nun von der schnellen menschlichen Intelligenz gestaltet. Während noch vor 500 Jahren die Kinder in die Welt ihrer Grosseltern geboren wurden, verändert sie sich heute während eines einzigen Lebens praktisch zur Unkenntlichkeit.

Was ist geschehen? Wenn man die Kurve der Bevölkerungsentwicklung betrachtet, fällt eine markante Beschleunigung ab 1700 auf.

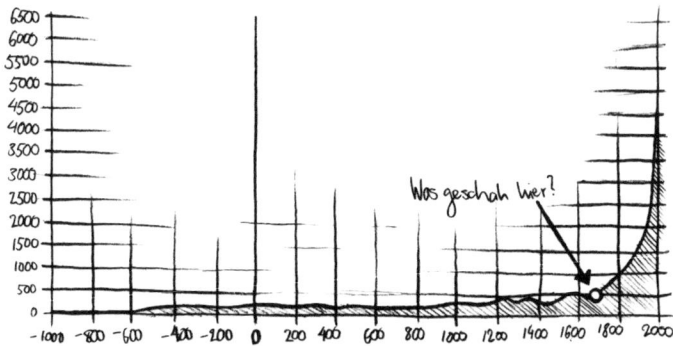

(Quelle: Wikipedia, Daten: United States Census Bureau, Illustration: Vincent Grand)

Einen zufälligen Anstieg des Bevölkerungswachstums dieses Ausmasses können wir ausschliessen. Meist wird er mit der Industrialisierung in Verbindung gebracht, aber die setzte später ein. Die grossen hygienischen und medizinischen Fortschritte wurden sogar noch später erzielt. Eine plausible Ursache finden wir in der Entwicklung des Geldwesens mit der Gründung der Bank of England 1694 und der Einführung des Kreditgeldes als gesetzliches Zahlungsmittel mit seinem eingebauten Zwang zum Mehr. Die Industrialisierung und die Steigerung der Effizienz wurden unter seinem Einfluss zur Notwendigkeit. Immer mehr Lebensbereiche fielen der ökonomischen Eroberung und Veränderung anheim. Den vorläufig letzten Beschleunigungsschub erfuhr der Um- und Neubau der Welt mit dem Wegfall der letzten Goldbindung 1971. Das private Schuldgeld löste sich von seinem letzten Anker und die grosse Virtualisierung der Welt konnte beginnen. Die Grenzen fielen.

Was sich ändert, zwingt alles damit in Beziehung stehende ebenfalls zur Veränderung, mit exponentieller Zunahme. Und so geht das, immer schneller, bis zum Punkt der gleichzeitigen Veränderung von allem – dem «weissen Loch in der Zeit» (the white hole in time) in der schönen Terminologie des englischen Mathematikers und Philosophen Peter Russell, Autor von *The Global Brain* (1983). Was dann geschieht, wissen wir nicht. Sicher ist nur: Es wird ziemlich schnell gehen und es dürfte schmerzhafte Phasen geben. Denn auf dem Weg zum weissen Loch in der Zeit wird sich unsere Identität zunehmend auflösen.

Identität ist eine Grundbedingung des Menschseins. Wer allein im Universum lebt, braucht keine Identität, weil es keine Wahrnehmung gibt. Er ist einfach. Wer dagegen wahrgenommen werden will, muss jemand sein. Identität ist nicht nur erforderlich, um wahrgenommen zu werden, sie entsteht erst durch die gegenseitige Wahrnehmung. Ich bin nicht nur der ich bin, sondern auch der, als den ich wahrgenommen werde. Und: Wenn sich die andern verändern, ändert sich auch meine Identität, selbst wenn ich derselbe bleibe. Wer über Jahrzehnte an denselben Überzeugungen festhält, wird langsam zum schrulligen Sonderling, ohne sich im geringsten verändert zu haben.

Es gibt vermutlich keine Möglichkeit, sich diesem Prozess zu entziehen. Identität, Wahrnehmung und Veränderung sind in einem Regelkreis miteinander verbunden. Je mehr Menschen wir sind und je mehr Kontakte (Wahrnehmungen) stattfinden, desto schneller und stärker verändert sich unsere Identität. Erfinde dich täglich neu, sagen uns denn auch die Managementberater.

Das Tempo der Veränderung in unserer Umgebung hat also eine fundamentale Bedeutung für unser Selbstverständnis und unser Handeln. Je stabiler die Verhältnisse, desto stabiler die Identitäten. Wir Heutige staunen über die Gleichförmigkeit früherer Biographien und erschrecken gleichzeitig über die geringe soziale Durchlässigkeit, die etwa vor der Reformation das Leben bestimmte: Einmal Knecht, immer Knecht, und Kind und Kindeskinder noch dazu. Ein Leben allein genügte meistens nicht, um eine eigene Identität zu bilden. Wer Gelehrter werden wollte, musste zuerst gebildete Eltern haben – die erfreulichen Ausnahmen bestätigen die Regel. Buchdruck, Aufklärung und Industrialisierung gaben dann grossen Bevölkerungsschichten die Möglichkeit der selbstbestimmten Identitätsbildung. Der Drang zur Freiheit erfasste den Menschen. Man wollte jemand werden, und jeder hatte das Recht dazu. Das Ich eroberte die Welt.

Nur: Möglicherweise liegt *peak ego* schon hinter uns. Die Segnungen der Individualisierung beginnen sich zum Fluch zu wandeln. Das zeigen die zunehmenden Schwierigkeiten der Identitätsbildung. Die sich immer schneller verändernde Wirtschaft braucht den «flexiblen Menschen», den Richard Sennet 1998 in seinem wegweisenden Buch beschrieben hat, dessen englischer Titel treffender, aber weniger eingängig *The Corrosion of Character* lautet. Der «flexible Mensch» reagiert auf Zwänge – in dieser Hinsicht ist er Sklave –, und er nutzt Gelegenheiten – in dieser Hinsicht ist er Opportunist. In der Summe macht uns die Beschleunigung also zu opportunistischen Sklaven.

«Der flexible Mensch funktioniert nicht,» sagt denn auch der Soziologe Hartmut Rosa, Autor von zwei vielbeachteten Werken über die Beschleunigung und ihre gesellschaftlichen Konsequenzen.[47] «Aus zwei Gründen: Wenn alle flexibel werden, haben wir keine Gesellschaft mehr. Heute haben wir flexible Eliten, die auf stabile Hintergrundbedingungen treffen. Das geht. Aber wenn alle flexibel sind, wenn alle jetten, geht nichts mehr. Dann haben wir rasenden Stillstand.»

Die Beschleunigung erschwert die Identitätsbildung in mehrfacher Hinsicht: Auf der einen Seite braucht sie als rückgekoppelter Prozess ihre eigene Zeit. Wenn die nicht mehr zur Verfügung steht, weil meine Reaktion auf die veränderte Umwelt auf eine bereits wieder umgestaltete Umgebung trifft, wird die Rückkopplung gekappt und die Identitätsbildung gestört. Dies wiederum blockiert die Beziehungen. Man kann nur in Beziehung treten, wenn man jemand ist, in individuellen Verbindungen als gefestigter Mensch, in der Wirtschaft als Subjekt mit identifizierbaren Fähigkeiten und in der Gesellschaft als Bürger mit einem Standpunkt, der sich nicht ständig ändert. Menschen, die niemand sind oder täglich jemand anders, können weder Beziehungen noch Arbeitsplätze halten. Sie treiben ziellos durch die Zeit.

Der Verdacht liegt nahe: Die Beschleunigung, die noch vor 50 Jahren die Identitätsbildung erleichterte, hat bereits begonnen, sie

---

47 Weltbeziehungen im Zeitalter der Beschleunigung: Umrisse einer neuen Gesellschaftskritik (Suhrkamp, 2012) und Beschleunigung – die Veränderung der Zeitstrukturen in der Moderne (Suhrkamp, 2005)

zu erschweren. Ein Indiz dafür ist die bereits wieder abnehmende soziale Durchlässigkeit. Wer heute in der Hyperglobalisierung reüssieren will, braucht Eltern, die bereits zu den Globalisierungsgewinnern zählten. Bildungschancen hat, wessen Eltern sie nutzten. Bei Lichte besehen ist das Versprechen des Kapitalismus «Freiheit für alle» ein Trug.

Die Identität des Menschen wird noch von anderer Seite bedroht, die ebenfalls ihre Wurzeln in der Beschleunigung hat: der Digitalisierung. In seinem Buch «Das geraubte Gedächtnis – digitale Systeme und die Zerstörung der Erinnerungskultur» (2004) zeigt der Kulturhistoriker Manfred Osten: «Wo das Gedächtnis schwindet, schwindet auch die Identität» oder im einfachen Satz von Hans Magnus Enzensberger: «Gespeichert heisst vergessen.» Gemäss Osten, dem Schöpfer des eingängigen Begriffs der «digitalen Demenz», verstehen wir Bildung heute «als beschleunigten Erwerb von Zukunftskompetenzen ohne Herkunftskenntnisse. Dann können wir regiert werden nach dem Prinzip ‹es gilt das gebrochene Wort›, weil sich sowieso keiner mehr erinnern kann, was gesagt worden ist. Wir haben auch unsere kulturelle Identität aufgegeben. Wir sind das, was Nietzsche gesagt hat, ‹gedächtnislose Legionäre des Augenblicks›.»

Der mehrfache Identitätsverlust muss natürlich kompensiert werden. Die Werbung nutzt dies und verwandelt einfache Verbrauchsgüter in Kultgegenstände, mit deren Hilfe wir zum jemand werden. Das ist weniger harmlos als es klingt. Emotionale Werbung wird gemacht, weil sie funktioniert. Produkte werden damit zu bewusstseinsverändernden Gütern. Der Mensch bevorzugt offenbar eine synthetische Antwort auf die ewige Frage «wer bin ich?»

Was tun? Es gibt drei Möglichkeiten:
Entschleunigung: Da befinden sich schon eine Reihe von Strategien auf dem Markt, von denen eine mit Bestimmtheit nicht funktioniert: Zeit sparen. Die bessere Nutzung der Zeit ist nur tauglich, wenn man das Gesparte sogleich wieder vergeudet, also nichts tut. Und das dürfte in den wenigsten Fällen gelingen. Die Meister der Zeitverdichtung, die Manager, haben ihre Kunst nur noch näher an den Abgrund des rasenden Stillstands gebracht. Entschleunigung in allen ihren

Formen ist natürlich in Ordnung, aber sie kann nur gelingen, wenn ein substantieller Teil der Bevölkerung mittut. Wenn nicht, ist für sie ein hoher Preis zu zahlen. Die Verlangsamten riskieren, sich wie die die Amish People in den USA der übrigen Welt zu entfremden.

Ob der zweite Weg des Umgangs mit der Beschleunigung – mit ihr zu gehen – überhaupt an ein Ziel führt, ist schwer zu sagen. Aber eine Überlegung ist er allemal wert. Wenn die Beschleunigung die gewohnten Identitäten auflöst, könnte nämlich auch etwas Neues entstehen, dessen Geburtshelfer wir jetzt schon sein können. Peter Russell, seit 40 Jahren ein Praktizierender der transzendentalen Meditation, sieht im bevorstehenden «weissen Loch in der Zeit» die Entstehung eines globalen Bewusstseins. Das ist plausibel, selbst wenn es auf den ersten Blick esoterisch klingt. Wir haben ja nicht nur Identität als Individuum, sondern auch als Mitglied einer Familie, als Teil einer Nation und nicht zuletzt auch als Weltenbürger und Teil der Menschheit. Erdenbürger bleiben wir, auch wenn die Beschleunigung die individuelle Identität erodiert, die Familien zersplittert und die Nationalstaaten zerreisst. Das Selbstverständnis als Erdenbewohner könnte also bei einem individuellen Identitätsverlust einen riesigen Sprung vorwärts machen und sich zu einer elementaren Kraft der Humanität entwickeln.

Der dritte Weg zur Neutralisierung der Beschleunigung liegt in der Transformation des Geldes. Damit wir diesen grossen Schritt wagen können, müssen wir allerdings noch ein bisschen tiefer in die Zwänge unseres Geldsystems eindringen.

5. Mehr! Geld erzwingt Wachstum

Wenn wir am Ende des Jahres ein Prozent mehr in der Lohntüte haben, sind wir zumindest nicht unglücklich. Im Vergleich mit den Amerikanern, deren Löhne seit nunmehr 43 Jahren real gesunken sind, sind wir vielleicht sogar zufrieden. Aber mit einem Prozent Wachstum gerät die Wirtschaft bereits in Aufregung. Warum? Weil ein Prozent Wachstum nicht genügt, um den wachsenden Geldhunger des Finanzsystems zu befriedigen.

Kehren wir auf der Suche nach den Ursachen nochmals zum primären Akt der Geldschöpfung zurück und stellen uns einen Gleichgewichtszustand zwischen Geld und Gütern vor. Dann geht ein Mensch, der sich ein Haus bauen will, zur Bank und erhält einen Kredit über eine Million, und die Geldmenge erhöht sich um den entsprechenden Betrag (abzüglich der Mindestreserve). Zurückzahlen muss er aber mehr, nämlich die ursprüngliche Summe plus Zins und Zinseszins. Bei einer Laufzeit der Hypothek von 30 Jahren und einem Zins von 5 Prozent (zugegebenermassen etwas mehr als zur Zeit üblich), sind es ziemlich genau zwei Millionen. Woher nimmt er die zweite Million, die in der Geldmenge ja fehlt?

Es gibt zwei Wege, eine kurze und eine lange Sackgasse. Die kurze: Der Häuslebauer verdient sich die zweite Million von den übrigen Wirtschaftssubjekten, die dadurch um den entsprechenden Betrag ärmer werden. Ihr Geld ist jedoch wie alles Geld ebenfalls Kredit, was sie dazu zwingt, mehr zu verdienen. Entsteht dieses Mehr an Geld nicht, ist der Sesseltanz bzw. die Reise nach Jerusalem schon bald zu Ende. Es braucht also eine «Lösung» und das ist die lange Sackgasse: Die Bank vergibt einen weiteren Kredit über eine Million an einen Unternehmer, und das Geld ist da, damit es der Häuslebauer verdienen kann. Das Problem hat jetzt aber der Unternehmer, und es ist, wie zu befürchten, nicht kleiner geworden, im Gegenteil. Die Million, die er mit seinem Kredit in Umlauf bringt, braucht nämlich schon der Häuslebauer. Von den zwei Millionen, die er zurückzahlen muss (Darlehen plus Zins), existiert noch gar keine im grossen volkswirtschaftlichen Geldtopf. So vergibt die Bank halt einen weiteren Kredit und noch einen und noch einen und das Spiel verlängert sich in verschärfter Form in die Zukunft.

Natürlich hat die Finanzwirtschaft einen Trick zur Verlängerung dieser Sackgasse: Man lässt die Schulden einfach stehen, denn sie sind ja Geld, wie Hans Christoph Binswanger treffend festgestellt hat. Wobei der Begriff etwas irreführend ist: Schulden stehen nie, sie wachsen immer. Solange die Wirtschaft wächst, darf fast jeder einen gewissen Teil seiner Schulden stehen lassen, vor allem Staaten, die als besonders sichere Schuldner gelten, weil sie jederzeit auf das Steuersubstrat zurückgreifen können. Einen Exkurs über Staatsschulden wollen wir uns an dieser Stelle sparen. Der Hinweis, dass auch diese Sackgasse ein Ende hat, muss genügen.

Damit die Kreditkette nicht reisst, müssen also immer neue und grössere Darlehen gesprochen werden. Und damit sich Kredite rechtfertigen lassen, braucht es Wachstum. Denn in einer stabilen Wirtschaft – von einer schrumpfenden gar nicht zu sprechen – lässt sich der Mehrertrag gar nicht erwirtschaften, den es zur Bedienung der Kredite braucht. In einer Wirtschaft ohne das nötige Wachstum, um die Schulden zu bedienen und neue anzuhäufen, verliert das Geld (=Schulden) automatisch an Wert und die Banken und das Geldsystem geraten in Schieflage. Deshalb sind wir süchtig nach Wachstum.

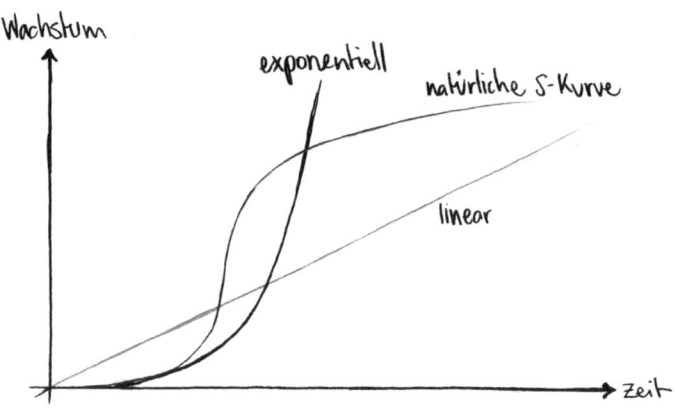

(Quelle: Money – Sustainability. Club of Rome EU Chapter, 2012. Illustration: Vincent Grand)

Natürlich ist Wachstum nicht gleich Wachstum. Am leichtesten zu verstehen ist das lineare Wachstum – jedes Jahr einen gleichbleibenden Betrag mehr. Eine gerade, ansteigende Linie ist es, was die meisten Menschen vor ihrem geistigen Auge sehen, wenn sie beispielsweise lesen, die Zahl der Autos hätte sich in den letzten 35 Jahren um durchschnittlich 2 Prozent erhöht. Aber jede prozentuale Zunahme ist, wenn sie anhält, exponentielles Wachstum. Dass diese zweite Form des Wachstums für uns Menschen sehr schwierig zu erkennen ist, haben wir bereits gesehen. Damit Sie es leichter entdecken, eine kleine Daumenregel: Die Division der Zahl 70 durch den prozentualen Wert ergibt die Verdoppelungszeit.[48] Wenn also die Zahl der Autos um 2 Prozent zunimmt, haben wir nach 35 Jahren eine Verdoppelung – so geschehen in der Schweiz in den vergangenen 35 Jahren. Wer hätte damals gedacht, dass die gesamte Bevölkerung einmal auf den Vordersitzen ihrer Autos Platz finden würde?

Exponentielles, also unendliches und immer schneller steigendes Wachstum in einer endlichen Welt, ist natürlich nicht möglich. Daran glauben, wie der US-Ökonom Kenneth Ewart Boulding so schön sagte, nur Idioten oder Ökonomen. Denn mit diesen Grenzen kommt ihr Geldsystem nicht zurecht. Weil in einer endlichen Welt nicht unendlich Substanz geschaffen werden kann, verlagert sich die Produktion von der Befriedigung natürlicher Bedürfnisse zunehmend in Dinge, für die zuerst mit viel Marketinggeld eine Nachfrage herbeigezaubert werden muss und in Güter, die allein der Befriedigung emotionaler Bedürfnisse oder der Demonstration des sozialen Status dienen. Wer hier ernsthaft von der Befriedigung von Bedürfnissen spricht, kann nur die Gier des sich selbst vermehrenden Schuldgeldes meinen.

Der Mensch im Kapitalismus produziert und konsumiert nicht derart masslos, weil er will, sondern weil er muss. Dabei bekommt uns der Überfluss gar nicht. Gemäss dem US-Neurowissenschaftler Peter Whybrow hat sich das menschliche Gehirn in einer von Kargheit geprägten Umgebung entwickelt und ist gar nicht für eine Welt

---

48 Das stimmt nur für niedrige Prozentzahlen. Je grösser die Prozentzahl, desto fehlerhafter wird die Methode. Bei 100 Prozent Wachstum kann man nicht mehr mit 70, sondern muss mit 100 rechnen.

des extremen Überflusses vorgesehen. Die Konsequenz: «Wir haben eine physiologische Funktionsstörung erzeugt. Wir haben die Fähigkeit zur Selbstregulierung auf allen gesellschaftlichen Ebenen verloren.»[49]

Der Verlust der Selbstregulierung vollzieht sich unmerklich und entwickelt zusammen mit der durch das Geldsystem überhöhten Zeitpräferenz eine Dynamik, die im Grunde nicht mehr zu kontrollieren ist. Klassisches Beispiel dafür ist das Automobil, Freiheitssymbol und zivilisatorische Errungenschaft schlechthin, dem heute Millionen von Menschenleben, alle Städte, viele Landschaften und die Luft zum Opfer fallen.

Begonnen hat dieser zivilisatorische Schrecken ganz harmlos, mit ein bisschen Erfindungsgeist, Bequemlichkeit und Freiheitsdrang. Legendär ist die Einschätzung von Daimler-Benz um 1900, es bestehe ein Markt für maximal hunderttausend Automobile, da es gar nicht mehr Kutscher gäbe.

Die volkswirtschaftliche Rechnung ist eindeutig: Wir kommen mit dem Umstieg auf das Fahrrad schneller voran, wenn man die Arbeitszeit zur Finanzierung des Autos und der Strassen mitrechnet.[50] Und als Bonus lebt man gesünder und spart Kosten, die die Gesellschaft für den motorisierten Verkehr übernimmt. Der Umstieg wird durch zwei Faktoren massgeblich behindert: einerseits durch die Infrastruktur, die an vielen Orten ein Leben ohne Auto erheblich erschwert und falsche gesellschaftliche Entwicklungspfade über Jahrzehnte buchstäblich betoniert und andererseits durch den Wachstumszwang der Geldwirtschaft. Das Auto wird gefördert nicht obwohl, sondern weil es unwirtschaftlich ist. Ohne den Autoumsatz, vom Erdöl bis zum Leasingvertrag, würde unser Finanzsystem augenblicklich zusammenbrechen, selbst wenn wir ohne Auto glücklicher wären.

---

49 Peter Whybrow: Wenn mehr nicht genug ist – Analyse einer gierigen Gesellschaft (2007). Original: American Mania: When More Is Not Enough (2005)

50 In ihrem hoch informativen «Beschissatlas» hat Ute Scheub ausgerechnet, dass Autobesitzer im Jahr rund zwei Monate allein fürs Auto und seine Unterhaltskosten arbeiten müssen.

Das Auto illustriert im übrigen den sich gegenseitig verstärkenden Effekt exponentieller Dynamiken: Während sieben Milliarden still sitzende Menschen vielleicht kaum auffallen, erzeugt dieselbe Anzahl Menschen, die sich mit immer höherer Geschwindigkeit bewegen, eine viel grössere Wirkung. Man muss nicht viel von Physik verstehen, um zu wissen, dass Bewegung Druck erzeugt. Je höher das Tempo, desto mehr Platz braucht der Mensch. Diese Einsicht verdanken wir dem österreichischen Ökonomen Leopold Kohr[51], dem grossen Philosophen der Kleinheit und Lehrer von E.F. Schumacher, der seine Erkenntnisse in «Small is beautiful» in die Welt hinaus und in die Herzen hinein verbreitete.

Das ist der normale Lebenszyklus eines Produktes – es wird hergestellt, bis es schadet und wir nicht mehr ohne leben können. Dass der Wachstumszwang die Wirtschaft zunehmend unökonomisch macht, ist offensichtlich. Ein paar Beispiele:
• Erfindung synthetischer Bedürfnisse: Die Pharmaindustrie erfindet Krankheiten und die Medikamente dazu, die Autoindustrie baut Fahrzeuge, deren Leistung wir aufgrund der Tempolimiten gar nicht brauchen können, und die Mode verkauft ohnehin mit jeder Jahreszeit etwas, das wir schon haben. Der deutsche Postwachstumsökonom Niko Paech spricht zurecht von einem Konsum-Burnout, von dem wir uns durch Halbierung ohne wesentlichen Wohlstandsverlust befreien könnten.[52] Dazu kommt: Indem Produkte immer mehr emotionale Bedürfnisse befriedigen müssen, werden sie zu eigentlichen Drogen. Natürlich ist es eine blosse Behauptung der Werbung, ein bestimmtes Auto mache frei oder eine gewisse Zigarette bringe Abenteuer. Aber wir machen die Werbung wahr, indem wir sie glauben und die Produkte kaufen.
• Immer schnellere Ausbeutung natürlicher Ressourcen: Weil unser Geld Nachhaltigkeit systematisch benachteiligt, werden veraltete Technologien zu langfristig hohen Kosten am Leben erhalten, zum Beispiel der Verbrennungsmotor und die dazu notwendige Erdöl-

---
51 Leopold Kohr: Die Probleme der Stadt. Otto Müller Verlag, 2008.
52 Interview mit Dominic Schriber auf www.zeitpunkt.ch

gewinnung. Dabei hat der Benzinmotor einen Wirkungsgrad von bloss 12 bi 14 Prozent, der Elektromotor von mindestens 90 Prozent. Jetzt müssen Öl und Gas mit problematischen und teuren Technologien wie Tiefseebohrungen oder Fracking gewonnen werden. Dabei könnte allein die Schweiz durch konsequente Umstellung auf erneuerbare Energien bis im Jahr 2060 600 Mrd. Franken sparen, wie der ETH-Professor und Informatik-Unternehmer Anton Gunzinger schlüssig berechnet hat.[53]

• Hochfahren der Militärausgaben: Obwohl wir seit dem Fall des Eisernen Vorhangs in einer Welt leben, in denen die Gefahren nicht mehr mit Armeen und konventionellen Waffen eingedämmt werden können, sind die Militärausgaben seit 1998 um 62 Prozent gestiegen, von 1,054 Billionen Dollar auf 1,711 Bio im Jahre 2014.[54] Typisch ist der Fall des hochverschuldeten Griechenland mit den zweithöchsten Militärausgaben aller NATO-Staaten. Das Land mit seinen vielen Inseln verfügt über mehr Panzer als Deutschland, Grossbritannien und Frankreich zusammen. Waffen sind volkswirtschaftlich doppelt sinnlos: Sie sind teuer und unproduktiv, und wenn sie einmal «produktiv» eingesetzt werden, hinterlassen sie nur Zerstörung. Natürlich ist die Verteidigung von Freiheit und Demokratie ökonomisch schwierig zu bewerten und kann im Einzelfall auch hohe Kosten rechtfertigen. Aber um Demokratie geht es in der Geopolitik schon längst nicht mehr.

• Umwandlung von unbezahlten und nicht berechneten Dienstleistungen in kostenpflichtige Services: Altenpflege, Kinderbetreuung, Zubereitung von Mahlzeiten – immer mehr Bereiche des sozialen Biotops werden von der Geldwirtschaft vereinnahmt und monetarisiert. Jetzt sollen auch noch die kostenlosen Leistungen vor allem der Frauen in Geldwerten beziffert und in die volkswirtschaftliche Rechnung eingeführt werden. So verständlich das Anliegen aus feministischer Sicht ist, so zweifelhaft dürften die Folgen sein. Die Gefahr ist jedenfalls gross, dass das, was geschützt werden soll, letztlich zerstört wird. Und mit jeder Umwandlung eines Lebens- oder Na-

---

53 Anton Gunzinger: Kraftwerk Schweiz – Plädoyer für eine Energiewende mit Zukunft. Zyglogge Verlag, 2015. Lesenswert!
54 SIPRI Military Expenditure Database 2015, http://milexdata.sipri.org_

turwerts in einen Geldwert zerstören wir Brücken, zu einem menschlichen Mass zurückzukehren.

• Gezielte Alterung und Verschlechterung der Produkte (*planned obsolescence*). Immer mehr Güter werden absichtlich mit Bruchstellen ausgestattet, damit sie schneller ersetzt werden müssen. Klassisch ist das Beispiel des 1924 gegründeten Glühbirnen-Kartells, das die Lebensdauer von Glühbirnen von damals 2500 Stunden auf 1000 reduzierte und Mitglieder bestrafte, die bessere Glühbirnen auf den Markt brachten. Das Kartell flog 1942 auf, aber die Idee lebt weiter. Schon während der Depression der 1930er Jahre schlug der US-Immobilienmakler Bernard London in einer Publikation allen Ernstes vor, mit *planned obsolescence* die Wirtschaft wieder auf den Wachstumspfad zu bringen. Besonders beliebt ist sie heute bei Druckern, die aufgrund eines Chips nach einer bestimmten Anzahl von Kopien den Geist aufgeben, oder in der Informatik, wo die Inkompatibilität von Upgrades zu Neuanschaffungen von Hard- oder Software zwingt. Ein immer grösserer Teil der Produktion ist auf schnellen Verschleiss und Ersatz ausgerichtet. Der Ökonom Christian Kreiss beziffert in einer Studie im Auftrag der Bundestagsfraktion Bündnis 90/Die Grünen von 2013 den Kaufkraftverlust allein für Deutschland auf jährlich 106 Mrd. Euro, «die uns Verbrauchern durch Manipulationen der Industrie entzogen werden.»[55] Mit diesem Geld könnte Deutschland seine gesamten Risiken in Griechenland und Portugal locker wegstecken, in einem einzigen Jahr.

• Verlagerung der Kosten auf die Gesellschaft und in die Zukunft. Wenn dies wenigstens ökonomisch wäre, könnte man bei aller Ungerechtigkeit noch darüber diskutieren. Aber die allermeisten Kosten sind an der Quelle am niedrigsten und sie steigen, je weiter sie sich von ihr entfernen. Es ist volkswirtschaftlich billiger, für Arbeitsgesundheit zu sorgen, als die ausgebrannten Hamsterradfahrer in den Burnout-Kliniken, Invalidenversicherungen und Arbeitslosenkassen über die Runden zu bringen. Es kostet auch weniger, jetzt keine Atomkraftwerke zu bauen, als sie später teuer entsorgen zu müssen.

---

55 In: Stefan Schridde: Murks? Nein danke. Was wir tun können, damit die Dinge besser werden. Oekom, 2014. S. 115.

Gerade in grünen und wachstumskritischen Kreisen wird immer wieder die Gier als hauptsächlicher Motor des Wachstumszwangs dargestellt. Das tönt zwar plausibel; ob es auch zutrifft, ist eine andere Frage. Zum einen ist der Wachstumszwang aufgrund des Kreditgeldes und der Zinseszinsdynamik schlüssig bewiesen. «Ich habe 40 Jahre lang Literatur über Nachhaltigkeit studiert und an Hunderten von Konferenzen dazu teilgenommen», schreibt Dennis Meadows im Vorwort zu *Money – Sustainability*.[56] Aber bevor er Bernard Lietaers Arbeit begegnete, dem Hauptautor dieses Berichts des Club of Rome, hätte er nie jemanden gehört, der das Finanzsystem als Ursache für das Rasen unserer Gesellschaft zum Kollaps beschrieben hätte. Die Zusammenhänge zwischen Geldsystem, Wachstumszwang und Nachhaltigkeit sind also auch bestens informierten Wissenschaftlern und Ökologen nicht geläufig. Zum anderen lässt sich die Gier aus den Mechanismen unseres Geldes direkt ableiten: Das zinsbehaftete Kreditgeld aus dem Nichts erhöht die Zeitpräferenz und belohnt als Regel diejenigen, die sich verschulden, um die Früchte einer Arbeit jetzt zu geniessen, die erst noch geleistet werden muss – typischerweise von anderen.

Da sich das System mit exponentieller Dynamik entwickelt, fördert es nicht nur die Gier, sondern braucht sie früher oder später zu seinem Überleben: Ohne Gier an der Spitze (bei den Vermögenden und ihren Handlangern, den Managern) und ohne Gier an der Basis (bei den Konsumierenden) würde unser Geldsystem zusammenbrechen. Der Weg der Genügsamkeit droht also in die Besitzlosigkeit zu führen. Da scheint die Gier die sicherere Option.

Nun sind die Grenzen des Wachstums – wenn auch nicht seine Ursachen – vor einigen Jahrzehnten in die öffentliche Wahrnehmung eingedrungen und haben nicht nur bei den Umweltbewegten Fragen aufgeworfen. Die Wachstumsmotoren selbst haben eine passende Antwort gefunden: nachhaltiges Wachstum. Der Begriff ist so einleuchtend, dass ihn fast alle Firmen der Erde in ihr Leitbild getextet haben – wenigstens die, die über eines verfügen. Besser statt mehr.

---

56 Lietaer et al.: Money – Sustainability. 2013.

Trotzdem ist es eine leere Floskel, wenn nicht sogar ein Kampfbegriff des Kapitalismus. Denn all dieses qualitative Wachstum, das rund um den Globus angestrebt wird, muss in unserem Geld- und Wirtschaftssystem auch mehr Umsatz bringen, sonst findet es schlicht und einfach nicht statt. Das Wirtschaftslexikon von Gabler definiert es als «Wachstum der Wirtschaft unter Verzicht auf Ausbeutung und Zerstörung natürlicher Ressourcen.»[57] Alle Erfindungen, die uns heute Sorgen bereiten und sogar an den Rand des Abgrunds bringen, begannen als qualitative Verbesserung und oft auch als Verminderung der Ausbeutung und Zerstörung natürlicher Ressourcen. Kohle verhinderte die Abholzung der Wälder, Erdöl verdrängte die dreckige Kohle, und die Kernkraft versprach einmal, uns unbeschränkt mit sauberer Energie zu versorgen. Aber in der künstlichen Welt des privaten Kreditgeldes beginnt alles vielversprechend und endet desaströs.

Die Industrialisierung begann einmal mit dem Versprechen, uns von der Arbeit zu befreien. Was ist davon geblieben? Die meisten von uns werden erst von der Arbeit befreit, wenn sie nicht mehr können – entlassen, ausgebrannt, zu alt, zu krank oder tot. Die anderen werden in der Tretmühle derart auf Trab gehalten, dass selbst die Freizeit nicht mehr frei ist, sondern in die Wiederherstellung der Kräfte investiert werden muss.

Zu ähnlich paradoxen Ergebnissen führen auch viele der qualitativen Wachstumsschritte. Die Erfindung der Glühbirne mit Wolfram-Faden vor hundert Jahren, viermal effizienter als die Kohlenfadenlampen, resultierte nicht in einer Reduktion des Energieverbrauchs, sondern in einer flächendenden Vermehrung der Beleuchtung – der berüchtigte Rebound-Effekt. Vor kurzem wurde in unserer Strasse eine energieeffiziente LED-Strassenbeleuchtung installiert mit dem Effekt, dass einige Bewohner dazu übergegangen sind, in ihren Gärten auch nachts die Sonnenschirme aufzuspannen, um nicht geblendet zu werden. Die Rechtfertigung der Behörde für die offensichtliche Lichtverschmutzung: Energieersparnis. Schnellere Züge und Auto-

---

[57] http://wirtschaftslexikon.gabler.de

bahnen führen nicht zu einer Reduktion der Pendlerzeiten, sondern zu längeren Strecken und einer Zersiedelung der Landschaft. Leistungsfähigere Computer machen manchmal die Arbeit effizienter, vermehren aber mit Bestimmtheit die Daten, deren Menge sich unweigerlich dem Grenznutzen nähert. Mehr Daten sollen primär zu besseren Entscheidungen führen. Aber das ist genauso zweifelhaft, wie viele Facebook-Freunde ein gutes soziales Netz bedeuten.

Man muss den Versprechungen der Green Economy also mit aller Skepsis begegnen, vor allem seit sie von den grossen Konzernen als Geschäftsmodell entdeckt wurde. Denn die Wirtschaft wird tun, wozu sie das Kreditgeld zwingt: immer mehr Werte in Geldwerte umwandeln. Während sich die Luft früher umsonst reinigte, wird ihre Selbstreinigungskraft heute in Form von Verschmutzungszertifikaten verkauft – ein weiteres Stück Natur, das in den Rachen der Finanzwirtschaft geworfen wird. Was sie sich holt, wenn es nichts mehr zu fressen gibt, zeigen die nächsten Seiten.

6. Wachstum ohne Wachstum – die Bevorteilung der Finanzwirtschaft

Was wäre der natürliche Gang der Wirtschaft? Die Produkte würden durch Innovation und Automation immer besser und billiger; unsere Kaufkraft würde steigen und wir müssten immer weniger arbeiten und könnten uns dem zuwenden, was uns glücklich macht. Dieses Grundgesetz wirkt natürlich auch in der verkehrten Welt unseres Geldsystems und bereitet ihm in der Folge grosse Probleme. Die Maschinen produzieren immer billiger, der Grenznutzen sinkt und der Wert der Produkte tendiert gegen Null.

Wie geht nun Wachstum, wenn Wachstum nicht mehr geht? Die eine Strategie, das haben wir im letzten Kapitel gesehen, besteht darin, immer mehr Bedarf für unnützes Zeug zu schaffen und immer mehr teuren Unfug zu veranstalten und dies mit Krediten zu finanzieren. Doch selbst mit einer Optimierung der emotionalen und virtuellen Komponenten der Produkte stösst der Wachstumszwang an seine Grenzen. Denn je mehr Produkte wir bereits haben, desto weniger nützlich sind sie, desto geringer ist ihre Wirtschaftlichkeit und desto kleiner die Wahrscheinlichkeit, dass sich damit noch die Erträge erwirtschaften lassen, die zur Rückzahlung von Kredit und Zinsen erforderlich sind. Als Konsequenz braucht es weniger Kredit, auf dessen Wachstum unser Geldsystem aber existentiell angewiesen ist. Die Magier des Geldes hätten allerdings ihren Beruf verfehlt, wenn sie nicht auch für dieses Problem eine magische Lösung gefunden hätten: Transaktion ohne Produktion.

Das Prinzip ist einfach: Anstatt an die Realwirtschaft, wo man mit Schweiss und Risiko um den Erfolg der Investition kämpfen muss, fliessen die Kredite in Wertpapiere. Durch die Erhöhung der Geldmenge steigt ihr Buchwert (aber nicht die Wertschöpfung!) und sie können mit Gewinn verkauft werden. Der Trick besteht darin, der

Geldpumpe stets ein bisschen Vorsprung zu verschaffen, sodass zum Verkaufszeitpunkt des Wertpapiers immer ein bisschen mehr Geld im Pool ist als zum Zeitpunkt seines Kaufs – das beste Klima für steigende Preise. Das Resultat: Mehr Geld, weniger Risiko und vor allem keine Arbeit für den Investor.

Ein Rechenbeispiel, gefunden in David Stelters Buch *Die Schulden im 21. Jahrhundert*: Wenn Sie sich für 100 Euro ein Wertpapier kaufen, das pro Jahr 10 Euro abwirft, haben Sie eine Rendite von 10 Prozent. Wenn Sie die 100 Euro als Sicherheit für einen Kredit über 500 Euro hinterlegen, dafür 5 Prozent Zins bezahlen (= 25 Euro) und damit Wertpapiere kaufen, ergibt dies einen Ertrag von brutto 50 und netto 25 Euro – eine Gewinnsteigerung von 150 Prozent.[58] Dieses Beispiel ist noch vergleichsweise harmlos. Während hier das Investitionskapital per Kredit verfünffacht wurde, wird es in der real existierenden Finanzwirtschaft verfünfzigfacht. Anstatt bloss 10 Prozent lässt sich damit ein Gewinn von 250 Prozent des eingesetzten Kapitals erzielen, der sich im Grunde aus dem für das Geschäft geschöpften Kredit finanziert, also gewissermassen aus Nichts.

Je mehr die produktive Realwirtschaft an ihre Grenzen stösst, desto mehr verlagert sich das Kreditgeschäft in Anlagegüter wie Wertpapiere und Immobilien, wo das Geldmengenwachstum sich selbst befeuert. Natürlich wachsen auch in dieser virtuellen Welt die Bäume nicht in den Himmel, aber doch hoch genug, um sehr tief fallen zu können. So geschehen in den 1920er Jahren, mit den bekannten Folgen: Zuerst stürzten die Aktien und die Kredite in sich zusammen, dann die Wirtschaft, dann die Politik, und schliesslich wurde die halbe Welt verbrannt.

Man musste also in Zukunft schlauer vorgehen. Als der Nachkriegsboom in den 1970er Jahren zu Ende ging, galt es, die alten Fehler zu vermeiden bzw. sie besser zu kaschieren. Dazu brauchten die Finanzmärkte einerseits mehr Freiheiten, die sie mit stetigen Deregulierungen seit Beginn der 1980er Jahre auch erhielten und die ihnen nach wie vor gewährt werden – trotz aller Rufe nach mehr Kontrolle.

---

58 David Stelter: Die Schulden im 21. Jahrhundert. 2014. S. 15

Und andererseits brauchte es mehr Sicherheiten – Derivate aller Art wurden eingeführt. Während eine Aktie einen direkten Vermögenswert darstellt, nämlich einen Anteil an einem Unternehmen, ist ein Derivat (von lat. *derivare*, ableiten) ein abgeleiteter Vermögenswert. Ein Derivat kann zum Beispiel ein Vertrag sein, einen Vermögenswert in der Zukunft zu einem bestimmten Preis zu kaufen oder zu verkaufen. Es kann auch ein Recht sein (Option), ein bestimmtes Geschäft in einer festgelegten Frist zu tätigen. Solche Verträge lassen sich koppeln mit Entwicklungen von Aktienkursen, Zinsen und Preisen aller Art und suggerieren damit eine gewisse Sicherheit: Man muss ein Geschäft nur abschliessen, wenn die Bedingungen günstig sind.

Während der Fussball-Weltmeisterschaft hatte eine Schweizer Bank sogar Derivate im Angebot, deren Performance u.a. mit der Anzahl geschossener Tore gekoppelt war. Ihr Vorteil: Da war wenigstens auch den einfachen Gemütern klar, dass es sich letztlich um Wetten handelte.

Andere Derivate bündeln Schulden (z.B. Hypotheken oder Verpflichtungen aus Kreditkarten oder Leasingverträgen) und machen daraus handelbare Wertpapiere, die zum Bezug eines entsprechenden Anteils der Rückzahlungen berechtigt. Das erlaubte es den Banken einerseits, die schlechten Risiken mit den guten zu verwursten und zu veredeln und sie anschliessend durch Verkauf aus ihrer Bilanz zu bringen.

Entstanden sind die Derivate aus den Bedürfnissen der Realwirtschaft, längerfristige Geschäfte abzusichern. Wer zum Beispiel eine Bestellung für eine teure Maschine erhält, will verhindern, dass der Gewinn zum Lieferungs- und Zahlungszeitpunkt von Währungsschwankungen aufgefressen wird.

Die Verträge hinter diesen Derivaten sind kompliziert und können bis zu hundert Seiten umfassen; kein Jurist liest das freiwillig, man muss ihn dafür bezahlen. Und die Formeln hinter den Kalkulationen sind so komplex, dass sie nur noch Finanzmathematiker verstehen. In der Summe, so kann man behaupten, hat da kein Mensch mehr den Überblick. Ob diese Derivate tatsächlich zur Stabilität des Finanzsystems beitragen, werden wir noch sehen. Sicher ist: Sie verstärken den Anschein der Sicherheit und ermöglichten damit eine gigantische Ausweitung der Kredite – und der Gewinne. «Im Jahre 1980 erwirtschaftete der Finanzsektor in den USA rund zehn Prozent aller Unternehmensgewinne», schreibt David Stelter in seinem Buch *Die Schulden im 21. Jahrhundert*. «Vor der Finanzkrise waren es beeindruckende 40 Prozent und nach einem deutlichen Einbruch haben sich die Werte wieder auf 30 Prozent erholt.» (S. 78)

Diese enormen Erträge sind gut für die Banken und Investoren aber schlecht für die Realwirtschaft. Sie kann mit den überhöhten Gewinnenerwartungen in dieser virtuellen Welt genausowenig mithalten wie die Eichen mit den Tannen aus dem Beispiel von Seite 77. Die Konsequenzen: Abbau oder Auslagerung von Arbeitsplätzen, Lohndruck, Verschlechterung der Produkte, Ausbeutung der Natur. Dies sind nicht nur logische Folgen, sie lassen sich auch empirisch feststellen: In Ländern mit grossem Finanzsektor stehen der Realwirtschaft weniger Mittel für Investitionen und Innovationen zur Verfügung.[59] Und: «Je grösser der Finanzsektor, desto geringer ist das Wirtschaftswachstum und desto mehr Finanzkrisen treten auf.»[60]

Leichter als mit echter Wertschöpfung verdient man Geld mit Geld. Das haben natürlich auch die Firmen gemerkt, die eigentlich für die Wertschöpfung zuständig sind. In Boom-Jahren haben manche Konzerne mit ihren Finanzgeschäften mehr Gewinn gemacht als mit ihren Produkten.

Eine besondere Form davon sind die Aktienrückkäufe, die im Mai 2015 in den USA den höchsten Allzeitwert erreichten. Was geschieht bei diesen Operationen? Beim Kauf eigener Aktien verringert sich das Aktienkapital, die Unternehmen sind weniger risikofähig und können weniger investieren. Im Gegenzug steigen nicht nur die Kurse, die höheren Werte der Unternehmen verteilen sich auch noch auf weniger Aktionäre und die Dividenden auf weniger Bezüger – alles kurzfristige Vorteile für die Besitzer.

---

59 Stephen Cecchetti und Enisse Kharroubi: Why does financial sector growth crowd out real economic growth, www.bis.org/publ/work490.htm , zitiert von David Stelter in «Die Schulden im 21. Jahrhundert», 2014, S. 78
60 David Stelter in «Die Schulden im 21. Jahrhundert», 2014, S. 79

IBM ist ein Musterbeispiel: Seit Virginia Rometty – gemäss Forbes die mächtigste Geschäftsfrau der Welt – Chefin von IBM ist, sind Kurs und Dividenden ständig gestiegen, obwohl die Firma in den letzten sechs Jahren kein bisschen gewachsen ist. Der Grund liegt im massiven Rückkauf der Aktien durch IBM selber. Seit dem Jahr 2000 hat IBM dafür 140 Mrd. Dollar ausgegeben, 17 allein in den ersten sechs Monaten des Jahres 2014, ein substantieller Teil mit Krediten finanziert.[61] In derselben Zeit hat IBM 30 Mrd. Dollar Dividenden ausgeschüttet. Insgesamt flossen 170 Mrd. an die Aktionäre, aber nur 59 Mrd., ein gutes Drittel, wurde investiert.

Nach einer Studie von William Lazonick von Harvard mit dem bezeichnenden Titel *Profits without Prosperity*[62] gaben die 449 Konzerne, die zwischen 2003 und 2012 ständig im Standard&Poors-Index vertreten waren, 54 Prozent ihrer Gewinne (insgesamt 2,4 Billionen Dollar) für Aktienrückkäufe aus. Auf Dividenden entfielen weitere 37 Prozent. Da bleibt für Investitionen und Lohnerhöhungen für die Angestellten nicht mehr viel übrig. Ausgenommen davon sind natürlich die Gehälter des Managements, die zu einem grossen Teil von der Entwicklung der Aktienkurse abhängig sind.

Das Modell ist so attraktiv, dass sich die Unternehmen dafür auch verschulden. Die zur Sicherung des Kredits hinterlegten Aktien steigen im Wert, weil die Nachfrage nach den Aktien ja ebenfalls steigt.

Wieviel neu geschöpftes Geld in die Realwirtschaft fliesst und wieviel in die Finanzwirtschaft, ist nicht leicht zu ermitteln. Sogar wer als Parlamentarier eine offizielle Anfrage an die Regierung richtet, wie dies im März 2012 der SVP-Nationalrat Lukas Reimann getan hat, wird mit einer Leerformel abgespiesen. Reimann wollte in seiner Interpellation 12.3200 unter anderem wissen, «wie gross der Anteil der Kredite [ist], die in die Realwirtschaft und damit in die Wertschöpfung fliessen und wie gross der Anteil, welcher der

---

[61] Michel Santi: Les entreprises, complices de la récession?, Tribune vom 3.11.2014, www.latribune.fr/opinions/tribunes/20141103tribd7ccafa72/les-entreprises-complices-de-la-recession.html

[62] William Lazonik: Profits without prosperiry. Harvard Business Review, Sept. 2014. https://hbr.org/2014/09/profits-without-prosperity/ar/6

Finanzwirtschaft und Anlagewerten zugutekommt?» Die Antwort des Bundesrates ist bemerkenswert nichtssagend: «Gemäss Kreditstatistik gingen Ende 2011 5 Prozent der gesamten Kredite an finanzielle Unternehmen; 95 Prozent der gesamten Kredite wurden somit an Haushalte, nicht-finanzielle Unternehmen und öffentliche Unternehmen vergeben.» Als ob die Empfänger der Kredite etwas über deren Verwendung aussagen! Auch die Nationalbank will es offenbar nicht wissen: In ihren umfangreichen Erhebungen fehlen namentlich die Banken, die mit geliehenem Geld Wertpapiere, z.B. Staatsanleihen kaufen.

Der langfristige Vergleich zwischen dem Wachstum der Geldmenge und dem Bruttosozialprodukt legt nahe, dass rund drei Viertel der neu geschöpften Gelder direkt in die Finanzwirtschaft fliessen. «Positive Money», die Geldreformbewegung in England, spricht von 90 Prozent des neuen Geldes, das in die Spekulation wandert, rechnet aber den spekulativ infizierten Immobilienmarkt dazu. Gemäss der linken Bundestagsabgeordneten Sarah Wagenknecht schliesslich beträgt der entsprechende Wert für die Deutsche Bank 96 Prozent. Sie investiert also nur zu 4 Prozent in die Realwirtschaft.

Nun könnte man sagen, dass es uns Menschen in der Realwirtschaft egal sein kann, was in der abgehobenen Welt der Finanzwirtschaft geschieht. Sollen sie doch ihre Luftgewinne haben! Aber so einfach ist es nicht. Wer Geld hat und es investieren möchte, steht immer vor der Wahl, wo er es einsetzen will. Die Finanzwirtschaft behauptet, dass sie aufgrund der Gesetze des freien Marktes immer die beste Verwendung für die Gelder findet. Und die «beste» Verwendung, das wissen wir seit dem Kapitel über die Beschleunigung, ist der kurzfristige Gewinn, selbst wenn die langfristige Investition viel ökonomischer ist. Im überreifen Zustand des Kapitalismus bedeutet dies, dass für die Realwirtschaft vor allem dann Gelder anfallen, wenn schnelle Gewinne locken.

Wie gross der Anteil der neuen Gelder ist, die in die Finanzwirtschaft statt in die Realwirtschaft fliessen, weiss auch die Europäische Zentralbank (EZB) nicht, die selber beklagt, ihre geldpolitischen

Massnahmen würden in der Realwirtschaft nicht ankommen. Dazu müssten die Kreditvergabe-Statistiken der einzelnen Banken vereinheitlicht, im Detail ausgewertet und zusammengeführt werden. Und der Teufel steckt wie immer im Detail. Beispiel Hypotheken: Es spielt eine wesentliche Rolle, ob ein Kredit zum Bau einer neuen Immobilie verwendet wird (trägt zur Wertschöpfung bei) oder zum Kauf einer bestehenden (ändert nur den Preis).

Wie «löst» die EZB dieses Problem? Bei dem als «dicke Berta» bekannt gewordenen Programm – der Vergabe von einer Billion Euro an die Banken zwischen Dezember 2011 und Februar 2012 – wurde festgestellt, dass damit vor allem Staatspapiere gekauft wurden und die Realwirtschaft nicht profitierte. Etwas anderes war nicht zu erwarten und wohl auch nicht geplant. Am 13. Dezember 2012 erklärte EZB-Präsident Mario Draghi deshalb, künftige Liquiditätsspritzen so zu gestalten, dass möglichst viel Geld bei den Unternehmen ankommen würde.[63] Die EZB hat in der Folge ihr zweites, im Sommer 2014 lanciertes Programm mit dem Titel «Targeted long-term refinancing operations (TLTRO)» modifiziert. Da die EZB nach Auskunft ihrer Pressestelle den Banken keine Vorschriften über die Verwendung der Gelder machen kann, lässt sie die erste zweijährige Tranche des TLTRO wie bisher laufen. Wenn eine Bank die Gelder länger braucht, kriegt sie die zweite Tranche nur, wenn sie effektiv Kredite vergibt. Viele Banken haben nämlich Kredite nicht verlängert oder zurückgerufen, um sicherer zu werden und den Stresstest zu bestehen und so die Realwirtschaft ausgetrocknet. Ob die EZB mit diesem Konzept der Realwirtschaft tatsächlich helfen will oder kann, bleibt abzuwarten. Ein Effekt ist mindestens eingetreten: Die Politik ist beruhigt.

Die Geldmenge wächst also viel schneller als das Bruttosozialprodukt, mit dem es sich mehr oder weniger im Gleichschritt entwickeln sollte. Um uns die komplizierte Diskussion über die verschiedenen Geldmengen und ihre je nach Land unterschiedlichen Definitionen zu ersparen, sei hier Joseph Huber zitiert, emeritierter Professor für Wirtschaftssoziologie der Universität Halle, ein führender Geldrefor-

---

63 www.investor-verlag.de/finanzkrise-thema/euro-krise/mario-draghi-neue-geldspritzen-sollen-in-der-realwirtschaft-ankommen/107183441/

mer im deutschen Sprachraum: «Die reale Geldmenge [wuchs 1992 bis 2008] fast viermal stärker als das BIP zu Marktpreisen, dessen Zuwachs sich auf 51 Prozent belief, und mehr als achtmal stärker als das preisbereinigte reale BIP, das um 23 Prozent zulegte.»[64] Diese Zahlen gelten für Deutschland.

Auch über Jahrzehnte hinweg sind die Geldmengen viel stärker gewachsen als die Wirtschaft. Die Produktivität der grössten Geldmaschine der Welt, des US-Bankwesens, wird seit 1959 vom Federal Reserve System veröffentlicht:

1959: 300 Mrd.
1973: 900 Mrd.
1987: 3500 Mrd.
2001: 7200 Mrd.
2011: 17 500 Mrd. (Schätzung, da seit 2006 nicht mehr veröffentlicht).[65]

Innert 52 Jahren hat sich die Geldmenge der Weltwährung Dollar um das 58-fache vermehrt; in derselben Zeit stieg das US-Bruttoinlandprodukt inflationsbereinigt von 3031 auf 15 717 Mrd. Dollar oder um das Fünffache.

Wohin ist dieses Geld geflossen? David Stelter über die Verhältnisse in Grossbritannien: «Dort haben sich die Hypotheken und Kredite an Immobilien- und Finanzunternehmen seit 1990 von 33 Prozent des BIP auf 98 verdreifacht. Zugleich sind die Ausleihungen an die produktiven Sektoren stabil bei 25 Prozent des BIP geblieben. Englische Banken verleihen damit viermal so viel an unproduktive Sektoren wie an produktive Sektoren der Wirtschaft.[66] Nicht anders sieht es unter anderem in den USA, Australien, Kanada, Holland und Schweden aus.»[67]

---

[64] Joseph Huber: Monetäre Modernisierung. 2011, S. 33.
[65] Approx. Wert, www.shadowstats.com/alternate_data/money-supply-charts. Seit 2006 veröffentlicht die amerikanische Zentralbank die Werte für die Geldmenge M3 nicht mehr, vermutlich um den enormen Zuwachs zu verschleiern.
[66] Dirk Bezemer, Financial Times, 3.12.13
[67] David Stelter: «Die Schulden im 21. Jahrhundert». 2014. S. 76

Wie wenig das Wachstum der Geldmenge noch zum realen Wachstum beiträgt, zeigt diese Grafik über das reale Wachstum im Verhältnis zur Neuverschuldung in den USA:

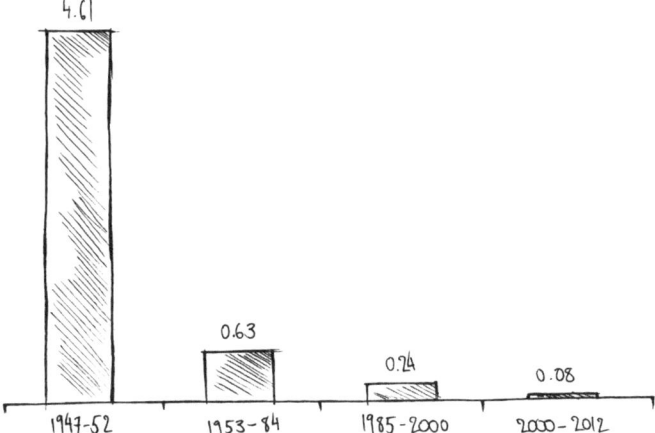

Neues Geld verpufft praktisch wirkungslos: Während ein neuer Schuldendollar 1947 bis 1952 ein reales Bruttoinlandwachstum von 4,61 Dollar hervorrief, schrumpfte die Wachstumswirkung 2000 bis 2012 auf praktisch bedeutungslose 8 Cent. (Quelle: Incrementum AG, Illustration: Vincent Grand)

Die Geldschwemme hat also vier primäre Effekte:
- Wachstum in der Realwirtschaft, aber unterhalb des Wachstums der Geldmengen und in tendenziell konsumnahen Wirtschaftssektoren
- Devisenreserven in den Händen von Zentralbanken
- Blasenbildung bei den Anlagegütern (von Ende 1959 bis Ende 2011 stieg der Dow Jones von 630 auf 12217 Punkte[68], eine Steigerung fast um das 20-fache oder viermal mehr als das reale Wirtschaftswachstum.)
- Inflation

Weil alle denken, die Inflation schade nur den Geldbesitzern, ist es an der Zeit, diesen Irrtum aufzuklären.

---

68 www.unciatrends.com

7. Was mehr wird, verschwindet: Umverteilung durch Inflation

Die erste und entscheidende Frage lautet: Wer bekommt das neue Geld zuerst? Denn wer das neu geschöpfte Geld als erster erhält, kann zu den alten Preisen kaufen. Bis sich die zusätzliche Geldmenge in der ganzen Volkswirtschaft verteilt hat, vergeht eine gewisse Zeit. Zahlungen, die an den Index der Konsumentenpreise gebunden sind – Renten zum Beispiel – folgen mit bis zu zweijähriger Verzögerung. Die Inflation wirkt also als Umverteiler; die ersten profitieren, die letzten beissen die Hunde.

Das Wichtigste, was es über die Inflation zu wissen gibt, ist ihre Entstehung. Inflation ist nicht Geldentwertung, sondern Aufblähung der Geldmenge (von lat. *inflare* = aufblasen). Geldentwertung ist ihre Folge und an den Preissteigerungen wird sie gemessen.

Dabei geht es, in der langen Frist betrachtet, um enorme Dimensionen: Zwischen 1800 und 1900 gewann das britische Pfund, die Währung, mit der die Wirtschaftselite einer verregneten Insel in der Nordsee die Welt eroberte, 13 Prozent an Kaufkraft. Was 1800 hundert Pfund kostete, konnte man hundert Jahre später für 87 erstehen. Im Jahre 2000 musste man dafür 7200 Pfund bezahlen. Gut, die Währung der ehemaligen Weltmacht war überbewertet und hat einen einmaligen Fall hinter sich. Aber dem Dollar erging es nicht viel besser: Was 1913 100 Dollar kostete, war im Jahr 2000 1740 Dollar teuer, eine Inflationsrate von 1640 Prozent. Beim Schweizer Franken lag sie zwischen 1915 und 2000 bei 750 Prozent und bei der D-Mark, der ehemals härtesten Währung der Welt, zwischen 1948 und 2000 bei immerhin 200 Prozent, auch nicht gerade weltmeisterlich. Wir haben es also mit enormen Verschiebungen zu tun.

Trotzdem hält die traditionelle Nationalökonomie eisern an der langfristigen Neutralität des Geldes fest. Wenn die Akteure feststellen, dass sich die Geldmenge erhöht, werden sie ihre Handlungen nach der Erwartung höherer Preise ausrichten, so das Argument von Robert Lucas, Nobelpreisträger für Ökonomie von 1995. Inflation gäbe es nur bei «falschen Erwartungen», d.h. der Annahme, die Preise blieben stabil, was in der Volkswirtschaft als «Geldillusion» bezeichnet wird. Aber weil der homo oeconomicus per definitionem rational ist und nicht unter Geldillusion leidet, handeln alle Akteure in der richtigen Erwartung steigender Preise. Dass die meisten Wirtschaftssubjekte gar nicht handlungsfähig sind – Lohnempfänger und Bezieher staatlicher Leistungen –, das wollen selbst Nobelpreisträger nicht in ihre wirklichkeitsfremden Modelle einbauen.

Was die langfristigen Inflationszahlen auf Anhieb zeigen: Die Preise können nicht wegen der Lohnforderungen der Gewerkschaften derart stark gestiegen sein. Das ist Klassenkampflatein. Der Lohnanteil an den gesamten Herstellungskosten ist in den letzten Jahrzehnten kontinuierlich gesunken. Eine zweiprozentige Lohnerhöhung, was unter den aktuellen Verhältnissen schon sehr viel ist, lässt die Endverkaufspreise je nach Produkt um höchstens ein paar Promille steigen. Die Lohn-Preis-Spirale ist ein Märchen, das von den tatsächlichen Ursachen ablenkt.

Was die Zahlen allerdings nicht zeigen: Sie sind höchstwahrscheinlich zu tief. Den Menschen an der Basis der Wirtschaftspyramide wird nämlich die Anpassung ihrer Handlungen an steigende Preise sogar noch erschwert, indem der Index der Konsumentenpreise mehr oder weniger systematisch nach unten gerechnet wird. Die «richtige Erwartung» wird also bewusst verfälscht.

Die offizielle Inflationsrate hat eine enorme Bedeutung: Je tiefer sie liegt, desto weniger muss der Staat zur Kompensation an die Rentenbezüger zahlen, desto höher liegt das «reale» Wachstum des Bruttoinlandprodukts und desto mehr neues Geld können die Banken schöpfen. Es gibt also potente Interessen, die offizielle Inflationsraten tief zu halten.

Und da sie mit statistischen Methoden berechnet werden, sind sie leicht zu frisieren, wie auf Seite 55 bereits dargestellt. Das wichtigste Verfahren ist die so genannte «hedonische» Methode (von griech. *hedone* = Lust). Dabei werden Produkte, die besser werden, aber gleichviel kosten, zu tieferen Preisen in die Berechnung aufgenommen. Die gegenläufige Entwicklung – schlechtere Produkte oder solche, die man selber zusammenbauen muss – findet im offiziellen Index allerdings keinen Niederschlag. Die andere Methode ist etwas fieser und hat auch keinen Namen. Wenn die Butter teurer wird und sich der Konsum auf die billigere Margarine verlagert, erhält die Margarine einen höheren Stellenwert im Warenkorb und der Index kann sinken, selbst wenn sowohl Butter als auch Margarine teurer geworden sind. Der grösste Mangel der offiziellen Indizes ist aber der Umstand, dass Anlagegüter (etwa Immobilien) nicht darin enthalten sind. Dort, im Schatten der offiziellen Zahlen, haben die grossen Preissteigerungen stattgefunden. Deshalb kann der Briefträger seiner Familie heute kein Häuschen mehr bauen, selbst wenn seine Frau dazuverdient.

Es stimmt also nicht, dass die Inflation für alle gleichermassen schlecht ist – den Reichen schmelzen die Geldvermögen und für die Armen wird das Leben teurer. Die Effekte der Inflation sind höchst ungleich verteilt. Das wird verständlich, wenn man ihre Ursache versteht: Geldschöpfung aus dem Nichts ohne Wertschöpfung.

Mit dem Geld, das neu in den Kreislauf kommt, kann sich der erste Besitzer noch zu den alten Preisen bedienen. Bis die Preise und Löhne steigen, lässt sich leichtes Geld verdienen. Man kauft sich einen Vermögenswert zum alten Preis und verkauft ihn eine gewisse Zeit später mit Gewinn. Um aktiv von der Inflation profitieren zu können, muss man zwei Bedingungen erfüllen: Man muss über flexibles Kapital in ausreichender Menge verfügen oder kreditwürdig sein, um für das neue Geld überhaupt in Frage zu kommen, das ja als Kredit in die Welt kommt. Und man muss schnell sein.

Diese Bedingungen können die allermeisten Menschen in den Industrieländern gar nicht erfüllen. Ihr Sparkapital besteht zur Hauptsache aus gebundener Altersvorsorge (in der Schweiz zu 64 Prozent[69]), über das sie gar nicht verfügen. Dieses Geld wird von den Banken verwendet, die sich mit ihrer Schnelligkeit bestens auf die Realisierung von Inflationsgewinnen verstehen. Die berufliche Vorsorge ist deshalb für die Arbeitnehmer ein höchst zweifelhaftes Geschäft.

---

69 Schweizerische Nationalbank: Finanzierungsrechnung der Schweiz 2009

Die schnellen Gewinne der Banken müssen ja langfristig bezahlt werden. Selbst wenn die Altersguthaben bis jetzt ordnungsgemäss ausbezahlt wurden, bedeutet dies noch lange nicht, dass dies auch so bleiben wird. In einem System mit exponentieller Charakteristik ereignet sich die Hauptsache erst am Schluss. Blasen platzen schnell und laut.

Die astronomischen Profite, die die Banken in den letzten dreissig Jahren eingefahren haben, sind also primär Inflationsgewinne, realisiert mit den fiktiven Wertsteigerungen von Vermögenswerten, deren Wesen wir verkennen. Während wir Preissteigerungen etwa bei Lebensmitteln zu recht als Verlust wahrnehmen, halten wir sie bei Papierwerten irrtümlicherweise für einen Gewinn. Besitzer dieser Vermögenswerte denken, sie seien reicher geworden. Das stimmt aber nur in dem Masse, als sie ihre Papierwerte in Realwerte tauschen, also auf die künftige fiktive Wertsteigerung verzichten – paradox! Sobald das Vertrauen in diese Wertsteigerung schwindet, flüchten die Finanzanlagen in Sachwerte.

Man darf sich die Lage vorstellen als einen See gestauten Geldes, zurückgehalten von einer Mauer des Vertrauens der Anleger, mit ihrem Geld in der virtuellen Sphäre grössere Profite zu erzielen als in der Realwirtschaft. Das wirksame Gesetz ist dann dieses: Je grösser der See (die Anlagesummen), desto schwächer ist im Vergleich dazu die Mauer (das Vertrauen). Irgendwann muss das Ding brechen. Bevor die ersten Steine fallen, haben Sie noch eine Chance, heil davonzukommen. Alle anderen werden von der Inflationswelle hinweggefegt.

Aber so einfach ist der Zeitpunkt des drohenden Dammbruchs nicht zu berechnen. Auf der einen Seite steigt der Pegel des Sees im Gegensatz zu real existierenden Stauseen immer schneller an (Exponentialkurve!). Auf der anderen Seite müsste das Vertrauen der Anleger eigentlich mit wachsenden Anlagesummen kontinuierlich abnehmen; als massenpsychologische Grösse tut es das aber nicht. Massenpsychologie heisst im Grunde bloss: Wir fühlen uns sicher, wenn wir das tun, was die anderen machen. Das ist in der Welt der realen Dinge oftmals richtig, aber in der exponentiellen Sphäre des

Geldes gefährlich. Wie die Finanzmärkte mit diesen Risiken umgehen, dazu ein paar Seiten weiter mehr. An dieser Stelle muss ein Bekenntnis von George Soros genügen, einem der erfolgreichsten Spekulanten der letzten Jahrzehnte: «Im Gegensatz zu einer wissenschaftlichen muss eine finanzielle Hypothese [...], um profitabel zu sein, keineswegs wahr sein. Es reicht aus, dass sie allgemein akzeptiert wird. Und doch kann sich eine falsche Hypothese nicht ewig halten. Deshalb investierte ich gern in fehlerhafte Hypothesen, die eine Chance auf allgemeine Akzeptanz hatten, vorausgesetzt, ich wusste, wo der Fehler lag und konnte rechtzeitig verkaufen.» Soros kann gut reden, er konnte immer rechtzeitig verkaufen. Die grosse Masse der Bevölkerung kann überhaupt nicht verkaufen. Ihr Geld ist zum überwiegenden Teil in der Altersvorsorge parkiert, und da werden, wie in vergangenen Inflationen, die grössten Abschreibungen stattfinden. Oder konkreter: Wir sparen ein halbes Leben lang in eine Kasse, die am Schluss mit lauter Nichts prall gefüllt ist.

Inflation entwertet natürlich nicht nur das Geld, sondern auch sein Gegenstück, die Schulden. Um die Staaten zu entschulden, wird heute schon ganz offen über eine solche Strategie gesprochen. Nur: «Um im heutigen Umfeld eine Entschuldung über Inflation zu erreichen, benötigen wir Inflationsraten von über zehn Prozent pro Jahr, und dies über mehrere Jahre bei gleichzeitig tiefem Zinsniveau», schreibt David Stelter.[70]

Dies würde die Vermögenden doppelt bevorteilen: An billiges Geld (tiefe Zinsen) kommen die leichter ran, die schon genügend haben, und von der Inflation profitieren die Erstbezüger des neuen Geldes. Ob sich eine solche Verschärfung der sozialen Schere politisch durchsetzen lässt, ist eine andere Frage. Der Wettbewerb zwischen den Menschen, Klassen und Ländern ist ohnehin schon überaus scharf, wie wir gleich sehen werden.

---

70 David Stelter: Die Schulden im 21. Jahrhundert. 2014. S. 144

8. Jeder gegen jeden: das Geld als Konkurrenzbeschleuniger

Geld enthüllt ständig neue Gesichter. Man kann gewissermassen immer wieder bei Adam und Eva beginnen und wird jedes Mal aus einem anderen Grund aus dem Paradies geworfen. Der Grund, um den es in diesem Kapitel geht, ist der Wettbewerb, in dem sich heute alle Länder der Erde befinden und der bereits die Kinder im Vorschulalter erfasst. Kaum geboren, wird der Mensch im Frühenglisch auf den Kampf jeder gegen jeden eingestimmt. (Vielleicht wäre Frühchinesisch allerdings die passendere Vorbereitung). Nicht nur ich halte diese Form des Sozialdarwinismus für äusserst gefährlich. Der Mensch hat sich nicht durch Kampf gegen den Nächsten zum Menschen entwickelt, sondern durch Zusammenarbeit. Wir ahmen nach, was wir lieben; wir sprechen nach, was wir gerne hören; wir suchen Gemeinschaft mit Menschen, die wir mögen. Von Menschen, die wir fürchten, lernen wir nichts als Gewalt.

Wenn wir die Basis der Humanität, die Kooperation, zum Sekundärfaktor degradieren und das *survival of the fittest* zur massgebenden Zielgrösse erheben, dann könnte es ungemütlich werden auf der Erde. Dann droht uns nach dem Rauswurf aus dem Paradies ein nächster tiefer Fall, und den will man lieber doch nicht erleben. Einen Vorgeschmack dazu haben wir mit einem Herrenvolk im Zweiten Weltkrieg erlebt.

Um das zu verstehen, müssen wir, wie angedroht, nochmals bei Adam und Eva beginnen, bei der Geldschöpfung. Dabei entsteht ein systemischer Mangel, der freilich durch scheinbaren Überfluss kaschiert wird und dadurch nicht auf Anhieb zu erkennen ist. Der Mangel kommt folgendermassen zustande: Wenn eine Bank einen Kredit vergibt, dann erhöht sich die Geldmenge um den entsprechenden Betrag, zum Beispiel um eine Million. Sie verlangt aber wesentlich mehr zurück – und schon ist der Mangel da. Die Lücke zwischen Geldmenge und Forderungen wird zunächst über weitere Kredite behoben, die zum

Teil dem realen Wachstum dienen, aber zunehmend in unproduktive Bereiche (namentlich Immobilien und Wertpapiere) fliessen. Der Mangel äussert sich dann nicht in fehlendem Geld, sondern in fehlendem Gegenwert – Inflation –, was letztlich auf dasselbe hinausläuft.

Der Mensch versucht aber auch, den Mangel an Geld dadurch zu beheben, dass er es sich bei anderen holt, denen es dann fehlt. Um besser zu sein als der Nächste, der seinerseits versucht, besser zu sein, muss man noch besser werden – der Konkurrenzdruck steigt. Je grösser der Mangel, desto intensiver der Wettbewerb. Heute ist der Mangel so gross, dass wir uns wie selbstverständlich als *Wettbewerbsgesellschaft* verstehen. Jeder kämpft gegen jeden, ein reichlich absurdes, wenn nicht gar apokalyptisches Gesellschaftskonzept.

Der sich verschärfende Konkurrenzkampf erfasst natürlich nicht nur die Kinder in der Tagesschule, sondern alle Menschen, wenn auch in unterschiedlichem Ausmass. Wenn ein Milliardär mit dem Kontostand eines Bill Gates etwas verliert, sagen wir mal die Hälfte, dann kann er von den restlichen 36 Milliarden immer noch ganz formidabel bis ans Ende seiner Tage schwelgen und sich jede Woche eine Yacht, ein Ferienhaus und jedes Jahr eine Insel kaufen. Wenn sich allerdings der Tagesverdienst eines Afrikaners halbiert, dann klopft der Tod an der Hungerhütte seiner Familie an. Wettbewerb ist also, je nachdem wo man steht, ein Kampf ums Überleben. Und er wird schärfer! Am Jahrtausendgipfel der UNO im Jahr 2000 verpflichteten sich 189 Staats- und Regierungschefs, die Armut bis 2015 zu halbieren. Nach anfänglichen Erfolgen, die zu drei Vierteln den wirtschaftlichen Erfolgen Chinas geschuldet sind, ist die Zahl der Menschen in extremer Armut in der Folge der Finanzkrise wieder gestiegen. Und die Armutsschwelle der UNO von neuestens 1,25 Dollar pro Tag und Mensch, taugt als globale Messlatte ohnehin nicht.

Was man nach dreissig Jahren Neoliberalismus feststellen muss: Bedingungen, die ein einigermassen menschenwürdiges Überleben ermöglichen, sind kein Recht mehr, das sich irgendwo einklagen liesse. Während westliche Staaten mit dem Schuldbetreibungs- und Konkursrecht säumigen Zahlern ein Existenzminimum garantieren, werden die Hungerstaaten für ihre von vergangenen Despoten eingegangenen Verpflichtungen bis weit unter das Existenzminimum hinaus belangt. Der von unserem Geldsystem erzwungene Wettbewerb hat die Menschenwürde besiegt. Jean Ziegler hat recht mit der Feststellung, dass unter diesen Umständen jedes Kind, das hungers stirbt, ermordet wird. Die Opferzahlen dieser Praxis übersteigen die von Kriegen, aber noch kein Gericht dieser Welt ahndet die Wirtschaftsverbrechen gegen die Menschlichkeit. Ein Tribunal für Wirtschaftsverbrechen gegen die Menschlichkeit muss erst noch geschaffen werden.

Die Opfer finden sich vor allem in den Ländern des Südens, aber immer mehr direkt vor unseren Augen. 25 Prozent der US-Amerikaner leben mittlerweile unter der Armutsgrenze.

Besonders deutlich ist die Verschärfung der Wettbewerbsbedingungen auf dem Arbeitsmarkt zu erkennen. So verdient der US-Arbeiter real heute weniger als 1979, am Vorabend des Siegeszugs des Neoliberalismus, der unserer Welt doch angeblich so viel Wohlstand gebracht hat. Während vor dreissig Jahren ein Arbeitseinkommen eine Familie ernährt hat, reichen dafür in vielen Fällen kaum noch zwei. Und der Wettbewerb auf dem Arbeitsmarkt schlägt sich nicht nur in den Lohnsummen nieder, sondern auch in den Arbeitsbedingungen: weniger Sicherheit, mehr Stress und Mobbing und eine wachsende Elimination des Menschlichen – bis hin zum vertraglichen Verbot privater Gespräche (bei Lidl). Mit unserem Geldsystem entfernt sich der Liberalismus immer mehr von seinem Versprechen – Freiheit! – und nähert sich immer mehr dem Ergebnis des Finanzsystems: Zwang.

Die immer aggressivere Wettbewerbsgesellschaft braucht natürlich einen wissenschaftlichen Unterbau, um sich dauerhaft gegen die Menschlichkeit durchsetzen zu können: den Aggressionstrieb. Nur die Stärksten können überleben, sagen die Nachfolger Darwins. Er selber bezeichnete allerdings die Kooperation als grundlegende Entwicklungskraft. «Die geringe Kraft und Schnelligkeit des Menschen, sein Mangel an natürlichen Waffen etc. werden mehr als wett gemacht durch seine sozialen Eigenschaften, die ihn dazu führen, Hilfe zu geben und zu nehmen», so Darwin in seinem Werk *Abstammung des Menschen*.

Weil wir angeblich einen Aggressionstrieb haben, können wir diesem Gesellschaftsprinzip gar nicht ausweichen, sagen die Anhänger von Siegmund Freud und Konrad Lorenz. Und weil wir der Biologie nicht dauerhaft Widerstand leisten können, müssen sich die Starken zum Nutzen von uns allen auch in der Gesellschaft ungehindert entfalten können, sagen die Neoliberalen.

Dieses Gesellschaftsprinzip, das uns eine historisch einmalige Ungleichverteilung, ein höchst explosives Gewaltpotenzial und schier unlösbare Probleme gebracht hat, steht wissenschaftlich allerdings auf tönernen Füssen. Dies zeigt Joachim Bauer, Professor für Neurobiologie an der Universität Freiburg i.Br. in seinen Büchern. In *Schmerzgrenze* (Blessing, 2011) erklärt der Autor, wie der Mangel durch Grundbesitz und patriarchale Strukturen einseitig verteilt und institutionalisiert wurde und damit Aggression zu einem dauerhaften Bestandteil unserer Gesellschaft wurde. Er ist kein Trieb, sondern ein gezüchteter Bestandteil von Gesellschaften, die an Aggression und Konkurrenz glauben.

Wissenschaftliche Irrtümer zirkulieren nicht nur in akademischen und politischen Kreisen, sondern beeinflussen im Sinne einer sich selbst erfüllenden Prophezeiung auch unser Verhalten. Der Vorgang ist seit bald hundert Jahren wissenschaftlich erforscht: «Wenn Menschen Situationen als real definieren, sind sie real in ihren Konsequenzen», schrieben Dorothy und William Thomas 1928 in ihrem Buch *The Child in America*.[71] Bauer beschreibt eine Untersuchung, nach der sich Menschen im Alltag aggressiver verhalten, nachdem man ihnen gesagt hat, im Menschen staue sich unabhängig von den Lebensumständen Aggression auf, die regelmässig abgelassen werden müsse. «‹Aggressionstrieb› und ‹egoistische Gene› sind Theorien, die – obwohl sachlich unhaltbar – perfekt in das derzeitige globale Wirtschaftssystem eines ungebremsten Raubtierkapitalismus passen», schreibt Bauer. In einer Gesellschaft, die nach diesem Prinzip geordnet ist, kann man letztlich nur als Egoist überleben – und fördert dadurch direkt das Aggressionspotenzial, ein verhängnisvoller Zirkelschluss.

---

71 zitiert nach Karl-Heinz Brodbeck in: Philosophicum Lech: Geld – was die Welt im Innersten zusammenhält? 2009. S. 223

Die Frage nach den grundlegenden Trieben des Menschen ist nicht so einfach zu beantworten, wie es zunächst scheint. Freud hat den Aggressionstrieb vermutlich postuliert, weil Gewalt so häufig und gelegentlich auch aus unerfindlichen Gründen vorkommt.
«Eine definitive Klärung der widersprüchlichen Positionen zur Natur der Aggression war erst möglich», schreibt Bauer, «nachdem neurobiologische Untersuchungen in den letzten etwa 25 Jahren im Gehirn ein Nervenzellensystem aufgedeckt hatten, welches heute als ‹Motivationssystem› bezeichnet wird. Es ist nicht nur beim Menschen, sondern bei allen Säugetieren anzutreffen und hat seine Position im sogenannten Mittelhirn. Wie sich zeigen sollte, hat es als einziges neurobiologisches System die Möglichkeit, menschliche Verhaltensweisen im Sinne einer Triebhaftigkeit zu verstärken. Die Macht des Motivationssystems beruht darauf, dass die Nervenzellen dieses Systems Botenstoffe produzieren, ohne die wir uns nicht wohlfühlen, ja ohne die wir auf Dauer gar nicht leben könnten. ... Verhaltensweisen, die eine Voraussetzung dafür sind, dass im Gehirn Motivationsbotenstoffe ausgeschüttet werden und sich ein Lebewesen wohl, fit und vital fühlt, erfüllen die Bedingung für das, was früher als ‹Trieb› bezeichnet wurde.»

Die erste wichtige Erkenntnis: Aggression löst keine Glücksbotenstoffe aus, ist also keine spontan auftretende Grundmotivation. Nochmals Bauer: «Vergleichbar mit der Angst, handelt es sich bei der Aggression um ein reaktives Verhaltensprogramm, dessen biologische Funktion darin besteht, diejenigen äusseren Umstände zu bewältigen, die als Auslöser das Angst- und Aggressionsprogramm abgerufen haben.» Mit anderen Worten: Aggression ist eine Reaktion auf eine Störung der grundlegenden Motivation.
Diese besteht, das ist die zweite Erkenntnis, in «sozialen Interaktionen, die mit gegenseitigem Vertrauen und guter Zusammenarbeit verbunden sind», wie Bauer schreibt. Bereits die freundliche Begegnung von Menschen löst Wohlfühlbotenstoffe aus, ohne die wir, wie erwähnt, auf Dauer nicht leben können.
Das Motivationssystem wird nicht nur aktiviert, wenn andere uns Gutes tun, sondern vielmehr, wenn wir Gutes tun. Aber «das menschliche Ge-

hirn ist, wie Experimente belegen, nicht nur auf sozialen Zusammenhang geeicht. Es besitzt einen biologisch verankerten Fairness-Messfühler und strebt im Sinne einer natürlichen, durchaus ‹triebhaften› Tendenz nach einem Mindestmass an fairer Ressourcenverteilung.»

Ungerechtigkeit, auch wenn bloss andere darunter leiden, hemmt also unser Motivationssystem in durchaus ernst zu nehmender Weise.

Der biologisch eingebaute Gemeinschaftssinn lässt sich über die Evolution leicht verstehen. In den fast 200 000 Jahren bis zum Beginn der Zivilisation konnte der Mensch nur in Gruppen und Horden mit guter Zusammenarbeit überleben. Auch die Intelligenz konnte sich nur im sozialen Kontext entwickeln. Von der Gemeinschaft ausgestossen zu werden, bedeutete für den frühen homo sapiens den sicheren Tod. Die alten Sammlergesellschaften kannten kein Eigentum über das hinaus, was ein Einzelner tragen konnte. Was gesammelt und gelegentlich gejagt wurde, musste geteilt und gemeinsam verbraucht werden – Haltbarmachung im grossen Stil war unbekannt. «Niemand hungerte, wenn nicht alle hungerten», fasst Bauer zusammen. Der soziale Zusammenhalt der prähistorischen Gesellschaften wird von der Forschung bei den letzten Urvölkern weitgehend bestätigt. «Kooperation und Altruismus werden durch die Ausschüttung von hirneigenen Glückshormonen belohnt», fassen Annette Jensen und Ute Scheub in ihrem Buch *Glücksökonomie*[72] die einschlägige Forschung zusammen.

Wenn man das auf Kooperation und Fairness ausgerichtete Motivationssystem kennt, kann man auch die Grundregeln der Aggression verstehen. Wer andere unfair behandelt, tangiert die neurobiologische Schmerzgrenze und setzt den Aggressionsapparat in Gang, der dieser Ungerechtigkeit ein Ende setzen will. Experimente haben gezeigt, dass Gewaltausübung nur in einer solchen Situation attraktiv ist. Störungen der sozialen Akzeptanz aktivieren übrigens dieselben Areale des Aggressionsapparates wie körperlicher Schmerz – ein deutlicher Hinweis auf die fundamentale Bedeutung der Gemeinschaftlichkeit. «Der Aggressionsapparat», schreibt Bauer, «erweist

---

72 Annette Jensen und Ute Scheub: Glücksökonomie – wer teilt, hat mehr vom Leben. Oekom, 2014.

sich als ein Hilfssystem des Motivationssystems: Bindung, Akzeptanz und Zugehörigkeit sind überlebenswichtig. Sind sie bedroht, reagieren die Alarmsysteme des menschlichen Gehirns. Als unmittelbare Folgen zeigen sich Angst und Aggression.» Die Aggression hilft uns aber nicht nur beim Überleben, inzwischen gefährdet sie es immer mehr.

Aggression ist zunächst ein Signal, und zwar für eine Störung des sozialen Gewebes. Sie äussert sich in Ärger und Wut, und, wenn die Ursache der Störung nicht behoben wird, in Hass und schliesslich in physischer Gewalt. Schwierig wird die Situation vor allem dann, wenn die Signale nicht wahrgenommen werden. Die Wahrscheinlichkeit steigt, dass die Aggression zeitlich verzögert auftritt, sich Unbeteiligte zum Ziel nimmt oder in falscher Dosis angewandt wird. Damit verliert sie ihren kommunikativen Wert, verschlimmert das Problem, das sie beseitigen sollte, und setzt einen unheilvollen Gewaltkreislauf in Gang.

Diese Verschiebung tritt vor allem bei früher oder lange andauernder sozialer Schädigung auf. Notorische jugendliche Straftäter haben fast ausnahmslos eine lieblose, von psychischer und physischer Gewalt geprägte Kindheit hinter sich. Aggression ist übrigens kein simpler Reiz-Reaktionsmechanismus. Im Gegensatz zu den Reptilien durchläuft der Aggressionsimpuls bei den Säugetieren und den mit einem besonders umfangreichen Grosshirn ausgestatteten Menschen eine «neurobiologische Kontrollschleife» (Bauer) und wird in der Regel gemässigt. Dieser Prozess hört aber auf, sobald die aggressive Handlung ausgelöst wird. Aus diesem Grund ist Aggression nach einem ersten Gewaltausbruch sehr schwer zu kontrollieren.

Wie konnte die Aggression – wie erwähnt kein natürlicher Trieb des Menschen – zu einem grundlegenden Element unserer Gesellschaft werden? Den grossen Bruch in die Menschheitsentwicklung brachte die «neolithische Revolution» zwischen 9000 und 4000 vor unserer Zeitrechnung: Der Mensch entdeckte – vielleicht als Antwort auf die Ausrottung der Grosstiere (wie von Barbara Ehrenreich in ihrem Buch *Blutrituale* schlüssig aufgezeigt hat) und Ressourcenmangel – den Ackerbau, wurde sesshaft und erfand das Eigentum.

Die harte Feldarbeit verschob das Gleichgewicht zwischen den Geschlechtern zum Mann, der zudem wissen wollte, wer die Frucht seiner Arbeit dereinst erben würde – das Patriarchat war geboren. Seither versucht die Menschheit, den Mangel mit dem zu bekämpfen, was ihn neben natürlichen Ursachen massgeblich hervorgerufen hat: mit Eigentum und Eigennutz. Damit machen wir den Überfluss der Natur zu einem künstlichen Mangel. Oder, um einen afrikanischen Buschmann zu zitieren: «Wieso soll ich arbeiten, wenn es doch überall soviel Mongo-Mongo-Nüsse gibt?» Die Zivilisation bedeutet gemäss Bauer für den nachneolithischen Menschen vor allem eines: «Entfremdung, Stress und eine massive Aufladung der gesellschaftlichen Situation mit Reizen, die nach dem Gesetz der Schmerzgrenze Aggression fördern. Leistungsprinzip statt einer egalitär definierten Gerechtigkeit, Konkurrenzneid statt Kooperation, Ausgrenzungserfahrung statt bedingungsloser sozialer Akzeptanz, der Mensch als Ware anstatt vorbehaltloser Daseinsberechtigung, Machtausübung statt Reziprozität.»

Und um die aus dieser Ungleichverteilung entstehende Aggression im Zaum zu halten, erfand die Menschheit die Moral. Sie ist, wie auch die Religion, von begrenzter Wirkung.

Lärm, Zeitnot und allgemeiner Stress, das haben Experimente gezeigt, vermindern die Bereitschaft von Testpersonen erheblich, Menschen in Not zu helfen. Und, auch das ein Resultat einer aktuellen Untersuchung: «Menschen, die sich explizit zu einem Moralsystem bekennen, zeigen regelhaft eine Tendenz, das abgegebene Bekenntnis als ‹Guthaben›, als eine Art ‹Lizenz› zu betrachten, sich daraufhin unmoralischer zu verhalten» (Bauer). Wer seine gute Gesinnung zur Schau stellen kann, erliegt anderswo besonders leicht der Versuchung, sich grössere Freiheiten herauszunehmen.

Nicht nur Individuen haben eine Schmerzgrenze, bei deren Überschreiten eine aggressive Reaktion eintritt, auch die Gesellschaft. Je grösser die Vermögensunterschiede, desto höher liegen die Homizidraten und desto schlechter ist die Gesundheit – das haben Kate Pickett und Richard Wilkinson in ihrem bahnbrechenden Werk *Gleichheit ist Glück* (Zweitausendundeins Verlag, 2009) schlüssig bewiesen.

Überall spüren wir die Folgen, wenn die Ökonomie die Menschlichkeit verdrängt.

Eine gewaltfreie Welt, in der wir alle sicher leben können, ist nur mit ökonomischer Gerechtigkeit zu haben. Da spielt unser Geldsystem die entscheidende Rolle. In der heutigen Zeit eines gigantischen Überflusses schafft es gnadenlosen Mangel und eine ebensolche Konkurrenz um Ressourcen. Wird es nicht grundlegend reformiert, wird sich die Schmerzgrenze ausdehnen und immer mehr Menschen an den Punkt treiben, wo Aggression als einzige Lösung erscheint. Geld als Symbol des Mangels und des Wettbewerbs ist uns schon derart in Fleisch und Blut übergegangen, dass der blosse Anblick von Geldscheinen egoistischer macht, wie Experimente gezeigt haben.

Unser Geld ist aber nicht nur eine Institution des Konkurrenzkampfes, sondern auch ein Instrument der Umverteilung, von dessen Wirkung sich die meisten Menschen keine Vorstellung machen. Da schaut man lieber gar nicht hin. Abeer genau das wollen wir jetzt tun.

9. Der grosse Umverteiler: die Transaktionssteuer, die niemand bemerkt

Wir alle betrachten den Zins als eine universell profitable Einrichtung, besonders am Jahresende, wenn wir mehr oder weniger bescheidene Kapitaleinkünfte verbuchen dürfen. Doch weit gefehlt: Das ist nur der Moment, wo wir die Zinseinnahmen feststellen. Die Zinsausgaben dagegen nehmen wir höchstens wahr, wenn wir selber Schuldner sind und eine Zinsrechnung erhalten.

Aber das ist nur der kleinste Teil der Zinsen, die wir bezahlen. Denn das Geld kommt als Kredit auf die Welt; der Zins lebt in ihm fort und wird bezahlt, wann immer wir Geld verwenden. Er ist gewissermassen die Steuer dafür, dass es das Geld der Banken überhaupt gibt; er versteckt sich in den Preisen der Güter, die wir kaufen und der Dienstleistungen, die wir beziehen.

Der 1923 geborene deutsche Geldreformer Helmut Creutz, der sich als einer der führenden Autoren der Freiwirtschaftsbewegung für ein zinsfreies Geldsystem einsetzt, unter anderem in seinem 1993 erschienenen Buch *Das Geld-Syndrom*, hat zu Beginn der 1980er Jahre mit den ersten Berechnungen des Zinsanteils in den Preisen begonnen und seither ständig verfeinert. Er kommt auf durchschnittliche Werte von 30 bis 40 Prozent[73], bei der Müllabfuhr sind es 18, beim Trinkwasser 38 und bei den Mieten im sozialen Wohnungsbau sind es 77 Prozent. Seine Berechnungen sind allerdings nicht unumstritten. Aber der Teufel liegt im Detail: Gerhard Niederegger, Volkswirtschaftsprofessor an der Universität Innsbruck, zieht in seiner Kritik unter dem Titel *Das Freigeld-Syndrom* (1997) nur die Fremdkapitalzinsen heran, die die Unternehmen gemäss ihren Erfolgsrechnungen bezahlen müssen, jedoch nicht die Zinsen, die in den Preisen der Güter enthalten sind,

---

[73] Eine zusammenfassende Darstellung findet sich hier:
www.humane-wirtschaft.de/pdf_z/creutz_zinsanteil-in-preisen.pdf

die sie verarbeiten und auch nicht die Verzinsung des Eigenkapitals. «Schaut man sich Gewinn- und Verlustrechnungen von Industriebetrieben an», schreibt er, «so bewegen sich die Zinsen meist auf einem erstaunlich niedrigen Niveau: etwa 3 bis 6 Prozent. Umgerechnet auf die Wertschöpfung resultieren daraus etwa 5 bis 15 Prozent.» (S. 56). Trotzdem kommt er zum Schluss: «Die ungleiche Einkommens- und Vermögensverteilung ist – dem muss man ohne Einschränkung zustimmen – ein Skandal unseres modernen marktwirtschaftlich-kapitalistischen Systems, und dies darf von niemandem, der sich Gedanken über die Wirtschaft macht, übersehen werden.» (S. 55)

Um die Validität von Creutz' Berechnungen zu beurteilen, braucht man nicht in die komplizierten betriebs- und volkswirtschaftlichen Kalkulationen abzutauchen. Ein Blick auf die Veränderung der Kapitaleinkommen genügt. Ihr Anteil am gesamten Volkseinkommen beträgt gemäss Thomas Piketty, Autor von *Das Kapital im 21. Jahrhundert*, 25 bis 32 Prozent. Da selbst die EZB zum Schluss gekommen ist, dass die sehr grossen Vermögen und Einkommen systematisch klein gerechnet werden,[74] müssen die Kapitaleinkommen etwas höher gelegt werden. Ich persönlich finde einen Wert von einem Drittel praktisch. Er ist in etwa richtig, leicht einzuprägen und vereinfacht die Berechnung der persönlichen Situation.

Um nämlich die Frage zu beantworten, ob der Zins für uns profitabel ist oder nicht, müssen wir nur die Zinskosten im Umfang von einem Drittel unserer Haushaltauslagen von den Zinseinnahmen abziehen, die wir Ende Jahr verbuchen. Rechenbeispiel: Wenn Sie 60 000 ausgeben und ein Vermögen von 200 000 besitzen, für das Sie 2 Prozent erhalten, bezahlen Sie 20 000 versteckten und beziehen 4 000 offenen Zins. Saldo: minus 16 000.

Die nächste Frage lautet: Ab welchem Vermögen ist der Saldo positiv? Helmut Creutz hat nachgerechnet. Fazit: Nur die reichsten rund zwölf Prozent der Bevölkerung mit einem durchschnittlichen Vermögen von etwa zwei Millionen Euro verzeichnen einen positiven Zinssaldo, alle anderen zahlen mehr Zins als sie einnehmen.

---

74 Philip Vermeulen: How fat is the top tail of the wealth distribution. ECB Working Paper Series. Juli 2014

Unser Geldsystem wirkt somit als ein ständiger Umverteiler von den weniger Bemittelten zu den Reicheren bzw. von den Arbeitenden zu den Besitzenden. Ein Beispiel aus dem Beschissatlas: Wer eine Milliarde Euro besitzt, muss bei einer Jahresverzinsung seines Vermögens von 5 Prozent täglich 137 000 Euro ausgeben, um nicht reicher zu werden. Bei realistischeren 8 Prozent wären es sogar 220 000 Euro.

Das ist neben der Tatsache, dass Reiche viel weniger Steuern zahlen, der Hauptgrund für die wachsende Schere zwischen arm und reich. Thomas Piketty ist aufgrund der Auswertung von Daten seit rund 1800 denn auch zum Schluss gekommen, dass die Kapitalrendite konstant ein bis drei Prozentpunkte über dem Wirtschaftswachstum liegt. Die Vermögen steigen also im Vergleich zum Bruttoinlandprodukt, aus dem sie ihre Rendite erzielen, stetig an. Das ist ein Problem, selbst bei wertfreier Betrachtung dieser Umverteilung. Je grösser nämlich die Vermögen sind, desto schwieriger wird es für sie, eine Rendite zu erzielen; und die ist für die Werterhaltung des Kreditgeldes essentiell. Ohne Rendite reisst die Kreditkette und das Kartenhaus fällt.

Unglücklicherweise wird gleichzeitig die volkswirtschaftliche Produktion gedämpft: Wenn der Mehrheit weniger Überschüsse zur Verfügung stehen, wird auch weniger konsumiert und die Wirtschaft stockt. Oder in einem kurzen Satz zusammengefasst: Je grösser die Vermögen, desto geringer sind Konsum und Produktion.

Auf die verhängnisvollen Konsequenzen dieser Entwicklung hat John Maynard Keynes schon 1919 in seinem *Traktat über Währungsreform* hingewiesen: «Wenn das Anwachsen bestehender Zinsen ohne Abmilderung viele Generationen fortgehen könnte, so würde die Hälfte der Bevölkerung schliesslich nur Sklaven der anderen Hälfte sein.» Keynes behielt nicht ganz recht: Es dauerte nicht viele, sondern nur wenige Generationen.

Die nächste Frage lautet nun: Wo liegt die kritische Grenze im Verhältnis zwischen Vermögen und Produktion, bei der die Wirtschaft zu stocken beginnt? Dank Thomas Pikettys umfangreichen Datenreihen haben wir darauf empirische Antworten: Vor dem Ersten Weltkrieg lag das Verhältnis zwischen Volksvermögen und jährlichen Volkseinkommen in etwa bei eins zu sechs (in den USA deutlich tiefer). Die Vermögen lagen also sechs mal höher als die Produktion eines Jahres. Um unter diesen Verhältnissen noch angemessene Kapitalrenditen zu erzielen, musste eine aggressive Politik betrieben werden (Imperialismus, Kolonialisierung), die schliesslich zum Ersten Weltkrieg führte. Dieser hatte in Europa eine erhebliche Reduktion der Vermögen zur Folge, während sie in den USA wuchsen und 1930 den historischen Höchststand von 500 Prozent des Bruttoinlandprodukts erreichten, dann aber durch die mehr oder weniger zwingende Weltwirtschaftskrise wieder reduziert wurden. In den USA entstand durch den New Deal und die Besteuerung der Reichen von bis zu 90 Prozent eine gigantische Umverteilung und eine riesige Mittelklasse, die erst unter Reagan und seinen Nachfolgern wieder verschwand.

Nach einer weiteren kolossalen Vermögensvernichtung im Zweiten Weltkrieg konnte Europa wieder auf gesundem Niveau beginnen. 1950 lagen die Vermögen in Grossbritannien bei 250 Prozent des Jahresvolkseinkommens und in Frankreich bei 280 Prozent. Seit den 1980er Jahren beschleunigt sich das Wachstum der Vermögen, die heute gemäss Piketty bei rund 400 Prozent in Deutschland, 450 in den USA, 500 Prozent in Grossbritannien und 600 Prozent in Frankreich liegen, in Italien und Japan sogar noch höher. Wir nähern uns also Verhältnissen, die früher nur gewaltsam korrigiert werden konnten.

Man kann die Situation mit der eines Pächters eines Gartens vergleichen, der dem Besitzer einen Anteil der Ernte als Pachtzins abliefern muss, jedes Jahr ein bisschen mehr, im Gleichschritt mit dem Vermögenswachstum des Besitzers. Anfänglich kann er den zunehmenden Hunger des Besitzers mit Dünger und technischen Hilfsmitteln wettmachen; das wäre die Wachstumsperiode der 1950er und 60er Jahre. Dann muss er mehr arbeiten – die 1970er und 80er Jahre – und schliesslich weniger essen. An einem bestimmten Punkt kehrt der Hunger ein und damit das Naturrecht auf Selbstverteidigung. Wo wir uns jetzt befinden, ist schwer zu sagen. Aber angesichts der sinkenden Löhne und der sich ausbreitenden Not sind wir wohl nicht mehr allzuweit von der Phase entfernt, in der sich der Druck gewaltsam entladen kann.

Das Wachstum der Vermögen führt übrigens nicht zu einer Dämpfung der Renditeerwartungen. Im Gegenteil: Alle wollen mehr! Während früher Eigenkapitalrenditen von fünf Prozent für die Eigner zufriedenstellend waren, wurden in den 1980er Jahren zehn Prozent zur Zielgrösse. Nur: Wenn alle Vermögenden der Schweiz zehn Prozent Rendite erzielen wollen, kann kein Rappen Lohn mehr bezahlt werden. In den Nullerjahren wurden sogar Eigenkapitalrenditen bis zu 25 Prozent angestrebt und auch erreicht. Möglich wurde dies, indem die Vermögen als Sicherheiten für Kredite dienten, die dann spekulativ eingesetzt wurden.

Der Umverteilungseffekt unseres Geldsystems zeigt sich auch in Erhebungen über die Entwicklung der Vermögensunterschiede, die in den letzten Jahrzehnten in allen untersuchten Volkswirtschaften stark zugenommen haben. Die Reichen sind ausnahmslos reicher geworden, viele sind vom unteren Mittelstand ins Prekariat abgerutscht. Der Effekt verstärkt sich noch durch die Tatsache, dass der prozentuale Vermögensertrag innerhalb der Klasse der Reichen sehr unterschiedlich ausfällt. So erzielten die 1210 Milliardäre dieser Welt 2011 eine durchschnittliche Rendite von rund 13 Prozent. Das erreichen normale Anleger nur in Ausnahmefällen und gewöhnliche Sparer müssen heute schon zufrieden sein, wenn sie überhaupt etwas bekommen.

Die Umverteilung ist aber nicht nur deshalb ein kritischer Faktor, weil sie das kollektive Glück mindert, wie Kate Pickett und Richard Wilkinson in *Gleichheit ist Glück* festgestellt haben, sondern weil sie zu einer sozialen und politischen Destabilisierung führt. Wenn Arbeit kontinuierlich ihres Ertrags beraubt wird, wird sie schliesslich nur noch von denen geleistet, die dazu gezwungen sind – als eine Art moderner Sklaven. Dass wir im rechtlichen Sinne frei sind, spielt diesem Herrschaftssystem in die Hände. Wir denken, wir seien für unseren Zustand selber verantwortlich. Aber das stimmt nur im Einzelfall. Als Kollektiv sind die Arbeitenden mit einem System konfrontiert, das sie unbemerkt und immer schneller enteignet. Schon Goethe wusste: «Niemand ist hoffnungsloser versklavt als diejenigen, die fälschlicherweise annehmen, frei zu sein.»

Es erstaunt unter diesen Umständen nicht, wenn die Geschichte eine enge Korrelation von Vermögensungleichheit und gewaltsamen Umwälzungen zeigt. Das ist schon lange bekannt. Nach einer Studie, die der Nationalökonom Prof. Gustav Ruhland im Auftrag Bismarcks durchführte, war es gerade die Kreditausweitung, die die meisten Hochkulturen zu Fall gebracht hat.[75] Wenn den Herren des Geldes an einer Fortsetzung ihrer Herrschaft gelegen ist, sollten sie den Bezug leistungsloser Einkommen nicht nur den unteren Schichten verbieten, sondern vor allem den oberen. Denn der Transfer von unten nach oben ist ungleich grösser als der von oben nach unten.

Die schleichende Umverteilung funktioniert nicht nur zwischen Arbeitenden und Vermögenden, sondern selbstverständlich auch zwischen armen und reichen Ländern. So bezahlten die Länder des globalen Südens bis heute wesentlich mehr zurück, als sie je erhielten, und stecken trotzdem tief in den Schulden. Auf den Punkt brachte es der damalige nigerianische Präsident Obasanjo nach dem G8-Gipfel von 2000 in Okinawa: «Alles, was wir uns bis 1985 oder 1986 ausliehen, waren ungefähr 5 Mrd. Dollar. Bis jetzt haben wir 16 Mrd. zurückbezahlt. Und trotzdem sagt man uns, wir schuldeten immer noch 28 Mrd. Dieser Betrag ist durch die Zinssätze der ausländischen Kreditgeber entstanden. Wenn Sie mich nach der schlimmsten Sache der Welt fragen, würde ich sagen, es ist der Zinseszins.»[76] Albert Einstein hat den Zinseszins noch als achtes Weltwunder bezeichnet; die elfte biblische Plage wäre wohl treffender gewesen.

In die Falle gerieten die südlichen Länder, als sie mit dem Ölschock der 1970er Jahre relativ leicht an Kredite kamen, weil die Flut von Petrodollars in den westlichen Ländern, die unter einer Rezession litten, nicht ausreichend Anlagemöglichkeiten fand. Die Falle schnappte zu, als die US-Zentralbank unter Paul Volcker, dem früheren Chef der Chase Manhattan Bank der Rockefellers, in den 1980er Jahren die Zinsen innert kurzer Zeit bis auf 20 Prozent erhöhte. Die Entwicklungsländer mussten aufgrund ihrer reduzierten Bonität Zinsen bis zu 30 Prozent bezahlen, auf Kapital – man muss es wieder

---

75 Ludwig Ruhlands Bücher sind längst vergriffen, aber hier noch online zu finden: www.vergessene-buecher.de
76 Zitiert nach Lietaer et al: Money – Sustainability, S. 91.

einmal erwähnen – das von den Banken zu 90 Prozent aus dem Nichts geschöpft wurde. 30 Prozent Zinsen, das bedeutet eine Verdoppelung der Schuld in 2,33 Jahren, wenn die Zahlungen ausgesetzt werden.

Das bisschen «Entwicklungshilfe», das der Norden leistet, reicht gerade mal zur Zahlung der Zinsen für zwei Wochen, den Rest des Jahres werden die Länder des Südens ausgebeutet. Ihre Bodenschätze werden gestohlen und die Zukunft ihrer Kinder in den Minen vergraben. Mit welchen geheimdienstlichen Methoden die südlichen Länder gezielt in die Verschuldung und zur Preisgabe ihrer Ressourcen getrieben wurden, beschreibt Anthony Perkins in seinem lesenswerten Bestseller *Economic Hitman*. Die herrschenden Eliten scheuten auch vor Morden an Politikern nicht zurück, die sich nicht zum Schuldenmachen erpressen liessen.

Der Umverteilungsmechanismus des Geldes ist so stark, dass er auch in Systemen wirkt, die explizit dazu geschaffen wurden, ihn zu bekämpfen, wie beispielsweise dem Euro, der einmal Europa einigen sollte.

Um die Mängel der zweitwichtigsten Währung der Welt verstehen zu können, müssen wir einen kurzen Blick ins letzte Jahrhundert werfen, in die Zeit vor Einführung des Euro.

Damals verfügte Deutschland dank seiner Exportkraft und Sparsamkeit und seiner sozialen Marktwirtschaft über die stabilste Währung der Welt. Der Hauptvorteil der Stabilität liegt in niedrigen Zinsen, das bedeutet tiefe Kapitalkosten, hohes Investitionsvolumen, wenig Arbeitslosigkeit und Planungssicherheit.

Ganz anders die Situation in Schuldenländern: Wegen der Inflation einerseits und des Abwertungsrisikos andrerseits liegen die Zinskosten wesentlich höher. Investitionen sind vergleichsweise teuer, tendenziell kurzfristiger, die Arbeitslosigkeit ist hoch und es besteht eine starke Neigung zu einer Schattenwirtschaft ohne Regeln und Sicherheit. Vor dem Euro hatte Deutschland das niedrigste Zinsniveau ausserhalb der Schweiz und schwang sich zum Exportweltmeister hoch, noch vor Japan und den USA. Die Länder des europäischen Südens hatten dagegen notorische Probleme mit der Zahlungsbilanz, latenter Korruption und instabilen Regierungen. Nur die kostenlosen Segnungen der Sonne machten das Leben angenehm.

Das Euro-System hat die realen ökonomischen Verhältnisse auf den Kopf gestellt, indem es den Zugang zu Kredit europaweit vereinheitlicht hat. In Deutschland mussten plötzlich zwei bis drei Prozent mehr Zins gezahlt werden, in den Schwachwährungsländern zwei bis drei Prozent weniger. Das hatte eine Umverteilung zur Folge, die die Transferzahlungen innerhalb der EU um ein Mehrfaches übertrafen. Allein Italien sparte durch die Reduktion des Schuldendienstes in seinem Staatshaushalt 75 bis 80 Milliarden Euro jährlich (ca. 1600 Euro pro Steuerpflichtigen), die von den ehemaligen Hartwährungsländern über höhere Zinsen bezahlt werden mussten. Wie schlimm das wirklich ist, bleibt letztlich Ermessensfrage. In allen Ländern finden Umverteilungen von starken zu schwachen Regionen statt, aber in der Regel sind sie politisch gewollt. Doch selbst dann bergen Umverteilungen enorme Sprengkraft, die Länder wie Belgien (flämisch und französisch sprechende Gebiete), Italien (Norden und Mezzogiorno) oder Spanien (Katalonien) vor enorme politische Probleme stellen.

Ob gewollt oder nicht: Die ökonomischen Anreize des Euro, der als grosses Einheitsprojekt eingeführt wurde, bewirkte das Gegenteil, die Spaltung. Aufgrund der negativen Realzinsen (Zins minus Inflation) und weil sich dort rasche Inflationsgewinne realisieren liessen, floss das Kapital bevorzugt in die Schuldenländer und blähte die Spekulationsblasen auf. So sind Spaniens Küsten mit Hunderttausenden von leeren Wohnungen und Häusern zugebaut, die alle in Erwartung eines raschen Gewinns erstellt wurden. 700 Golfplätze, jeder mit dem Wasserverbrauch einer Stadt von 20 000 Einwohnern, sollen die Immobilien wertvoll machen. Aber niemand will sie. Das ungesunde Wachstum war kurzfristig, kam nur wenigen zugute und hatte keine dauerhafte Wirkung auf die Arbeitslosigkeit.

Das umgekehrte Bild in den ehemaligen Hartwährungsländern der Eurozone: Aufgrund der hohen Realzinsen fuhren die Unternehmen die Investitionen zurück und tendierten dazu, Arbeitsplätze in Billiglohnländer auszulagern. Um die öffentlichen Haushalte einigermassen ausgeglichen zu halten, wurde bei denen gespart, die sich nicht aus dem Staub machen konnten, also bei den Menschen, die mit Hartz IV, Leiharbeit, Ein-Euro-Jobs oder Ich-AGs aufs Abstellgleis rangiert wurden.

Das bewegliche Kapital kam ungeschoren davon, es wanderte ab und suchte sich profitablere Anlagen als die Realwirtschaft im eigenen Land. So ist Deutschland trotz seiner boomenden, in höchstem Masse wettbewerbsfähigen Wirtschaft nach China zum grössten Kapitalexporteur geworden. Nur ein Drittel der Ersparnisse blieben im Land. Die Wirtschaft kann noch so gut funktionieren, wenn das Kapital anderswo grössere Profite realisieren kann, zieht es ab. Mehr als eine Billion Euro wurden seit Einführung der Einheitswährung auf der Suche nach höheren Renditen aus Deutschland abgezogen. Wenn dieses Vermögen im Land geblieben und für mehr Arbeitsplätze und höhere Löhne gesorgt hätte, wären die deutschen Produkte zwar etwas teurer geworden und die Schuldenländer hätten sich nicht mangels Kapital so tief für den Kauf deutscher Produkte verschulden können. Aber die Ungleichgewichte innerhalb der Eurozone wären nicht derart gewachsen. Denn die künstlich vermiedenen Kosten kehren zurück – als Rettungspflicht.

Man kann das Euroland mit einem Spieltisch vergleichen, an dem ein Spieler – Deutschland – ständig gewinnt. In der Tat hatten sämtliche Euroländer in all den Jahren seit der Einführung der Einheitswährung eine negative Handelsbilanz mit Deutschland. Die Ausnahmen sind Irland – eine Art Sonderwirtschaftszone der USA – und Griechenland, allerdings nur im Jahr 2000. Von diesem Spieltisch gibt es kein Entkommen, deshalb muss der Dauergewinner früher oder später für die Verluste der Verlierer aufkommen. Oder das Spiel ist aus.

Ein Glück, dass sich die Bankenwelt mit Sicherheit und Risiken so gut auskennt.

10. Das Risiko, das uns den Rest gibt

Banker sind eigentlich nichts anderes als Risikomanager. Sie versuchen seit je, sich zwischen den beiden fundamentalen Gefahren ihres Geschäfts hindurchzuschlängeln: dass einerseits die Kredite nicht zurückbezahlt werden und andererseits die Deponenten mehr Einlagen zurückfordern, als sie selbst über Reserven verfügen.

Traditionell versuchten die Banken, dieses Problem zu lösen, indem sie nur Kredite mit einer Laufzeit vergaben, die der ihrer Einlagen entsprach – die sogenannte Fristenkongruenz. Ein Kredit über drei Jahre hätte zum Beispiel dreijähriges Festgeld in derselben Höhe erfordert. Aber wenn man etwas verleiht, was man nicht hat, wie dies die Banken tun, ist das auch nicht viel mehr als Kosmetik.

Dazu müssen sich die Banker mit einem dritten Risiko herumschlagen: mit sich selber. Weil sich mit hohen Risiken mehr Geld verdienen lässt, ist die Versuchung gross, sie auch einzugehen. Und wenn andere hohe Risiken eingehen, ist man als Bank gezwungen, mitzugehen, weil sonst zu viele Gelder zu den höheren Profiten abfliessen. Sie wissen ja mittlerweile: In der Welt des Geldes verkleinern sich alle ungelösten Probleme in der Zukunft, währenddem sie sich in Wirklichkeit natürlich vergrössern. Aber das ist dann die Realität der künftigen Bankmanager, Sparer und Steuerzahler –Pech für die zu spät Geborenen.

Alle drei Risiken, auch das wissen wir jetzt, wachsen mit exponentieller Wucht. Unser Geld ist deshalb zu einem Hochrisikogefängnis geworden. Hat die Kreditgeldschöpfung einmal eingesetzt, muss sie zwingend fortgeführt werden – bis zum bitteren Ende. Denn Kredite können in diesem System nur zurückbezahlt werden, wenn weitere und immer grössere gesprochen werden. Damit steigt auch die Wahrscheinlichkeit, dass diese Zahlungsversprechen nicht eingehalten werden und unser Zahlungsmittel, das aus eben diesen Versprechen besteht, wertlos wird. Weil wir uns vor dieser Enteignung fürchten, bleiben wir «freiwillig» in diesem Gefängnis. Wenn dies genügend

Menschen klar wird – ein paar Prozent reichen vollauf – und diese versuchen, ihre Bankguthaben in gesetzliches Zahlungsmittel umzuwandeln, werden sie bald vor leeren Kassen stehen.

Die Enttäuschung vor den Geldautomaten und die Wut in den Schalterhallen der Banken dürften dann revolutionäre Ausmasse erreichen. Deshalb sollen wir alle gefälligst in diesem Hochrisikogefängnis bleiben. Die Bereitschaft dazu hat in letzter Zeit merklich abgenommen und sogar grosse Institutionen wie Pensionskassen zur Bargeldhaltung gebracht. Um der Freiwilligkeit ein bisschen nachzuhelfen, wird nun eine regelrechte Propagandaschlacht gegen das Bargeld geführt. Aber das Zwangssystem ist *too big not to fail*; es ist so gross, dass es früher oder später zusammenstürzen muss.

Über die Stabilität des Geldsystems hat sich der Club of Rome sehr aufschlussreiche Gedanken gemacht (Kapitel 4 von *Money and Sustainability*). Um seine Überlegungen besser zu verstehen, lohnt es sich, ein bisschen auszuholen.

Das Universum befindet sich in einer ständigen Entwicklung hin zu komplexeren Erscheinungsformen. Je grösser die Diversität, desto höher ist die Widerstandsfähigkeit (Resilienz). Wenn ein Element ausfällt, springen zwei andere ein, die die Funktion vielleicht einzeln weniger gut erfüllen, aber das Ganze überlebt. Dies gilt für alle biologischen Systeme. Raubtiere, die eine Vielzahl von Beutetieren verzehren, überstehen schwierige Zeiten besser als solche, die nur ein einziges jagen. Vielleicht ist dies der Grund, warum sich das Leben auf der Erde immer mehr diversifiziert.

Umgekehrt gilt aber auch: Je grösser die Spezialisierung, desto höher die Effizienz. Eine Giraffe erschliesst sich mit ihrem langen Hals Weidegründe in luftiger Höhe, die anderen Wiederkäuern verwehrt sind. Ihre Spezialisierung hat aber auch Nachteile: Sie kann das Gras auf dem Boden nur mit grösster Mühe fressen; ohne Baumbestand kann sie nicht überleben. So sucht sich das Leben ein Optimum der Nachhaltigkeit irgendwo zwischen maximaler Resilienz und maximaler Effizienz.

Nun verfügt der Mensch über die gefährliche Fähigkeit, die biologischen Gesetze dank seiner Intelligenz überwinden zu können – wenigstens temporär. Und so setzt er, der immer alles besser machen will, auf Effizienz und vergisst, dass er damit die Widerstandsfähigkeit aufs Spiel setzt. Besonders deutlich zeigt sich dies in unserem globalisierten Geldsystem.

Dank des freien Kapitalverkehrs, der relativ einheitlichen Regeln des Bankwesens und der nach wie vor bestehenden Dominanz des Dollars hat sich ein hocheffizientes, aber auch monolithisches und monokulturelles Finanzsystem entwickelt. Gelder können fast beliebig und in Sekundenbruchteilen an jeden Punkt der Erde verschoben werden. Es ist damit auch sehr verletzlich geworden: Der Ausfall eines kleinen Landes wie Griechenland gefährdet gleich die ganze Pyramide. Und die Diversität der monetären Systeme ist so verkümmert, dass bei einem Ausfall des privaten globalen Bankensystems nichts besteht, auf das wir zurückfallen können.

Das ist mit enormen Risiken verbunden. Weil es immer gleich ein Kampf ums Überleben ist, wird das geltende Recht immer mehr gebogen. Deutschland und Frankreich, die beiden tragenden Säulen des Euro, waren die ersten beiden Länder, die die angeblich eisernen Stabilitätsregeln von Maastricht brachen, die heute faktisch Makulatur sind. Die nach 2008 nötig gewordenen Rettungen sind alle auf rechtlich dubiose Art und Weise zustande gekommen. So verwandelt sich unsere Rechtsordnung immer mehr in eine Unordnung. Wir sind buchstäblich zu Geiseln unseres Dieners geworden, als der unser Geld einmal gedacht war.

Die Kosten der Gefahren setzen der Effizienzsteigerung allerdings Grenzen. Ein Rennwagen kann nicht so schnell fahren, dass er vor den Kurven nicht mehr abzubremsen ist, sonst ist das Rennen in der ersten Runde bereits zu Ende. Wo diese Grenzen beim Geldsystem liegen, wissen wir freilich erst, wenn wir sie überschritten haben, was wahrscheinlich bereits der Fall ist. Jedenfalls beliefen sich die Kosten zur Bewältigung der Finanzkrise von 2007/2008 allein in den USA auf 14,4 Billionen Dollar, mehr als das amerikanische Bruttoinlandprodukt 2008.[77] Die US-Amerikaner müssen also ein ganzes Jahr lang gratis arbeiten, nur um die Flurschäden der Finanzkrise – die zudem

---

77 Nomi Prins: It Takes a Pillage: Behind the Bailouts, Bonuses, and Backroom Deals from Washington to Wall Street. Wiley, 2009.

nicht behoben ist – aufzuräumen. Sie merken davon allerdings noch nicht sehr viel: Ein Teil der Kosten wurde exportiert (durch den Verkauf von Staatsanleihen), ein anderer fällt über die Geldentwertung erst in Zukunft an, einen weiteren Teil tragen die Sozialsysteme. Trotz allem: Um Kosten in dieser Höhe zu verhindern, würde man gerne auf ein bisschen Effizienz verzichten.

Der Club of Rome plädiert denn auch ausdrücklich für mehr Diversität im Finanzwesen: Komplementär-Währungen, Tauschsysteme auf regionaler, nationaler und internationaler Ebene und dergleichen mehr könnten die Widerstandsfähigkeit des ganzen Systems erheblich verbessern. Zu einem ganz ähnlichen Schluss kommen auch zwei prominente englische Ökonomen, Andrew Haldane, Exekutiv-Direktor für Finanz-Stabilität der Bank of England und Prof. Robert May, der frühere Präsident der Royal Society. In einem Aufsatz in *Nature,* der weltweit meistzitierten wissenschaftlichen Zeitschrift, kommen sie zum Schluss: «Beim Wiederaufbau und der Erhaltung des Finanzsystems sollte dem Ziel der systemischen Vielfalt viel mehr Beachtung geschenkt werden», da «Homogenität zu Zerbrechlichkeit führt.»[78] Aber ihr lukratives Monopol auf Zahlungsmittel zu teilen, das kommt für die Bankenwelt wohl erst in Frage, wenn sie durch die Macht der Ereignisse dazu gezwungen wird.

Vorderhand setzt sie darauf, ihre Risiken und Nebenwirkungen mit Mathematik und Juristerei zu verbergen, mehr als in jeder anderen Branche, die Atomenergie und die Pharmaindustrie eingeschlossen.

Angefangen hat diese Praxis, wie fast immer, ganz real und vernünftig. Nehmen wir an, Sie planen den Bau eines Schiffes. Um Ihre Kalkulation gegen Preisschwankungen abzusichern, kaufen Sie sich eine Option, die nötige Menge Stahl zu einem bestimmten Zeitpunkt in der Zukunft zu einem bestimmten Preis zu beziehen. Was als Absicherung realwirtschaftlicher Geschäfte begann, entwickelte sich rasch zu einem eigenen Markt. Optionen gibt es auf alles, was an Börsen gehandelt wird – Aktien, Devisen, Rohstoffe, Nahrungsmittel etc. – und die allermeisten werden heute gekauft, weil man sich eine

---

[78] Andrew Haldane and Robert May, «Systemic Risk in Banking Ecosystems», Nature, vol. 469 (20. Januar 2011), S. 351-355.

spekulativen Gewinn verspricht, und nicht, um Schiffe zu bauen oder Brote zu backen. Während die Option mit realwirtschaftlichem Hintergrund der tatsächlichen Absicherung dient, dient die Option auf Wertpapiere rein spekulativen Zwecken, erhöht das Risiko - und die gut gemeinte Einrichtung erreicht schliesslich das Gegenteil.

Noch weit gefährlicher ist ein anderes Derivat, der Credit Default Swap (CDS), eine Art Kreditausfallversicherung, die ebenfalls zur Absicherung von Geschäften entwickelt wurde. CDSs kann auch kaufen, wer gar keine Kredite abzusichern hat – der Effekt auf die Sicherheit der Finanzmärkte ist ähnlich wie bei den Optionen, nur wesentlich stärker. Das Risiko wächst, anstatt kleiner zu werden.

Das ist keine Behauptung, sondern eine Feststellung. Gemäss Adair Turner, Chef der britischen Kontrollbehörde *Financial Services Authority* sank der Risikoaufschlag, den Finanzinstitute auf Kreditausfallversicherungen bezahlten, von 0,4 Prozent 2002 stetig auf deutlich unter 0,1 Prozent im Sommer 2007.[79] Adairs Fazit: «Am Tag vor Ausbruch der schlimmsten Finanzkrise seit 70 Jahren war die kollektive Einschätzung des Marktes, dass die Kreditwürdigkeit der Banken so gut war wie seit Ewigkeiten nicht.»

CDSs sind wie Feuerversicherungen, die man auf des Nachbars Haus abschliessen kann. Wer es dann noch versteht, den Brand richtig zu legen, kann tüchtig Reibach machen, wie etwa die Investmentbank Goldman-Sachs kurz vor Ausbruch der Finanzkrise, als sie ihren Kunden Papiere verkaufte, gegen deren Ausfall sie sich selbst versichert hatte.

Viele Derivate dienten also ursprünglich der Absicherung, werden aber heute überwiegend zu spekulativen Zwecken abgeschlossen und erhöhen so die Risiken, anstatt sie zu mindern. Sie unterliegen keiner gesetzlichen Regelung. In der Derivatblase tummeln sich aktuell Forderungen von insgesamt 630 Billionen Dollar[80], rund das Achtfache des globalen Bruttosozialprodukts von 77 Billionen 2015[81]. Was

---

79 Thomas Fricke: Wieviel Bank braucht der Mensch? Westend, 2013. S. 30.
80 Bank für Int. Zahlungsausgleich BIZ, Quartalsbericht Juni 2015. Zahlen für Ende 2014.
81 World Economic Outlook. International Monetary Fund. April 2015.

diese Kontrakte aktuell wert sind und welches Risiko sie bedeuten, ist nicht bekannt, da die Schattenbanken nicht reguliert sind und ihre Werte nicht an Börsen gehandelt werden, wo eine Preisbildung nach einigermassen kontrollierten Regeln stattfindet.

Eine besonders tückische Einrichtung sind die Leerverkäufe, der Verkauf von etwas, das man gar nicht besitzt. Das ist in der Realwirtschaft sinnlos, aber in der Finanzwirtschaft kann man damit auch bei fallenden Kursen Geld verdienen und so ein Portfolio absichern. Beim gedeckten Leerverkauf leiht sich der Käufer, der einen fallenden Kurs erwartet, ein bestimmtes Wertpapier und bezahlt dafür eine Leihgebühr. Sie gehören dann rechtlich ihm. Gleichzeitig verkauft er sie auf einen bestimmten Termin in der Zukunft, zu dem er einen tieferen Kurs erwartet, jedoch zum aktuellen Kurs. Nach Ablauf der Frist streicht er den Verkaufserlös ein, kauft damit das Wertpapier zum aktuellen, tieferen Kurs, retourniert sie dem Verleiher und behält den Gewinn. Beim ungedeckten Leerverkauf leiht sich der Verkäufer die Papiere nicht einmal aus.

Zwei Aspekte sind gefährlich: Zum einen kann man mit sehr wenig Geld (der Leihgebühr) sehr viel gewinnen, aber auch verlieren. Zum anderen kann man mit Leerverkäufen den Kurs eines Wertpapiers negativ beeinflussen. Im Frühling 2010 wurden sehr viele griechische Staatspapiere leerverkauft, die Verzinsung stieg und Griechenland musste in das grösste internationale Hilfsprogramm der Geschichte einwilligen. Es würde nicht erstaunen, wenn Goldman-Sachs, die mächtigste Investmentbank, dies mit ihrem griechischen Kunden auch gemacht hätte, nachdem ihr dies in der Subprime-Krise bereits nachgewiesen werden konnte.[82] Aber das ist nicht mehr als eine nicht ganz haltlose Vermutung.

Leerverkäufe setzen keine Trends, sondern folgen ihnen, sagen die Befürworter dieser umstrittenen Verträge, die in Kontinentaleuropa teilweise verboten sind. Aber da die meisten Leerverkäufe von der Londoner City und der Wallstreet aus getätigt werden und für die grossen Player spezielle Handelsplattformen ausserhalb der Börsen existie-

---

82 New York Times: Banks Bundled Bad Debt, Bet Against It and Won. 23.12.2009.

ren[83], lassen sich Ursache und Wirkung nicht zweifelsfrei bestimmen. Sicher ist: Leerverkäufe sind eine sehr potente Waffe, um ein Land, eine Währung oder ein Unternehmen in ernste Schwierigkeiten zu bringen.

Für den Finanzmarkt sind diese Finanzprodukte mit multiplen Unsicherheiten eine latente Gefahr, die es irgendwie zu bewerten und in den Griff zu kriegen gilt. Die Standardmethode dazu ist die Berechnung der Wahrscheinlichkeit für das Eintreten unterschiedlichster Ereignisse – Zinsschwankungen, Bewegungen der verschiedensten Indizes, Insolvenzen, Veränderung von Rahmenbedingungen, Preisänderungen – und die Quantifizierung der Wechselwirkungen. Eine ziemlich wilde Geschichte mit hochkomplexer Finanzmathematik und Verträgen, die auch viele Juristen nicht mehr verstehen.

Die Finanzmarkttheorie und die ihr zugrundeliegenden mathematischen Modelle seien eine «falsche Wissenschaft»[84], sagte denn auch der französische Mathematiker Benoît Mandelbrot (1924 bis 2010). Er ist der Vater der fraktalen Geometrie, die scheinbar unregelmässige Formen der Natur mathematisch beschreibt. Ein Fraktal ist gemäss Mandelbrot ein Muster, dessen Teile das Ganze in kleinerem Maßstab wiederspiegeln. Diese kosmische Gesetzmässigkeit hatte schon Goethe erkannt, als er die Formen der Bäume mit denen ihrer Blätter verglich. Und wer den Geheimnissen des Geldsystems bis hierher gefolgt ist, wird unschwer erkennen, wie sich die Illusion der privaten Geldschöpfung aus dem Nichts in vielen Teilgebieten fortpflanzt. In dieser Welt der trügerischen Hoffnung auf ewiges Wachstum lauert das Risiko natürlich an jeder Ecke: Kleine Zeitungsmeldungen und vage Äusserungen eines Notenbankers können Milliarden vernichten oder sogar der dicke Finger eines sich vertippenden Brokers, der allen Ernstes für den «Flash Crash» vom Mai 2010 verantwortlich gemacht wurde. Nach neusten Erkenntnissen war es allerdings ein Hochfrequenztrader aus London, der zahlreiche Aufträge aufgab und sie gleich wieder stornierte, was zu fallenden Kursen führte.[85]

---

83 Gerald Braunberger in der Frankfurter Allgemeinen Zeitung vom 12.08.2011
84 In einem Interview mit der Wochenzeitung Zeit vom 23. Mai 2006.
85 Daily Mail online, 21. April 2015. www.dailymail.co.uk/wires/reuters/article-3049717/Flash-crash-market-manipulation-case-poses-test-prosecutors.html

In den 1990er Jahren begann Mandelbrot, die Gesetzmässigkeiten der fraktalen Geometrie auf die Finanzmärkte anzuwenden, mit erstaunlichen Ergebnissen. In seinem Buch «Fraktale und Finanzen – Märkte zwischen Risiko, Rendite und Ruin»[86] kritisierte er das mangelnde Verständnis der Wirtschaftswissenschaft für komplexe Vorgänge und exponentielle Entwicklungen, was zu einer systematischen Unterschätzung der Risiken führe.

Bis in die 1990er Jahre basierte die Bewertung von Wertpapieren auf der sogenannten «Fundamentalanalyse», der Untersuchung einer bestimmten Firma nach ihren Schlüsselwerten, ihrer Branche und den Rahmenbedingungen. Leitgedanke war die Beschreibung der Beziehung zwischen Ursache (Akteure und Umfeld) und Wirkung (Preisentwicklung des betreffenden Wertpapiers). Aber die 1990er Jahre mit der Dotcom-Blase, in der kleine Firmen im Börsenwert etablierte Grosskonzerne überflügelten, waren zu wild für die konservative Fundamentalanalyse. Die «Chartisten», die aus unendlich vielen Grafiken und Tabellen Muster von Preisbewegungen zu erkennen versuchten – für Mandelbrot «Finanzastrologie» – übernahmen den Lead.

Noch immer massgebend ist aber ein dritter Ansatz, der die Bewegungen auf den Finanzmärkten als Produkt von unterschiedlichen Wahrscheinlichkeiten versteht. Weil man die Märkte, gewissermassen eine black box, letztlich nicht verstehen kann, versucht man aufgrund statistischer Analyse der Vergangenheit Prognosen aufzustellen. Aber, und das ist das zentrale Argument von Mandelbrot, die Preisbewegungen folgen nicht der Gaußschen Normalverteilung, sondern einer exponentiellen Verteilung. Für ihn sind deshalb Analysetechniken auf der Basis der Gaußschen Glockenkurve das «finanzielle Gegenstück zur Alchemie». Mit seiner fraktalen Geometrie simulierte Mandelbrot die Aktienmärkte, verglich sie mit den historischen Werten und verbesserte sie laufend, bis daraus ein mathematisches Werkzeug entstand, das die «survival box der Menschheit» erweitere, wie er meinte. Nur: Der Mainstream hat Mandelbrot zwar geehrt, sich aber nicht der survival box bedient.

---

[86] Zusammen mit Richard L. Hudson, Piper Verlag, 2005.

Es blieb einem anderen Autor vorbehalten, die Augen der Weltöffentlichkeit für die Mängel der Normalverteilung in der Welt des Geldes und die überragende Bedeutung seltener Ereignisse zu öffnen: Nassim Nicolas Taleb mit seinem Weltbestseller *Der schwarze Schwan – die Macht höchst unwahrscheinlicher Ereignisse*[87]. Der 1960 geborene, aus einer angesehenen libanesischen Familie stammende Taleb – sein Grossvater war Vizepremier –, verdiente beim Crash von 1987 so viel, dass er sich seither nur noch seinen Hobbys zu widmen braucht: ausgedehnten Spaziergängen, statistisch-philosophischen Studien und dem Schreiben von Bestsellern. Die Stabilität der vom Menschen gemachten Welt basiert auf einer falschen Risikoberechnung. Dies ist die zentrale Botschaft seines bahnbrechenden Buches, das 2007 pünktlich zum Ausbruch der Finanzkrise herausgekommen ist. Darin vergleicht Taleb unsere Situation mit der eines Truthahns und erzählt eine kleine erkenntnistheoretische Geschichte, die er allerdings von Bertrand Russell – übrigens der einzige mit einem Nobelpreis ausgezeichnete Philosoph – übernommen hat:

«Wir wollen uns einen Truthahn vorstellen, der jeden Tag gefüttert wird. Jede einzelne Fütterung wird die Überzeugung des Vogels stärken, dass es die Grundregel des Lebens ist, jeden Tag von freundlichen Mitgliedern der menschlichen Rasse gefüttert zu werden, die ‹dabei nur sein Wohl im Auge haben›, wie ein Politiker sagen würde. Am Nachmittag des Mittwochs vor dem Erntedankfest wird dem Truthahn dann etwas Unerwartetes widerfahren, und er wird seine Überzeugung revidieren müssen. ... Sein Gefühl, in Sicherheit zu sein, erreichte also gerade dann seinen Höhepunkt, als das Risiko am grössten war. ... Das Truthahnproblem lässt sich auf alle Situationen verallgemeinern, wo die Hand, die uns füttert, auch die sein kann, die uns den Hals umdreht.»[88]

Natürlich will niemand ein Truthahn sein. Aber: Tausend Tage guten Lebens beweisen nichts, und schon ein Tag genügt, die schein-

---

[87] Nassim Nicholas Taleb: Der Schwarze Schwan. Hanser 2007.
[88] a.a.O.: S. 61 ff.

bare Sicherheit umzustürzen. Wenn wir dem Schicksal des Truthahns entgehen wollen, brauchen wir also Erkenntnis – die schwierig zu bekommen ist, schon gar nicht von den anderen Truthähnen. Denn die einzigen, die es wissen, sind tot.

Talebs Sicht ist folgende: Unser Leben, individuell und kollektiv, wird viel stärker von den grossen, unvorhersehbaren Ereignissen geprägt als von den planbaren, vorausschaubaren Entwicklungen. Kriege, Börsencrashs, Katastrophen, aber auch Erfindungen haben unser Leben mehr geprägt als Entwicklungsprogramme, Fünfjahrespläne oder der langsame Fortschritt der Technologie. Man denke nur an die Erfindung des Internet: Für eine begrenzte Anwendung unter Universitäten entwickelt, ist es innerhalb weniger Jahre zur Kommunikationsplattform des Planeten Erde schlechthin geworden, die Denken, Verhalten und Wirtschaften radikal verändert hat. Diesen eher positiven Schwarzen Schwan hat niemand vorausgesehen. Oder der Börsencrash von 1987, ein negativer Schwarzer Schwan: Nach konventioneller Wahrscheinlichkeitsrechnung auf Basis der Gaußschen Normalverteilung hätte dieses Ereignis nur einmal in mehreren Milliarden Jahren stattfinden können. Das sind Talebs Schwarze Schwäne, mit denen niemand rechnet, die aber trotzdem vorkommen und dazu unser Leben massgebend bestimmen.

Obwohl ihre Wirkung umfassend ist, kümmert sich kaum jemand um die Vorausschau dieser unwahrscheinlichen Ereignisse, und das hat Gründe. In der von der Evolution geprägten Natur sind grosse Abweichungen vom Durchschnitt tatsächlich so selten, dass wir sie nicht berücksichtigen müssen. Das Auftauchen eines Menschen von doppelter Durchschnittsgrösse, also ein Riese von 3,50 Meter Länge, ist für die nächsten paar Millionen Jahre aufgrund der Gaußschen Normalverteilung so gut wie ausgeschlossen. Weil in der Natur die grossen Ausreisser so selten vorkommen, dass es sich nicht lohnt, sich für diese unwahrscheinlichen Fälle vorzusehen, konnte sich auch unsere Wahrnehmung dafür nicht entwickeln. Die Prognose unwahrscheinlicher Ereignisse erfordert zudem Nachdenken, und das ist in der Natur, die unsere Wahrnehmung geprägt hat, nicht die Erfolg versprechende Überlebensstrategie. Wenn der Löwe angreift, gibt es nur eins: ab auf den nächsten Baum. Dort hat man dann genug Zeit, darüber nachzudenken, wie man wieder runter kommt. Die Evolution setzt im Umgang mit Gefahren auf emotionale, schnelle Reaktion – deshalb verfügen wir über Adrenalin-Reserven – und beim Schaffen von Werten auf kleine, jeweils lohnende Schritte: Mit protestantischer Disziplin jeden Tag ein bisschen besser zu arbeiten, zahlt sich in der normalen Welt besser aus, als jahrelang auf den ganz grossen Durchbruch zu warten und in der Zwischenzeit womöglich zu verhungern. Taleb nennt dieses «Land, das vom Mittelmass beherrscht» wird, «Mediokristan». Selbst wenn da ein Riese von doppelter Körpergrösse auftauchte, würde dies den Durchschnitt nicht verändern.

Aber wird die moderne Welt tatsächlich vom Durchschnitt beherrscht? Trifft die Gaußsche Normalverteilung des Zufalls auch auf Grössen wie Vermögen oder Portfolio-Erträge zu? Die Antwort lautet selbstverständlich Nein! Die Hälfte der Börsengewinne der letzten fünfzig Jahre wurden an gerade nur zehn Tagen realisiert, wie Taleb 2007 schrieb. Oder die Vermögensverteilung: Wenn das Auftreten eines Euro-Millionärs eine Wahrscheinlichkeit von real 1:63 hat, dann müsste sie bei der Gaußschen Normalverteilung für einen zweifachen Millionär bei 1:127 000 liegen! Jeder Gratiszeitungsleser weiss, dass dies nicht stimmt. Die Wahrscheinlichkeit eines Drei-Millionen-Euro-Besitzers liegt gemäss dieser Berechnung bei 1:14 Milliarden, dem Doppelten der Erdbevölkerung. Dabei ist eine solche Summe heute eine Selbstverständlichkeit unter dem Weihnachtsbaum eines durchschnittlichen Konzernchefs.

Und wenn wir schon von Durchschnitt reden: Wenn Sie sich hundert Menschen mit einem normalen Vermögen vorstellen, dann ergibt dies einen Gesamtbetrag von beispielsweise zwanzig Millionen oder im Schnitt 200 000 Franken. Wenn nur einer dieser Menschen zufällig ein hundertfacher Millionär ist – von denen gibt es ja immer mehr – , dann steigt das Gesamtvermögen auf 120 Millionen oder der Durchschnitt auf 1,2 Millionen, eine Versechsfachung. Die exponentielle Welt des Geldes hat also keinen Platz unter der Glockenkurve. Hier, in «Extremistan», treten Ausnahmen häufiger auf als erwartet, und ihr Einfluss auf das Gesamtbild ist entscheidend. Taleb dazu: «In

Mediokristan müssen wir die Tyrannei des Kollektiven, der Routine, des Offensichtlichen und des Vorhergesagten ertragen; in Extremistan stehen wir unter der Tyrannei des Singulären, Zufälligen, Ungesehenen und Unvorhergesehenen.»[89]

Tatsächlich liefert die Mandelbrot-Verteilung wesentlich bessere Ergebnisse. Bei der fraktalen Besitzverteilung liegt die rechnerische Wahrscheinlichkeit eines Vermögens von zwei Mio. Euro bei 1:125 und die eines Vermögens von 640 Mio. Euro bei 1:40 000. Das sind gar nicht so unrealistische Werte. Aber auch mit fraktaler Mathematik gibt es keine Sicherheit: «Man darf nicht erwarten», schreibt Taleb, «dass die Ungewissheit sich auf einfache Weise charakterisieren lässt.»

Wir leben also in einer Welt, in der das Aussergewöhnliche viel wahrscheinlicher ist, als die Lenker der (Finanz-)Welt mit ihren Formeln erfassen können. Und dieses Aussergewöhnliche hat einen viel grösseren Einfluss, als wir uns vorstellen können, nicht zuletzt im Gefolge der Globalisierung. Nochmals Taleb: «Sie erzeugt eine verzahnte Brüchigkeit, reduziert die Schwankungen und erweckt den Anschein von Stabilität. Anders ausgedrückt: Sie erzeugt verheerende Schwarze Schwäne. Wir haben noch nie unter dem Risiko eines globalen Zusammenbruchs gelebt. ... Es sind gigantische inzestuöse, bürokratische Banken entstanden (die bei ihrer Risikomessung oft auf die gaußschen Prinzipien setzen) – wenn eine fällt, fallen alle.»

Weil wir, durch die Normalität der Natur konditioniert, das Aussergewöhnliche nicht erwarten und weil wir die Dimension unseres Nicht-Wissens nicht erfassen, wiegen wir uns in der wachsenden Sicherheit des Truthahns. Jetzt wird das Futter langsam knapp und die Frage lautet: Deckt man schon in irgendeinem Hinterzimmer zum Erntedankfest?

Wie soll man sich nun in diesem Extremistan verhalten, das kurzfristig viel sicherer wirkt, als es in Wirklichkeit ist? Da kann Taleb

---

[89] a.a.O.: S. 56.

nicht viel Handfestes bieten. Als Skeptiker hat er keine Sicherheiten, dafür auch keine falschen.

Für die Finanzmärkte, einem relativ beschränkten, wenn auch überragend wichtigen Kosmos, lautet seine Antwort wie folgt: «Investitionen, bei denen man häufig kleine Verluste und selten grosse Gewinne macht, lohnen sich, wenn andere darauf hereinfallen, d.h. sich von den häufigen kleinen Gewinnen verlocken lassen. Und wenn man das persönliche und intellektuelle Stehvermögen dazu hat.» Den Schmerz jahrelanger kleiner Verluste auszuhalten, ist nicht jedermanns Sache. Taleb hat es gewagt und beim Crash von 1987 ein genügend grosses Vermögen gemacht, um sich seither dem Studium der Schwarzen Schwäne und den Grenzen der menschlichen Erkenntnis zu widmen.

Natürlich hat auch Taleb, dessen Buch die Konsequenzen unseres Nicht-Wissens so unterhaltsam seziert, seine ganz eigenen Gebiete des Nicht-Wissens. So sind Kriege und Crashs nicht nur eine Frage der Wahrscheinlichkeit (die wir mit falschen Methoden messen), sondern auch eine Folge von Absichten. Kriege werden nicht geführt, weil wieder einer fällig ist (die Notwendigkeit unseres Wirtschaftssystems zur periodischen Zerstörung einmal ausser Acht gelassen), sondern grösstenteils mit Absicht. Die Welt des freien Willens kommt in Talebs Universum nicht vor, als ob wir alle, die Leute an den Schalthebeln eingeschlossen, blosse Funktionsträger in einem System wären, dessen Gesetze so kompliziert und unfassbar sind, dass ihnen nur mit unterschiedlichen Wahrscheinlichkeitsrechnungen beizukommen ist.

Der grösste blinde Fleck in Talebs und Mandelbrots Betrachtungen ist jedoch die Geldschöpfung als zinsbehaftete Schuld. Beide stellen zwar die Phänomene der exponentiellen Verteilung fest, benennen aber nicht ihre Ursache. Die Mutter aller Blasen ist das Geld an sich in seiner heutigen Form. Der ultimative Schwarze Schwan ist bereits unterwegs.

Vielleicht ist es auch ein Drache. Da wissen wir wenigstens aus der Mythologie, wie man ihn besiegt.

Indem man ihn nicht fürchtet.

Der grosse Raubzug – die Verschuldung der Welt

Der Krieg ist der Vater allen Geldes. Das trifft zwar nicht auf jeden Einzelfall zu, aber als Muster hilft es, die Geschichte besser zu verstehen. Das Münzgeld, die grosse monetäre Innovation der Griechen, ist direkt aus der Kriegsführung geboren. Die Staatsanleihen wurden um 1200 von Venedig zur Finanzierung seiner Eroberungszüge im Mittelmeer erfunden. Die Bank of England, die «Mutter aller Zentralbanken», wurde 1694 zur Geldbeschaffung für den neuen König von England gegründet, für Wilhelm von Oranien, der Krieg gegen Frankreich führte. Die amerikanische Revolution von 1776 geht direkt auf den Versuch des britischen Mutterlandes zurück, ihren Siedlern in der neuen Welt eigenes Geld zu verbieten. Die amerikanische Zentralbank, das Federal Reserve System, wurde 1913 gegründet und war massgeblich an der Finanzierung des Ersten Weltkrieges beteiligt. Ohne Aufhebung des Goldstandards 1914, des globalen Massstabs für den internationalen Austausch und für die Werthaltigkeit des Geldes, wäre der Erste Weltkrieg mangels Geld nach ein paar Wochen zu Ende gegangen. Und wenn das unterlegene Deutschland seine horrenden Reparationszahlungen nicht wieder in Gold hätte bezahlen müssen, wäre Hitler nicht an die Macht gekommen. Und, auch das muss gesagt werden: Dass er es geschafft hat, das geschlagene Deutschland innert kurzer Zeit wieder zur Weltmacht zu machen, hat er nicht zuletzt selbst geschöpftem Geld zu verdanken, dem sogenannten «Feder-Geld»[90].

Das Bretton Woods-System, eine eigentümliche Mischung aus Gold- und Dollar-Standard, das den USA die wirtschaftliche Hegemonie ermöglichte, wurde 1944 als finanzielle Nachkriegsordnung geboren, gewissermassen als monetäre Siegerjustiz. Und sein Zusammenbruch 1971, als Nixon die Goldbindung des Dollars kündigte und eine Ära des reinen Fiat-Geldes (von lat. *fiat* = es sei) einläutete, war eine direkte Folge der immensen Kosten des Vietnamkrieges.

Natürlich gibt es auch vergleichsweise «friedliches» Geld, die Buchhaltung vor viertausend Jahren im Zweistromland, die sich im Wert vermindernden Brakteaten im Mittelalter oder die «colonial scrips» der Siedler in Nordamerika. Aber das sind weitgehend verges-

---

90 Benannt nach dem «Chefökonomen» der frühen Nationalsozialisten, Gottfried Feder (1883 - 1941).

sene Episoden in der Wirtschaftsgeschichte, historisch zwar bedeutungsvoll, aber ohne Einfluss auf die Gegenwart.

Was heute wirkt auf der Welt, ist nicht ein Geld des Austauschs und der Schöpfung von nachhaltigen Werten, sondern ein Geld des Diebstahls. Man kann mehr stehlen, wenn man ein bisschen gibt. Diese Logik steht hinter dem privaten Kreditgeld. Es ist ein Geld, das für sein Überleben immer mehr Schulden braucht und immer mehr Schuldner, die sich zuerst verführen, dann verpflichten und schliesslich zwingen lassen, einen Tribut für etwas zu zahlen, das aus dem Nichts gezaubert wurde und das die Schuldner, die wir alle sind, genausogut selber hätten schaffen können, wenn sie ein bisschen nachgedacht und die Freiheit genutzt hätten, nach ihren Überzeugungen zu leben. So sind wir in umfassendem, fast religiösen Sinn zu Schuldigen geworden: Wir tragen untilgbare Schulden aus Nichts, weil wir mitschuldig an ihrer Entstehung und ihrem Weiterbestehen sind. «Der Kapitalismus ist eine reine Kultreligion», schreibt Norbert Bolz, Professor für Medienwissenschaften an der TU Berlin. «Das heisst im Klartext, dass die kapitalistische Religion weder eine Dogmatik noch eine Theologie hat; sie ist also, wie die Urformen der heidnischen Religiosität, unmittelbar praktisch orientiert. ... Der Kult der kapitalistischen Religion dauert permanent an; jeder Tag ist ein Festtag des Warenfetischismus und die Adepten zelebrieren den Kult unausgesetzt in äusserster Anspannung.»[91]

Wie bei anderen religiösen Problemen auch, wäre die Lösung einfach: Vergebung – uns und unseren Schuldnerinnen und Schuldnern. Wir könnten tatsächlich alle Schulden streichen – und damit auch alle Geldvermögen – und mit dem, was an realen Gütern bis heute entstanden ist einen Neuanfang in Frieden und Freiheit wagen. Alles ist da. Aber das können wir uns nicht einmal vorstellen, selbst nicht als harmlose Phantasie. Wir haben es als Teil des Vater Unser vielleicht schon oft gebetet, oder besser: gedankenlos nachgeplappert. Aber haben wir die Bitte «... und vergib uns unsere Schulden» wirklich verstanden?

---

[91] Norbert Bolz in: Philosophicum Lech: Geld – was die Welt im Innersten zusammenhält? 2009. S. 42

So bleibt uns ohne wundersame Fügung wohl nichts anderes übrig, als durch kollektiven Schaden kollektiv klug zu werden. Noch haben wir aber die Möglichkeit, das Blatt aus eigenen Kräften zu wenden – mit ungetrübter Wahrnehmung, ein bisschen Vernunft und Mitgefühl. Und bevor uns die Gegenwart mit einer düsteren Zukunft bestraft, könnten wir mindestens versuchen, etwas aus der Vergangenheit dieses Geldes zu lernen. Streifen wir deshalb durch die Geschichte des modernen Geldes und beginnen wir mit einem Mann, dessen Name Programm ist.

John Law (1672 bis 1729) war einer der grössten Geldtheoretiker der Geschichte und einer der gerissensten Praktiker dazu. Er war ein Meister in dem, was die Geldwirtschaft bis heute tut: die Verwandlung von Schulden in Geld. Dabei hatte er es mit dem grössten Schuldenberg seiner Zeit zu tun. Dieser machte ihn zunächst zum reichsten Mann und liess ihn dann schnell und tief fallen. Law ist eine der Figuren der Weltgeschichte, bei denen man nicht weiss, ob sie für ihre Erkenntnisse zu bewundern oder für ihr Scheitern zu verachten sind. Und bei denen man nicht sicher ist, ob sie wegen oder trotz ihrer Erkenntnisse gescheitert sind.

Geboren wurde er 1671 als Sohn des Zunftmeisters der Goldschmiede in Edinburgh. Er war also mit der privaten Geldschöpfung bestens vertraut. John Law soll ein ausgezeichneter Kopfrechner gewesen sein. Auf jeden Fall war er ein begnadeter Spieler und ein Grossdenker, wie sie von der Geschichte normalerweise mit Misserfolg bestraft werden, bevor sie überhaupt Geschichte schreiben können. In jungen Jahren «arbeitete» er als professioneller Spieler in London. 1694 flüchtete er nach einem Duell mit tödlichem Ausgang vor der Vollstreckung des Todesurteils nach Holland und studierte neben den Zügen seiner Spielpartner auch die berühmte Wechselbank von Amsterdam, die dank ihrer hundertprozentigen Reservehaltung einen ausgezeichneten Ruf hatte. 1703 kehrte er nach Schottland zurück, wo er feststellen musste, dass man, beeindruckt von den Finanz-Innovationen in England, gerade über die Vereinigung mit dem alten Rivalen diskutierte. Um dies, und damit auch seine Auslieferung an England zu verhindern, publizierte Law 1705 das Traktat *Money and Trade*

Considered, with a Proposal for Supplying the Nation with Money mit der Schlüsselerkenntnis «Geld ist nicht der Wert, gegen den Güter getauscht werden, sondern der Wert, mittels dessen sie getauscht werden.»[92] Auch Goldmünzen seien nicht weiter als ein «Zeichen der Übertragung». Wie wahr! Und er lieferte eine Lösung, wie ein Staat ohne Gold- und Silberminen seine Wirtschaft mit dem nötigen Geld versorgen könne. Der Souverän müsse einen Währungsstandard festlegen, so Law, der eine flexible Steuerung der Geldmenge nach den Bedürfnissen der Wirtschaft und der öffentlichen Finanzen zuliesse. Das war um Längen besser als John Lockes verhängnisvolle Gleichsetzung von Silber mit Geld, das wie ein physisches Mass unabänderlich geeicht werden müsse, was dazu führte, dass das Parlament das englische Pfund auf exakt 3 Unzen (85 g), 17 Pennyweight (26,5 g) und 10 Gran (0,65 g) Silber festlegte[93] – mit krisenhaften Folgen, deren Schilderung den Rahmen dieses Aufsatzes sprengt.

Das schottische Parlament wollte allerdings nichts von Laws Vorschlag wissen und so zog er wieder auf den Kontinent, um seine geldpolitischen Ideen verschiedenen Fürstenhäusern beliebt zu machen. Seine grosse Chance erhielt er 1716 in Frankreich als Berater des Prinzregenten Philipp von Orléans, der das Land intermistisch als Nachfolger von Ludwig XIV regierte. Das an sich reiche Land war nach 72 Jahren Herrschaft des prunksüchtigen und ständig Krieg führenden Sonnenkönigs so hoch verschuldet, dass die jährlich fälligen Zinsen höher waren als die Staatseinnahmen.[94] Es war bankrott, aber zu einer Zeit, als Länder noch nicht bankrott gehen konnten. Zudem war Frankreich von ein paar reichen Geldgebern abhängig und litt wegen des ausschliesslichen Gebrauchs von Münzen an Geldknappheit, was die Produktion erheblich behinderte.

Law erhielt die Erlaubnis zur Gründung der *Banque Générale*, die erstmals in Frankreich das Recht erhielt, Banknoten herauszugeben, die zudem zur Bezahlung von Steuern akzeptiert wurden. Gedeckt waren sie durch Ländereien. Dieses Papiergeld sei sogar noch besser

---

92 John Law: Money and Trade Considered, with a Proposal for Supplying the Nation with Money. 1705. S. 100.
93 Felix Martin: Geld, die wahre Geschichte. 2014. S. 168.
94 Karl Walker: Das Geld in der Geschichte. Conzett, 1999.

als Silbergeld, meinte Law, «denn die Länder bringen hervor, aber das Silber ist schon hervorgebracht.»[95] Die öffentlichen Schulden «sanierte» er, indem er die *Compagnie de l'Occident* (im Volksmund Mississippi-Kompagnie) gründete, deren Aktien gegen Schuldtitel der Regierung getauscht werden konnten. Die Compagnie hatte das Recht, den nordamerikanischen Kontinent zu erschliessen – riesige Gewinne winkten. Die Aktien der Mississippi-Kompagnie stiegen rasant, allein 1719 innert weniger Monate von 500 auf 10 000 Livres. Noch schneller als der Aufstieg folgte dann der tiefe Fall. Als Geschichten über Missstände in den amerikanischen Kolonien die Runde machten – die Hälfte der Siedler soll an Malaria gestorben sein – schmolz das Vertrauen der Anleger und als Folge auch der Papiergeldbenutzer schnell dahin. Ein halbes Jahr später, am 1. Juni 1720 wurden Gold und Silber, die kurz zuvor noch zur Bekämpfung der Talfahrt verboten worden waren, wieder zu gesetzlichen Zahlungsmitteln erklärt. John Law, der auf dem Höhepunkt seiner Macht der reichste Mann Frankreichs war – «l'économie, c'est moi» –, musste fliehen und starb neun Jahre später als Gemäldehändler in Venedig. Frankreich brauchte Jahrzehnte, um sich von dem Debakel zu erholen. Papiergeld blieb über Generationen verpönt. Neben Münzen wurde sogar Salz wieder als Zahlungsmittel verwendet, vielleicht das beste Warengeld überhaupt: beliebig teilbar, leicht zu transportieren, unbeschränkt haltbar und für jedermann nützlich. Der Begriff «Salär» erinnert noch an diese, nicht lange zurückliegende Zeit.[96]

Laws historisches Scheitern hat die Geldtheorie auf Umwege getrieben, mit denen wir bis heute zu kämpfen haben. Er hatte erkannt, dass Geld kein Wert an sich ist, sondern ein Mittel, Werte zu tauschen. Die Banken dagegen versuchten die nächsten 250 Jahre mit allen möglichen Tricks, ihr Geld als mit Edelmetall besicherten Wert zu verkaufen.

---

95 Bei Karl Walker, a.a.O. lautet das entsprechende Zitat «denn die Länder bringen herfür, aber das Silber ist schon hervorgebracht».
96 Noch 1775 wurde mit der architektonischen Vision einer idealen Stadt der Grundstein zu den königlichen Salinen von Arc-en-Senans im Departement Doubs gelegt, eine Synthese von Bank, Fabrik und Gefängnis – die Arbeiter durften das Areal jahrelang nicht verlassen.

Eine Ausnahme waren die britischen Kolonien in Nordamerika, deren grosses wirtschaftliches Problem im chronischen Handelsbilanzdefizit mit dem englischen Mutterland lag. Die Konsequenz: Geld floss ab, Münzen waren rar, die Wirtschaft kam nicht vom Fleck. Doch die Kolonien wussten sich zu helfen. Sie entwickelten Papiergelder auf der Basis von Kreditbriefen («bills of credit») oder über Darlehenskassen der Regierung, die der Bevölkerung zinsgünstige Kredite verlieh und die Zinsen als Ersatz für Steuern einnahm, ein gleichzeitig einfaches und nahezu geniales Konzept.[97] Massachusetts war sogar der erste westliche Staat, der 1690 eigenes Papiergeld herausgab.

Einer der grossen Förderer des Papiergeldes war Benjamin Franklin. 1729, just als Voltaire schrieb, Papiergeld würde am Ende zu seinem inneren Wert – null – zurückkehren, gab Franklin die populäre Schrift mit dem Titel «Eine bescheidene Untersuchung der Natur und der Notwendigkeit einer Papierwährung» heraus. Eine Regierung, so Franklin, brauche kein Gold zur Deckung einer Papierwährung und müsse sich auch nicht bei fremden Banken verschulden, sondern könne sich mit künftigen Steuereinnahmen absichern und so den Wohlstand von morgen in das Geld von heute verwandeln. Besonders erfolgreich darin war Pennsylvania, das vor der Einführung seiner eigenen Währung unter Bevölkerungsschwund litt und nachher während 30 Jahren, bis zum englisch-französischen Krieg (1754 bis 1764), nicht einmal mehr Steuern erheben musste. Andere, vor allem die Kolonien von Neu-England, waren weniger erfolgreich, weil sie zu viel Papiergeld schöpften und so eine Inflation hervorriefen. Sie hätten den Überfluss durch Steuern wieder aus dem Umlauf nehmen sollen. Die Inflation war dann der Vorwand, mit dem England die Verwendung der «colonial scrips», wie das Papiergeld der Kolonien genannt wurde, einzuschränken versuchte. Um dies zu verhindern, reiste Franklin 1764 nach England und sprach vor dem Parlament die historischen Worte: «In den Kolonien bringen wir unser eigenes Geld in Umlauf, eine Währung, die wir Colonial Scrip nennen. Wir zirkulieren es, um die genehmigten Ausgaben und Leistungen der Re-

---

97 Mehr zur monetären Geschichte der amerikanischen Kolonien in Ellen Hodgson Brown: Der Dollar-Crash. 2008.

gierung zu bezahlen. Wir stellen sicher, dass es in den richtigen Proportionen in Umlauf gebracht wird, damit die Waren problemlos von den Produzenten zu den Konsumenten gelangen können. ... Indem wir für uns auf diese Weise unsere eigene Papierwährung schöpfen, kontrollieren wir ihre Kaufkraft, und wir müssen an niemanden Zinsen zahlen. ... Immer, wenn Ihre Banken hier in England Geld in Umlauf bringen, müssen diese Schulden getilgt und dafür Wucherzinsen bezahlt werden. Das führt dazu, dass Sie nie genug Geld im Umlauf haben, alle Arbeiter zu beschäftigen. Sie haben nicht zu viele Arbeiter, Sie haben zu wenig Geld in Zirkulation, und selbst das Geld, das zirkuliert, schleppt eine ewige Last an unbezahlbaren Schulden und Wucherzinsen mit sich.»[98]

Das war wohl zu viel der Unabhängigkeit, denn als Konsequenz zogen die englischen Abgeordneten die monetären Schrauben an. Der englische Historiker John Twells: «In einer schlechten Stunde nahm das britische Parlament Amerika das repräsentative Geld weg, verbot die Ausgabe von Kreditbriefen und ihre Verwendung als gesetzliches Zahlungsmittel und ordnete die Bezahlung aller Steuern in Münzen an. Man beachte die Folgen: Die Einschränkung des Tauschmittels lähmte alle industriellen Energien des Volkes. Ruin breitete sich in den einst blühenden Kolonien aus. Grösstes Elend suchte jede Familie und jedes Geschäft heim, aus Unzufriedenheit wurde Hoffnungslosigkeit und erreichte einen Punkt, an dem ... die menschliche Natur sich erhebt und sich seiner Rechte bemächtigt.»[99] Das möchten wir doch heute auch: eine Erhebung der menschlichen Natur, die sich ihrer Rechte bemächtigt!

Nach diesem Akt der Unterdrückung brauchte es nur noch eine dumme Teesteuer und ein paar aufgebrachte Siedler, die 1773 an der legendären Boston Tea Party eine Schiffsladung im Hafen versenkten,

---

98 Zitiert von Charles Binderup in «America created its own money in 1750», 1941. Der amerikanische Kongressabgeordnete Charles Binderup war Mitbegründer der Constitutional Money Leage of America. Binderup gibt keine Quelle für den bemerkenswerten Text von Benjamin Franklin an.
99 Zitiert in: Unrobing the Ghosts of Wall Street. Hrsg.v. Constitutional Money Leage of America, 1941.

und die amerikanische Revolution war nicht mehr zu verhindern. Damit war die monetäre Einflussnahme des englischen Bankwesens fürs Erste gestoppt, aber nicht für lange. Den Unabhängigkeitskrieg gegen England bezahlten die Kolonien nämlich mit Schuldscheinen, die später gegen Steuereinnahmen einer Regierung eingelöst werden sollten, die noch nicht einmal bestand. Wie jeder Krieg hatte auch dieser eine verheerende inflationäre Wirkung – exzessive Geldschöpfung in Kombination mit Zerstörung anstatt Wertschöpfung. Die Scheine waren kaum das Papier wert, auf dem sie gedruckt waren. Die Desillusionierung der Gründerväter darob muss so gross gewesen sein, dass sie in der ersten Verfassung der USA das Recht der Papiergeldschöpfung nicht einmal erwähnten, obwohl es den Kolonien so viel Wohlstand bescherte und in gewisser Hinsicht auch die Ursache des Unabhängigkeitskrieges war. Das verfassungsmässige Recht der Regierung beschränkte sich auf die Prägung von Münzen und auf Rechnung der Vereinigten Staaten Kredit aufzunehmen – und das ist bis heute so. Schon die erste amerikanische Notenbank, die 1791 mit einer Lizenz für 20 Jahre ausgestattete private «Bank of the United States», gehörte zu drei Vierteln ausländischen Besitzern.[100]

Mit der staatlichen Geldschöpfung befassten sich in der Folge noch vier Präsidenten: Andrew Jackson (im Amt 1829 bis 1837) und James Garfield (1881), die das Geldschöpfungsprivileg der Banken einschränken wollten, Abraham Lincoln (1861 bis 1865), der eigenes Geld herausgab (die legendären Greenbacks) und John F. Kennedy (1961 bis 1963), der ein bankenunabhängiges Zahlungsmittel auf der Basis von Silber plante. Auf alle vier wurden Attentate verübt; nur Jackson überlebte.

Geldschöpfung ist also ein gefährliches Thema. Das zeigte sich auch 1834 in London, dem Zentrum der damals massgebenden Weltmacht: In einer Geldreform wurden die Kerbhölzer (tally sticks), die während Jahrhunderten als Belege für Schulden und Guthaben dienten und mit denen man auch Steuern bezahlen konnte, ausser Verkehr gesetzt und vernichtet. Die offizielle Geldverbrennung im englischen Oberhaus artete zu einem an Symbolkraft kaum zu über-

---

100 Ellen Hodgson Brown: Dollar Crash. 2008. S. 104

treffenden Fanal aus: Das Feuer geriet ausser Kontrolle und zerstörte den Westminster Palast samt den Parlamentskammern. Das private Geld besiegte den Staat.

Einen weiteren entscheidenden Sieg errang dieses private Geld an Weihnachten 1913, am 22. Dezember in der amerikanischen Hauptstadt Washington. Viele Abgeordnete waren schon abgereist, nicht wenige dürften die Vorlage gar nicht studiert haben und so kam es, dass nach kurzer Diskussion ein Gesetz verabschiedet wurde, von dem der Kongressabgeordnete Charles A. Lindbergh, der Vater des Flug-Pioniers sagte: «Wenn der Präsident [Wilson] dieses Gesetz unterzeichnet, wird die unsichtbare Regierung der monetären Macht legalisiert. ... Mit diesem Gesetz wird das schlimmste gesetzgeberische Verbrechen aller Zeiten begangen.» Am nächsten Tag schon unterzeichnete Präsident Woodrow Wilson das Gesetz mit der Bezeichnung «Federal Reserve Act» und die grösste Geldmaschine der Welt war geboren. Teil des Pakets: Die Einführung der bis anhin von der Verfassung verbotenen Einkommenssteuer als Sicherheit und Finanzierungssubstrat des neuen quasi-staatlichen Geldes. Das Federal Reserve System (Fed) im Besitz privater Banken verwandelte den damals höchst verschuldeten Staat zuerst in den reichsten, dann in den mächtigsten und heute in den gefährlichsten der Welt. Sein Schuldgeld, eine private Einrichtung, ist das Lebensblut der globalen Wirtschaft und die Reserve der meisten nationalen Währungen, ohne die, man muss es leider sagen, die Welt zum Stillstand käme.

Die Väter des «Federal Reserve Systems» konnten zufrieden sein. Das waren John Pierpont Morgan, der offiziell reichste Mensch der damaligen Zeit, der eingebürgerte deutsche Banker Paul Warburg und ihre Hintermänner. Sie erreichten, was europäischen Finanzinteressen in den Vereinigten Staaten zweihundert Jahre lang trotz List und mehreren Kriegen versagt blieb: eine Zentralbank in Privatbesitz zur Emission gesetzlicher Zahlungsmittel. Dabei war das politische Klima ungünstig. Das Geldsystem und die immer wieder von Banken geforderte Einrichtung einer Zentralbank waren politische Themen von grösstem Interesse. Bücher wie «Coin's Financial School» von

William Hope Harvey, in dem das Geldsystem allgemein verständlich dargestellt und vor dem Einfluss englischer Banker gewarnt wurde, erreichten Millionenauflagen. Die Populist Party erlangte mit dem Geldthema massgeblichen Einfluss in der demokratischen Partei. In dieser Situation brauchte es ein entscheidendes Ereignis, und dieses versetzte die Massen 1907 in Angst und Schrecken.

Nach Gerüchten über den bevorstehenden Bankrott der Knickerbocker Bank und der Trust Company of America setzte ein Run auf die beiden Banken ein, der sich mit Sicherheit zum Flächenbrand entwickelt hätte (da Banken immer mehr versprechen, als sie halten können). Aber Morgan schloss die wichtigsten Banker New Yorks in seiner Bibliothek zu einer historischen Sitzung ein und zwang sie zu einer gemeinsamen Rettungsaktion. Er selbst steuerte 100 Millionen Dollar in Gold aus Europa bei. Charles Lindbergh und andere Politiker erhoben später den Vorwurf, Morgan selbst habe die Gerüchte in die Welt gesetzt. In der Tat: Trotz seines grossen Kapitaleinsatzes war Morgan der Hauptprofiteur der Panik.

1910 wurden nämlich ein paar Banker und eingeweihte Politiker eingeladen, sich «einzeln und so unauffällig wie möglich» auf Morgans Insel Jekyll Island zu begeben. An dem klandestinen Treffen der als Entenjäger Verkleideten wurde ein Gesetz zur Einführung einer privaten Zentralbank entworfen, das Federal Reserve System. 1913, nachdem Woodrow Wilson, der Kandidat der Banken, Präsident der Vereinigten Staaten geworden war, überwand es die letzten politischen Hürden. Ein Weihnachtsgeschenk, das Wilson später bitter bereuen und das die Welt dauerhaft verändern würde.

Das grosse Geldspiel konnte jetzt richtig beginnen. Aber die neuen Regeln waren noch nicht klar, und der Schiedsrichter – Grossbritannien – war gerade daran, sich von seiner führenden Rolle zurückzuziehen. Während Europa den Ersten Weltkrieg und den Friedensvertrag von Versailles zu verdauen versuchte, senkte in den USA die Fed den Leitzins und der Aktienmarkt erlebte einen beispiellosen, mit Kredit finanzierten Boom, den die Welt nach dem Crash von 1929 mit einer langen Depression, politischem Extremismus und weltweitem Kriegselend bezahlen musste.

Die grosse Chance zu nachhaltigen Machtverschiebungen kam mit dem Zweiten Weltkrieg. Schon kurz nach den ersten Kriegserfolgen und in Erwartung eines baldigen Sieges präsentierte das Nazi-Regime 1940 seine Vorstellungen der wirtschaftlichen Nachkriegsordnung. Zentrales Element war die Bindung der Währungen der Verliererstaaten an die Reichsmark – die Idee der Leitwährung war geboren. Nicht mehr Gold sollte das Mass aller Dinge sein, sondern die Währung der siegreichen Nation. Dieses Konzept hätte es Deutschland ermöglicht, Ressourcen aus allen angeschlossenen Ländern abzuziehen und mit selbst geschöpften Reichsmark zu bezahlen, die diese Länder als Währungsreserve halten mussten. Der dreiste Vorstoss verlangte eine Antwort der Engländer. Sie beauftragten John Maynard Keynes mit einem Gegenentwurf. Keynes übernahm und verfeinerte das geniale Konzept einer globalen Buchwährung des jungen Ernst Friedrich («Fritz») Schumacher, der später als Autor von «Small is beautiful» weltberühmt werden sollte. Aber 1940 war Schumacher noch ein deutscher Flüchtling und hatte in einem englischen Internierungslager offenbar Zeit, Lösungen für die grossen Weltprobleme auszudenken. Zentrale Elemente des Konzepts waren eine internationale Clearingstelle und die durch Gold gedeckte Verrechnungseinheit «Bancor», an die alle teilnehmenden Währungen gekoppelt werden sollten. Lieferungen zwischen den Ländern wären dabei in Bancor verrechnet und nicht mehr in nationalen Währungen oder in Gold bezahlt worden. Um stabile, harmonische Verhältnisse herzustellen, hätte nicht nur Zins bezahlen müssen, wer zu stark ins Minus rutschte, sondern auch wer zu grosse Überschüsse erzielte. Wenn die Architekten des Euro nur etwas von Schumacher gelernt hätten!

Seine grosse Stunde sah Keynes gekommen, als die USA 1944 zu einer Konferenz ins amerikanische Bretton Woods einluden, um die globale Finanzordnung auf eine neue Basis zu stellen. Aber es kam anders. Die Hintergründe wurden erst viel später, mit der Veröffentlichung der Tagebücher des damaligen amerikanischen Finanzministers Henry Morgenthau 1978 bekannt. Morgenthau liess nämlich bereits Ende 1941 durch seinen Berater, den ehemaligen Geheimdienstmann Harry Dexter White, ebenfalls eine wirtschaftliche Nachkriegsordnung skizzieren, auf der Basis der deutschen Idee einer Leitwährung, aber mit dem Dollar in dieser Rolle. Da mit erheblichem Widerstand zu rechnen war, wie Morgenthau seinem Tagebuch freimütig vertraute, griffen die USA in die unterste Schublade der diplomatischen Trickkiste – es herrschte ja Krieg, und da gelten andere Regeln. Verhandelt und vereinbart wurde gegen den Willen Grossbritanniens die Wiedereinführung eines Goldstandards; die USA waren durch die beiden Weltkriege zum grössten Goldbesitzer und zum bedeutendsten Gläubiger avanciert. Aber der definitive Text des Abkommens lag am Ende der Konferenz, dem 13. Juli 1944, als das Abschlussdokument unterschrieben wurde, noch nicht vor. «Wir, jeder von uns, mussten natürlich unterschreiben», schrieb Keynes später, «ohne dass wir zuvor die Gelegenheit gehabt hätten, eine saubere und zusammenhängende Abschrift lesen zu können. Das einzige, was wir je davon zu Gesicht bekommen hatten, war die gestrichelte Linie.»[101] Als ein paar Wochen später den Teilnehmern der bereinigte Vertrag zugestellt wurde, hatten die USA das Wort «Gold» durch «Gold oder US-Dollar» ersetzt, eine kleine Änderung mit weitreichenden Folgen. Die USA konnten damit faktisch Gold drucken, gegen das Versprechen, die gedruckten Dollars jederzeit in physisches Gold umzutauschen. Es war ein globaler monetärer Staatsstreich. Was die Nazis ausgeheckt hatten und von Keynes als «moderne Version einer an Sklaverei grenzenden imperialistischen Ausbeutung» bezeichnet wurde, konnten die USA verwirklichen.

Schon Mayer Amschel Rothschild (1744 bis 1812), Begründer der Rothschild-Bankendynastie wusste: «Gib mir die Kontrolle über das Geld einer Nation und es interessiert mich nicht, wer dessen Gesetze macht.»

In England gingen die Wellen hoch; man sprach von Betrug und lehnte eine Ratifizierung ab. Aber Ende 1945 war England finanziell auf Grund gelaufen und brauchte dringend einen grossen Kredit der USA, den diese nur gegen die Zustimmung zu den Verträgen von Bretton Woods gewährten. Trotz allem reiste Keynes guten Mutes im Fe-

---

[101] Zitiert nach Georg Zoche: Krieg und Geld, swissfuture, Nr. 2/2013 (S. 24-30).

bruar 1946 nach Savannah (Georgia/USA) an die erste Konferenz zur Umsetzung der Verträge. Er freute sich, alte Freunde wieder zu sehen und das Beste aus dem Abkommen zu machen. Doch die Atmosphäre war frostig und der Wille der USA zur Macht nicht zu brechen. Die letzten Hoffnungen von Keynes schwanden dahin. Noch auf der Rückreise erlitt er in der Bahn einen Herzinfarkt. Er kehrte als gebrochener Mann nach England zurück, wo er ein paar Monate später einem zweiten Infarkt erlag.

Mit Keynes starb auch die Idee einer auf Ausgleich ausgerichteten Ordnung der Weltwirtschaft. Denn diese war fortan gefangen in einem Problem, das 1959 als «Triffin-Dilemma» bekannt wurde, benannt nach dem belgisch-amerikanischen Ökonomen Robert Triffin, das er in seinem Buch *Gold and the Dollar crisis – the future of convertibility* (Yale University Press, 1961) beschrieb. Beim Triffin-Dilemma geht es um Folgendes: Damit der Dollar als Welthandels- und Reservewährung überhaupt funktionieren kann, muss er auch ausserhalb der USA in genügender Menge vorhanden sein. Das ist nur möglich, in dem sich die USA verschulden, d.h. mehr Waren importieren als exportieren und mit frisch gedruckten Dollars bezahlen. Auf der anderen Seite ist eine Währung nur stabil, wenn das Land, das sie herausgibt, eine ausgeglichene Leistungsbilanz ausweist. Das kann natürlich auf Dauer nicht gut gehen, und so schrieb denn auch Triffin im Vorwort zum erwähnten Buch: «Ob es eine Chance gibt, diese Probleme rechtzeitig genug zu bewältigen, bevor eine grössere Krise des internationalen Währungssystems erfolgt, ist eine ganz andere Frage, die nur die Geschichte allein beantworten kann und beantworten wird.» Heute wissen wir: Diese Probleme sind noch immer nicht gelöst, und sie sind selbstverständlich nicht kleiner geworden.

Eine erste Antwort kam bereits rund zehn Jahre später und wieder einmal war es ein Krieg, der den Anstoss dazu lieferte. Die amerikanischen Defizite waren mit dem Vietnamkrieg so gross geworden, dass Zweifel an der Fähigkeit der USA aufkamen, die vielen Dollars in den Kellern der Zentralbanken wie versprochen in Gold umzutauschen. 1971 überstiegen die Verbindlichkeiten 70 Mrd. Dollar, die US-

Regierung verfügte zur Deckung nur über Goldreserven im Wert von 12 Mrd.[102]

Anfangs August 1971 schickte der französische Präsident Georges Pompidou ein Kriegsschiff nach New Jersey, um Dollars gegen Gold aus Fort Knox einzutauschen, und wenige Tage später, am 15. August war es um den Vertrag von Bretton Woods geschehen: Präsident Nixon erklärte, der Dollar sei nicht mehr in Gold konvertibel. Der amerikanische Finanzminister John Connally reiste nach Europa, um für Verständnis und Hilfe zu werben. Was er aber wirklich sagte, war in der unnachahmlichen Zusammenfassung des späteren griechischen Finanzministers Yanis Varoufakis das: «Es ist unsere Währung, aber euer Problem!»

Das stimmte allerdings nicht ganz: Die ganze Finanzwelt hatte ein Problem. Sie verlor mit dem Bretton-Woods-System die letzte Verbindung zu einem universellen realen Wert. Es begann die Ära des Fiat-Geldes. Wie sollte der Wert des Geldes definiert werden? Nach welchen Kriterien sollte die Geldschöpfung begrenzt werden? Anstatt sich an einer grossen Konferenz über solche grundsätzlichen Fragen zu einigen, wurde fortlaufendes Krisenmanagement betrieben. 1973 brach auch das System der festen Wechselkurse zusammen und es wurden flexible Wechselkurse eingeführt, mangels Alternative zunächst für ein Jahr zur Probe. Daraus ist ein Dauerzustand geworden, mit erheblichen Konsequenzen. Denn Geld wurde dadurch definitiv zu einer Ware, deren Wert sich nach Angebot und Nachfrage richtete. Das erzwang einerseits eine zunehmende Deregulierung des Kapitalverkehrs – wahre Preise brauchen freie Märkte. Die Zentralbanken konnten andrerseits nicht mehr berechenbare Reserven halten, sondern mussten sich für schnell wechselnde Wetterlagen und spekulative Attacken wappnen. Wenn mit grossen Krediten auf die Abwertung einer bestimmten Währung spekuliert wird, kann das betroffene Land den Angriff nur abwehren, wenn es über hohe Devisenreserven verfügt.

---

102 Yanis Varoufakis: Der globale Minotaurus. 2012. S. 117. In dem lesenswerten Buch beschreibt der spätere griechische Finanzminister, wie es den USA als erstem Hegemon der Weltgeschichte gelang, ihre Hegemonie dadurch zu stärken, dass sie absichtlich ihre Defizite vergrösserten.

Das Paradebeispiel dafür ist die Pfundkrise von 1992. Der amerikanisch-ungarische Spekulant George Soros beschaffte sich enorme Kredite in britischen Pfund und verkaufte sie umgehend gegen D-Mark und französische Francs. Die Bank of England versuchte zunächst, dieser Pfundschwemme durch Stützungskäufe mit eigenen Devisen zu begegnen und dann durch eine Erhöhung des Zinssatzes, um das Pfund attraktiver zu machen. Aber auch damit war sie gegen den geballten, mit Kredit finanzierten Verkaufsdruck machtlos. England musste das Europäische Währungssystem EWS mit seinen Wechselkursgrenzen verlassen, das Pfund verlor gegenüber der D-Mark 15 und gegenüber dem Dollar 25 Prozent an Wert. Dann bezahlte Soros seine Kredite zurück und behielt eine Milliarde Dollar als Gewinn. Grossbritannien kostete die Spekulation 25 Pfund pro Steuerzahler.[103]

Als Folge der Auflösung der Goldparität des Dollars liess die aufgestaute Inflation in den 1970er Jahren alle wichtigen Welthandelspreise steigen. Der Preis von Gold verzwölffachte sich bis 1979, der Dollar sank gegenüber allen wichtigen Währungen. Das war nun vor allem das Problem der USA, denn ihr Reichtum bestand nicht mehr darin, Waren zu exportieren (eine Abwertung hätte den Export begünstigt), sondern aus Schulden in der Gestalt ihrer Währung. Nur: Wer will schon Schuldtitel kaufen, deren Wert ständig schrumpft? Doch die USA fanden eine clevere Lösung. 1973 bescherte der Jom-Kippur-Krieg einen Anstieg des Ölpreises um 400 Prozent, der die USA als Land mit eigener Förderung weniger stark betraf als andere Industriestaaten. Zudem machte der gestiegene Preis die teure Nordsee-Förderung des Verbündeten Grossbritannien rentabel. 1975 erreichte der damalige US-Aussenminister Henry Kissinger in einem Abkommen mit der Organisation der Erdöl exportierenden Länder (OPEC), dass der gesamte Ölhandel in Dollar abgewickelt wurde. Dieses Privileg wird bis zum heutigen Tag mit eiserner Hand verteidigt und jeder Verstoss unerbittlich geahndet, wie die Beispiele Irak, Iran, Libyen, Syrien, Venezuela oder Russland zeigen, die alle Öl gegen Euro ver-

---

103 Der Spiegel, 1.11.1993. www.spiegel.de/spiegel/print/d-13679474.html

kauften oder dies planten. Da praktisch jedes Land Öl brauchte und der Ölpreis laufend stieg, war der Dollar als Reservewährung wieder gefragt.

Dies erzeugte einen enormen Kreditbedarf in Dollar, den die amerikanischen Banken nur zu gerne befriedigten. Sie rezyklierten die riesigen Dollar-Gewinne der erdölproduzierenden Staaten und vergaben nun massenhaft Kredite an Schwellen- und Entwicklungsländer, denn die westlichen Industriestaaten steckten ja in einer Rezession und waren nicht besonders kreditfähig. Dieses Geld war seinem Wesen nach Konsumkredit privater Banken, ein fundamentaler Gegensatz zu den Investitionskrediten, die öffentliche Institutionen wie die Weltbank vor dem Ölschock vergaben – und eine Zeitbombe, die schon bald hochgehen sollte. Denn Ende der 70er Jahre verdreifachte die amerikanische Zentralbank unter der Führung von Paul Volcker innerhalb kurzer Zeit den Leitzins auf über 20 Prozent. Mit diesen hohen Kapitalrenditen holten die USA die Dollarflut wieder an die Wallstreet zurück, wo sie die Aktienkurse befeuerten und das wachsende Staatsdefizit finanzierten. Das klingt zunächst nach einem guten Geschäft, aber die Zeche zahlten andere.

Die hohen Zinsen liessen die realwirtschaftlichen Investitionen in den USA schrumpfen – weniger Produktion und mehr Arbeitslosigkeit! – und die Schulden der Entwicklungsländer explodieren. Beide Entwicklungen konnte das Finanzestablishment zu seinem Vorteil nutzen: Der Rückgang der Wertschöpfung in den USA erhöhte das Defizit, das finanziert werden musste, und die Schulden der Entwicklungsländer konnten mit weiteren Krediten in die Zukunft verschoben werden. Für beides war allerdings ein hoher politischer Preis zu zahlen: Um die US-Wirtschaft wieder wettbewerbsfähiger zu machen, fand unter Ronald Reagan eine beispiellose Liberalisierung zulasten der Arbeitnehmer statt. Anstatt die Produktion zu verbessern, wurde sie verbilligt, indem man die Löhne drückte und die Unternehmenssteuern senkte. Aber der gesunkene Konsum der arbeitenden Klassen fehlte in der Wirtschaft und der grösser gewordene Reichtum der Vermögenden wollte partout nicht in die unteren Schichten sickern, wie es die «trickle down-economics» versprachen. So verdreifachten sich unter Reagan die US-Staatsschulden von rund einer Billion auf knapp drei Billionen Dollar[104], das grösste Schuldenwachstum in Friedenszeiten.

Die enorme Geldschwemme musste natürlich gewinnbringend angelegt, das Kapital befreit werden. Die Folge war eine konzertierte Deregulierung, ausgehend von den beiden wichtigsten Finanzzentren, New York und London, wo 1987 unter Margreth Thatcher der «big bang» ausgerufen wurde. Damit die neuen «Finanzprodukte», junk bonds und Derivate, die Welt erobern konnten, musste die Gesetzgebung in den übrigen westlichen Ländern auch geändert werden. Der Weg mit den geringsten demokratischen Störgeräuschen, der dafür gefunden wurde, war das «General Agreement on Trade in Services» (GATS), das im Schoss der World Trade Organization (WTO) in geheimen Verhandlungen ausgearbeitet wurde und am 1. Januar 1995 in Kraft trat. Damit konnten die Derivate mit ihrer zweifelhaften Mathematik und ihrer löchrigen Sicherheit weltweit gehandelt werden, was später dazu führte, dass die amerikanische sub-prime-Krise – ein vergleichsweise kleiner Markt mit armen Hausbesitzern – die ganze Welt an den finanziellen Abgrund bringen konnte.

In der Summe führte die Deregulierung zu einer Bevorteilung der Rechte des Finanzkapitals gegenüber den Selbstbestimmungsrechten der Nationen, zu einer beschleunigten Geldschöpfung durch Kredit und der Verbreitung der darauf basierenden Sicherheiten in aller Welt. Die Banken machten die Erde zum Pulverfass.

Natürlich müssen die erweiterten Rechte des Finanzkapitals auch durchgesetzt werden. Zu diesem Zweck mutierte der Int. Währungsfonds (IWF) zu einer Schuldenpolizei. Der IWF wurde unter Bretton Woods gegründet, um die Wechselkurse der beteiligten Staaten stabil zu halten. Mit dem Zusammenbruch des Systems 1973 musste sich der IWF ein neues Betätigungsfeld suchen. Während seine Schwesterorganisation, die Weltbank, relativ grosszügig Entwicklungskredite vergibt, sorgt der IWF, dass die verschuldeten Länder für die Rück-

---
104 Historical Debt Outstanding - Annual 1950 - 1999. US Dept. of Treasury.
http://www.treasurydirect.gov/govt/reports/pd/histdebt/histdebt_histo4.htm

zahlung fit gemacht werden. Erstmals getestet wurden die neoliberalen Rezepte in Chile ab 1973, als der Putschist Augusto Pinochet den Chicago Boys freie Hand gab und ihnen zusicherte, den Widerstand gegen die Reformen zu brechen. Trotz der Menschenrechtsverletzungen wurde das Programm, das die Arbeitslosigkeit zwischen 1973 und 1975 von 3 auf 18 Prozent trieb, vom IWF mit steigenden Krediten unterstützt. Die Erfahrung führte 1978/79 zu Statutenänderungen des IWF – die «structural adjustments» waren geboren und der IWF wurde zum globalen Krisenmanager im Dienste des internationalen Finanzkapitals. Die Krisen wurden allerdings nicht gemanaged, sondern einfach verlagert. Anstatt Banken gerieten nun Staaten in Not, wobei dies noch ein vergleichsweise schwacher Begriff ist. Denn das Resultat der bisher 566 «Stabilisierungs- und Strukturanpassungsprogramme» in 70 Ländern war (und ist) Elend und Krieg, vermutlich von historischem Ausmass. Die Situation der verschuldeten Staaten ist ausweglos, wie Ellen Brown schreibt: «Bis 2001 war genug Geld von der Dritten Welt in die Banken der Ersten Welt geflossen, um die ursprüngliche Kreditsumme sechs Mal tilgen zu können. Aber die Zinsen haben von diesen Zahlungen so viel aufgebraucht, dass sich die aufgelaufenen Schulden tatsächlich vervierfacht haben.»[105]

Schulden, die nicht zurückbezahlt werden können, sollten gestrichen werden. Es bringt keiner Partei einen ökonomischen Vorteil, ein Land durch die Auspressung von Zinsen und Ausverkauf seiner Infrastruktur in ein Armenhaus zu verwandeln, das nichts mehr produzieren kann. Die beiden einzigen «Vorteile» der Bedienung unbezahlbarer Schulden liegen in der Abschreckung anderer Schuldenstaaten und darin, dass die Kredite nicht abgeschrieben werden müssen. Zudem haben diese Länder nichts erhalten, das anderswo gespart oder weggenommen, sondern von den Banken aus dem Nichts geschöpft wurde.

Ein Schnitt wäre deshalb schon in der Schuldenkrise der Entwicklungsländer in den 80er Jahren der richtige Schritt gewesen. Dies erkannte auch eine der grossen Ausnahmeerscheinungen der

---
[105] Ellen Brown: Der Dollar-Crash. 2008. S. 322. Nach Achin Vanaik: Cancel Third Worl Debt. 2001.

Bankenwelt, Alfred Herrhausen, Vorstandssprecher der Deutschen Bank, der u.a. für einen Schuldenerlass zugunsten der Entwicklungsländer eintrat. Als er im November 1989 einem Bombenattentat zum Opfer fiel, gab es sofort Stimmen, die an der nie ermittelten offiziellen Täterschaft zweifelten, angeblich der dritten Generation der Roten Armee Fraktion. Den indirekten Beweis, dass Herrhausen wegen seiner Entschuldungspolitik ermordet wurde, lieferte ausgerechnet sein Nachnachfolger an der Spitze der Deutschen Bank, Joseph Ackermann. In einer Talksendung vom Mai 2010 fragte ihn Maybritt Illner, ob er als Chef des int. Bankenverbandes nicht einfach die Forderung hätte stellen können, die Griechenlandkrise mit einem Schuldenerlass zu lösen. Ackermann kurz und trocken: «Ich glaube, es wäre mir ergangen wie Alfred Herrhausen.»[106]

Anstatt der Banker, die leichtfertig Kredite vergaben, sterben nun ihre Schuldner. Das Elend, das sich durch die vom IWF durchgesetzte Politik auf der Erde verbreitet, liegt weitgehend unter unserer Wahrnehmungsschwelle. Wir im Westen sind geblendet von den billigen Produkten und sehen nicht, unter welchen Bedingungen sie entstehen. Die Flüchtlinge, die ihr Leben aufs Spiel setzen und bei ihrer Landung an Italiens Stränden gelegentlich auf unseren Fernsehschirmen erscheinen und unsere Herzen temporär erweichen, sind nur ein verschwindend kleiner Teil der verarmten Massen, denen der Mut und die Gesundheit für die lange Reise und das Geld für die Schlepper fehlen. Die Politik nach den Gesetzen des Geldes ist ein Krieg gegen die Menschheit, und manchmal ist es auch ein ganz normaler Krieg mit Bomben, Blut und Beute, wie Ernst Wolff in seinem Buch «Weltmacht IWF – Chronik eines Raubzugs»[107] zeigt. Stellvertretend für das Schicksal vieler Ländern, von Argentinien oder Südafrika über Indonesien oder die Ukraine bis zu Irland und Griechenland hier die Geschichte der Intervention des IWF in Jugoslawien:

---

106 Verschiedene Beiträge mit Originalausschnitten dazu sind auf youtube mit den Suchbegriffen «Herrhausen Ackermann» zu finden.
107 Ernst Wolff: Weltmacht IWF – Chronik eines Raubzugs. 2015.

Auch Jugoslawien geriet durch die Hochzinspolitik der USA in Schwierigkeiten. Als 1983 ein Zahlungsausfall drohte, schlossen sich Industrienationen, Banken und der IWF unter der Leitung des US-Botschafters Lawrence Eagleburger unter dem Namen «Freunde Jugoslawiens» zusammen und versprachen, mit dem grössten bislang vergebenen IWF-Kredit – 600 Mio. Dollar – zu helfen. Bedingung der «Freunde» war eine Strukturanpassung und die Haftung der Steuerzahler nicht nur für die öffentlichen Schulden von 5,5, sondern auch für die privaten Schulden von 10,9 Mrd. Dollar. Die Massnahmen erfolgten gemäss Wolff in Absprache mit dem US-Finanzministerium und der Wallstreet und orientierten sich an einer Direktive der Nationalen Sicherheitsbehörde, die «verstärkte Anstrengungen» forderte, «um kommunistische Regierungen und Parteien in einer ‹leisen Revolution› zu stürzen».[108] Als Folge stieg die Arbeitslosigkeit, die Löhne sanken um 40 Prozent und 1988 war Jugoslawien das höchst verschuldete Land Europas, mit Nahrungsmittelengpässen, Tausenden von Streiks und wachsenden Spannungen zwischen den einzelnen Bundesstaaten. Das nächste IWF-Programm erlaubte uneingeschränkte ausländische Investitionen; die als Folge der Krise im Wert gesunkenen Betriebe fielen reihenweise zum Schnäppchenpreis an westliche Investoren oder wurden geschlossen. Wer überlebte, konnte sich allerdings nicht lange freuen.

Mit einem 1990 auf Druck des IWF eingeführten «Unternehmensgesetz» wurden zahlungsunfähige Unternehmen gezwungen, sich innert 30 Tagen und ausserhalb des ordentlichen Rechtsweges mit den Gläubigern zu einigen, was in der Regel die Übernahme bedeutete. Um dies zu verhindern stellten die meisten Staatskonzerne ihre Lohnzahlungen ein. Jeder fünfte Beschäftigte erhielt während Monaten keinen Lohn. Dann, und das war wohl der Todesstoss für Jugoslawien, durfte auf Anordnung des IWF kein Geld mehr für den innerjugoslawischen Finanzausgleich eingesetzt werden, solange Zahlungen für Auslandschulden ausstanden. Im ganzen Land gewannen nationalistische Gruppen an Boden und Radikale setzten sich an die Spitze der Bundesstaaten; die 26 Ethnien, die vorher friedlich zusammengelebt hatten, begannen

---

108 Ernst Wolff: Weltmacht IWF. 2014. S. 71. Wolff nennt für das Zitat keine Quelle.

sich gegenseitig zu terrorisieren. Der Verteilkampf wurde zum Krieg. 1991 unterlief die serbische Regierung unter Slobodan Milosevic das IWF-Programm und liess von der eigenen Nationalbank Geld drucken (im Umfang von 1,8 Mrd. Dollar), um ausstehende Löhne von Staatsangestellten zu bezahlen. Die Folge war ein Embargo der UNO – der Rest ist Geschichte.

Ob durch Planung, Absicht oder einfach Fahrlässigkeit bewirkt, eines lässt sich mit Sicherheit sagen: Ohne den IWF wären der Krieg und die explizite Fremdherrschaft des Geldes nicht wieder nach Europa zurückgekehrt. Ein Beispiel: «Die [1995] ohne konstituierende Versammlung zustande gekommene Verfassung [von Bosnien-Herzegowina] sah vor, dass der Direktor der Zentralbank vom IWF ernannt werden sollte und kein Bürger Bosnien-Herzegowinas oder eines benachtbarten Staates sein durfte. Der Zentralbank selbst wurde für die Dauer von sechs Jahren untersagt, neues Geld zu drucken oder eine eigene Währung einzuführen.»[109]

Dass wir die Ursache solcher Entwicklungen nicht wahrnehmen, sondern als logische Folgen der Ökonomie verkennen, hängt mit einer Doktrin zusammen, die ebenfalls in den 8oer Jahren die politischen Chefetagen eroberte: der Neoliberalismus. Seine grundlegende Behauptung, private Unternehmen seien effizienter als staatliche Einrichtungen, trifft nur unter den Bedingungen eines freien Marktes zu, und dieser ist unter der zunehmenden Monopolisierung und Reglementierung immer weniger gegeben – und beim service public weder möglich noch erwünscht. Vor allem diente die Doktrin als Vorwand, zu deregulieren, Steuern zu senken und öffentliche Infrastruktur zu verkaufen und so dem Finanzkapital lukrativere Anlagemöglichkeiten zu schaffen, als auf dem freien Markt zu finden waren.

Während private Bäckereien bestimmt besseres und günstigeres Brot liefern als grosse Staatsbäckereien mit gesichertem Absatz, ist die Versorgung mit Wasser, Energie, Bildung, Verkehrs- und Kommunikationsleistungen aus öffentlicher Hand in der Regel besser und günstiger. Das zeigt der Zerfall der Infrastruktur der 1994 privatisier-

---

109 a.a.O.: S. 77

ten British Rail. Die Preise stiegen, die Unfälle nahmen zu, das Netz verlotterte und nach bereits acht Jahren ging die für das Schienennetz zuständige Railtrack in Konkurs. Vorwiegend schlechte Erfahrungen brachte auch die Privatisierung der Wasserversorgung, die in verschiedenen Ländern bereits wieder rückgängig gemacht wird. Welche ökonomischen Gesetze hier am Werk sind, sehen wir am Beispiel des Mobilfunks. Weil diese neue Technologie von Anfang an privat sein musste, gingen die Konzessionen an eine genügend grosse Zahl von Bewerbern, um ein Monopol auszuschliessen. Diese mussten jeweils teure Netze bauen, mit vier Konsequenzen: mehr Masten, mehr Elektrosmog, schlechtere Versorgung, höhere Preise. Weil sich auf dieser Basis eben doch nicht so gut wirtschaften liess, hat inzwischen bereits wieder eine Flurbereinigung zugunsten der kapitalkräftigsten Anbieter stattgefunden. Viel ökonomischer wäre es gewesen, ein einziges dichtes Netz in öffentlicher Hand zu bauen und dieses unter transparenten Bedingungen zum Gebrauch an die Versorger zu vermieten. Aber das Ziel des Neoliberalismus ist eben nicht ökonomische Effizienz, sondern Ausdehnung des Finanzkapitals und Eroberung von Monopolen.

Zurück zur Geschichte der Schuldgeldvermehrung: Nach der Überschuldung der Entwicklungsländer in den 80er Jahren musste eine neue Basis für die Geldvermehrung gefunden werden. Der Übergang war zunächst durch eine Rezession und wieder einmal einen gewollten Krieg (1. Golfkrieg, 1990/91) gekennzeichnet, dann beflügelte die technologische Revolution des Internet die Börsen. Die Papiere der vielen Start-ups schossen in die Höhe und kleine Firmen mit wenigen Angestellten und null Gewinnen überflügelten im Börsenwert etablierte Konzerne mit hunderttausenden von Mitarbeitern, einem soliden Geschäftsmodell und regelmässigen Erträgen. Möglich wurde dies, indem nicht mehr Standardwerte wie Gewinn pro Aktie ausschlaggebend für die Bewertung eines Wertpapiers waren, sondern neue komplizierte Trendanalysen. Vereinfacht ausgedrückt: Wenn der Trend in der Vergangenheit positiv war, wird er es auch in Zukunft sein, beschleunigt mit dem Turbo der Geldvermehrung. «Get large or get lost»[110] war das Motto der Internet-Unternehmer, die sehr viel Geld brauchten – weniger für ihre Produkte, als vielmehr, um ihre Dienstleistungen bekannt zu machen. War es ein unheiliger Pakt zwischen Geld und Ideen oder, wie Andrew Smith in seinem Buch *Totally Wired* fragte: «Haben die Jungs [die oftmals jungen Dotcom-Unternehmer] das Establishment in vorgetäuschte Firmen gemogelt oder hat das Establishment die Jungs getäuscht, indem es sie in den Mammon führte und eine Kommission dafür verlangte?»[111]

Ohne die Wallstreet, die an den Aktienplatzierungen sehr gut verdiente, hätte die Blase unmöglich entstehen können. Damit die Banken den Hype finanzieren konnten, wurden sie von Alan Greenspan an der Spitze der Fed grosszügig mit Reserven versorgt. Von 1991 bis 2000 verdoppelte sich die Dollar-Geldmenge, gleichzeitig sank die Sparquote von rund 9 Prozent auf unter 1 Prozent[112] – viele Normalverbraucher gingen an die Börse und wollten vom Boom profitieren.

Die wilden 90er Jahre erlebten auch eine Deregulierungswelle, die 1999 in der Aufhebung des Glass-Steagall-Gesetzes über die Trennung von Geschäfts- und Investmentbanken gipfelte. Damit wurde den amerikanischen Banken u.a. erlaubt, mit den Einlagen ihrer Kunden zu spekulieren. Auch die Schweiz machte mit: Auf Antrag von Bundesrat Kaspar Villiger lockerte die Landesregierung am 8. Dezember 1997 die Eigenmittelvorschriften für die Banken, die mehr Spielraum für die kreditfinanzierte Spekulation forderten. 1999 beruhigte Villiger die besorgten Nationalräte mit folgenden historischen Worten: «Hier möchte ich ganz klar sagen, dass niemand ‹too-big-to-fail› ist, und niemand, auch nicht im Bankensektor, wird im Falle eines Problems je mit Bundeshilfe rechnen können.»[113] Ausgerechnet

---

110 Paul Graham: Want to start a start-up?. www.paulgraham.com
111 Andrew Smith: Totally Wired: On the Trail of the Great Dotcom Swindle. 2012.
112 Current economic and financial conditions. Federal Reserve System, 5.12.2001. www.federalreserve.gov/monetarypolicy/files/fomc20011211gb-pt220011205.pdf
113 Viktor Parma und Oswald Sigg: Die käufliche Schweiz. 2011. S. 12

dieser Mann sollte zehn Jahre später an die Spitze der Grossbank UBS berufen werden, um deren Vertrauen wiederherzustellen, das durch die notwendige Rettung mit 68 Mrd. Franken von Bund und Nationalbank nachhaltig beschädigt worden war.

Entscheidend für die Entwicklung der Blase war 1995 die Erfindung der «Credit Default Swaps», eine handelbare Kreditversicherung, durch die US-Grossbank J.P. Morgan, wo Alan Greenspan vor seiner Berufung an die Spitze der Federal Reserve gearbeitet hatte. Dies ermöglichte den Banken, Kredite zu einem handelbaren Wertpapier zu machen, zu verkaufen – oft an eigene Spezialgesellschaften – und sie so aus ihren Bilanzen zu entfernen. Aber die Risiken wurden damit nicht entflechtet «und auf eine sehr kontrollierte Art und Weise» verteilt, wie Alan Greenspan noch am 6. März 2000 in einer Rede behauptete.[114] Sie wurden vor allem versteckt. Eine Woche nach Greenspans Rede platzte die Dotcom-Blase. Nach einigen Insolvenzen und enttäuschenden Gewinnen zogen sich die grossen Anleger aus dem Markt zurück, für den eigene Technologie-Börsen eingerichtet wurden. Als die Kleinanleger, die später eingestiegen waren, endlich verkauften, stürzten die Werte förmlich ab. Zwischen März 2000 und Oktober 2002 verloren allein die Dotcom-Firmen in den USA fünf Billionen an Börsenwert[115], ein Verlust, der die ganze Weltwirtschaft in Mitleidenschaft zog.

Was tun, um das Spiel des Wachstums wieder in Gang zu bringen? Was in den nächsten Jahren geschah, lässt sich mit einem Verständnis von Geschichte als Folge mehr oder weniger zufälliger Ereignisse nicht verstehen. Als erstes kam 9/11 zu Hilfe, ein Vorfall, der nach wie vor ungeklärt ist. Nicht nur ahnten ein paar gut informierte Investoren, dass etwas im Anzug war und spekulierten gegen die betroffenen Fluggesellschaften. Auch das dritte Hochhaus, in dem sich u.a. die CIA eingemietet hatte, stürzte ohne Fremdeinwirkung ein, wird aber im offiziellen Bericht der US-Regierung sonderbarerweise nicht

---

114 Rede an der Konferenz über New Economy in Boston, zitiert nach William Engdahl, Der Untergang des Dollar-Imperiums. 2009. S. 362.

115 Chris Gaither und Dawn C. Chmielewski: Fears of Dot-Com Crash, Version 2.0. Los Angeles Times, 1.7.2006. http://articles.latimes.com/2006/jul/16/business/fi-overheat16

einmal erwähnt. 9/11 war ein Glücksfall für die US-Wirtschaft, die nach dem Platzen der Dotcom-Blase nicht vom Fleck kommen wollte. Der Anschlag führte direkt zum teuren Krieg gegen Afghanistan, zum noch teureren, aber auch erfolgloseren Krieg gegen den Terrorismus und zwei Jahre später zum Zweiten Irakkrieg. Kriege, das muss an dieser Stelle wiederholt werden, führen immer zu überschiessender Geldschöpfung – anders sind sie gar nicht zu finanzieren – und sie sind nur für Banken ein sicheres Geschäft.

Der Afghanistankrieg kostete nach Angaben des US-Congressional Research Service 685,6 und der Irak-Krieg 814,6 Mrd. Dollar[116]; Geld, das die Bush-Regierung, die gleichzeitig die Steuern senkte, natürlich nicht hatte und das sie sich von Banken borgen musste. In diesen Zahlen sind zudem weder die Kosten für die Langzeit-Pflege und die Renten der Veteranen noch die weiteren ökonomischen und sozialen Kosten enthalten, die Linda Bilmes von der Harvard Universität für die beiden Kriege auf vier bis sechs Billionen Dollar veranschlagt.[117] Dieses Geld stellen die Banken den Regierungen noch so gerne zur Verfügung.

Noch teurer, an den offiziellen Zahlen gemessen, ist der Krieg gegen den Terrorismus. In den ersten zehn Jahren nach seiner Lancierung beliefen sich die Kosten gemäss einer Zusammenstellung des Budget Office des US-Kongresses auf rund eine Billion Dollar (1 082 Mrd.)[118]. In dieser Zeit stieg die Zahl der «Foreign Terrorist Organisations» übrigens von 29 auf 74. Nicht enthalten in diesen Kosten sind die Aufwendungen der Privaten, z.B. der Fluggesellschaften und die Kosten der vielen Bewachungsdienste. Ehemalige Geheimdienstmitarbeiter behaupten, der Krieg gegen den Terrorismus sei

---

116 Mark Thompson: The True Cost of the Afghanistan War May Surprise You. Time, 1.1.2015 http://time.com/3651697/afghanistan-war-cost/
117 Doug Gavel: Linda Bilmes on the U.S. Engagement in Iraq and Afghanistan: The Most Expensive Wars in U.S. History». 28.3.2013. http://www.hks.harvard.edu/news-events/news/articles/bilmes-iraq-afghan-war-cost-wp
118 Heather Brown: Ten Years, Over a Trillion Dollars Later: What and How Much Has Changed? 12.9.2011. www.jadaliyya.com/pages/index/2599/ten-years-over-a-trillion-dollars-later_what-and-h

nur ein Vorwand, hohe Kosten zu generieren und die Einnahmen den jeweiligen Spezis der Politiker zuzuschanzen. Da ist vermutlich etwas dran.

Betrüger haben auf alle Fälle enorm von dem Anti-Terror-Geldsegen profitiert. Nach einem Bericht des Pentagon flossen bis 2010 allein aus dem Etat des Verteidigungsministeriums mehr als 400 Mrd. Dollar an Firmen und Individuen, die für Betrugsfälle von mindestens einer Million Dollar verurteilt worden waren. Nachzulesen ist dies im neusten Buch des 60-jährigen New York Times-Reporters und Bestsellerautors James Risen, *Pay any Price – Greed, Power and Endless War.*[119] Die Zusammenarbeit der Behörden mit dunklen Gestalten war nicht die Ausnahme im Dienst der nationalen Sicherheit, sondern Standardpraxis in den Kriegen «gegen den Anstand», «gegen die Normalität» und «gegen die Wahrheit», wie Risen drei seiner Kapitel überschreibt.

Dazu gehört auch die Geschichte des famosen Spielers und Medizinaltechnikers Dennis Montgomery, der mit seinem reichen Kumpel Warren Trepp eine der unglaublichsten Täuschungen der neueren Geheimdienstgeschichte entwickelte. Sie hat zwar nicht direkt mit Schulden und Geldschöpfung zu tun, aber sie zeigt, wie unglaublich fahrlässig im «Homeland security industrial-complex» (Risen) mit Geld und mit Sicherheitsfragen umgegangen wird.

Dennis Montgomery behauptete, über eine Software zu verfügen, die bildhafte Muster erkennen könne und erhielt einen Demonstrationstermin auf einer Luftwaffenbasis, die für ihren Drohnenkrieg an der Technologie interessiert war. Mithilfe von zwei Mitarbeitern, die von einem versteckten Ort aus auf ein vereinbartes Handysignal hin den richtigen Knopf drückten, konnte er den Eindruck erwecken, seine Technologie funktioniere tatsächlich und bekam eine enthusiastische Empfehlung des zuständigen Offiziers. Damit und mit der Hilfe von ein paar gut gestellten Politikern und Lobbyisten erhielt er Zugang zum schwarzen Budget des nationalen Sicherheitsapparats.

Bei der CIA war man förmlich fixiert auf die Videobotschaften von Osama bin Laden, die in den Jahren nach 9/11 periodisch in den

---

119 James Risen: Pay any Price – Greed, Power and Endless War. Houghton Mifflin, 2014. S. 33

Abfallkübeln von Bagdads Vorstädten auftauchten und in denen neue Anschläge angekündigt wurden. Sie beauftragten Montgomery mit der Analyse dieser Videos und von Sendungen von Al Jazeera, in denen versteckte Barcodes und andere verschlüsselte Botschaften vermutet wurden. Und Montgomery lieferte: dreistellige Zahlen- und Buchstabenkombinationen, hinter denen die Geheimdienstleute Flugnummern und Koordinaten vermuteten. «Sie sprangen geradezu auf Konklusionen», sagte Montgomery hinterher, der insistiert, er hätte nie Auswertungen oder konkrete Hinweise geliefert.[120]

Ende 2003 galt die Technologie von Montgomery als wichtigste und geheimste Waffe im Kampf gegen den Terrorismus. CIA-Direktor George Tenet ging mit den heissen Daten sofort zu Präsident Bush, der um die Weihnachtszeit eine Serie von Flügen von Frankreich, Grossbritannien und Mexiko in die USA groundete und um ein Haar voll besetzte Passagierjets abschiessen liess. Weihnachten 2003 ging vorbei ohne terroristische Attacken. Trotzdem gab es keine Zweifel an der Validität der Daten von Montgomery, der nur einer Handvoll Spitzenbeamten bekannt war. Aber die Franzosen als Hauptleidtragende des weihnächtlichen Groundings verlangten Aufklärung und setzten so viel Druck auf, bis sie schliesslich die Quelle erhielten. Eine französische Hightech-Firma versuchte, die Software nachzubauen und die behaupteten Informationsmuster zu eruieren, kam jedoch zum Schluss, dass das Material gar nicht genügend Pixel enthielt, um Barcodes oder Zahlen unsichtbar zu verstecken. Ihr Befund: ein Schwindel. Langsam dämmerte es auch der CIA, dass sie veräppelt wurde. Montgomery erhielt noch bis Ende 2004 Aufträge, dann wurde die Zusammenarbeit stillschweigend beendet.

Weil so viele Top-Leute in die Peinlichkeit involviert waren, gab es nicht einmal eine interne Untersuchung. Donald Kerr, als Chef der Abteilung des Science and Technology-Direktorats hauptverantwortlich für das Debakel, wurde sogar noch befördert. Und Montgomery erhielt bis 2009 Aufträge von anderen Regierungsstellen, die alle nicht über seine Schwindel-Technologie informiert worden waren, weil es der CIA zu peinlich war.

---

120 a.a.O.: S. 39 ff.

Um richtig viel Geld ging es dagegen bei der «Coalition Provisional Authority» CPA, der zivilen Verwaltung des Irak durch die USA und ihre Verbündeten von März 2003 bis Juni 2004. Nicht weniger als 20 Mrd. US-Dollars in bar flogen die schweren Transportflugzeuge in den Irak. Das Geld kam direkt von der Federal Reserve und nicht von der US-Regierung und unterlag deshalb auch nicht den üblichen Rechenschaftspflichten. (Noch immer fordern konservative US-Politiker ein Audit der Federal Reserve – vergeblich). Nicht weniger als 11,7 Mrd. versickerten ohne Nachweis im Nirgendwo. Zwei Milliarden befinden sich nach Angaben mehrerer von Risen zitierten Quellen in einem libanesischen Bunker – vermutlich der grösste Bargelddiebstahl aller Zeiten. Aber nicht einmal die USA als Geschädigte interessieren sich für Aufklärung und Rückführung. Als Motiv kommt eigentlich nur die Verschleierung von noch viel grösseren Ungeheuerlichkeiten in Frage.

Was das Geldsystem betrifft, kann man die Nullerjahre deshalb mit Fug und Recht als das Jahrzehnt des Betrugs bezeichnen, nachdem es in den 1990er Jahren vor allem noch um Täuschung ging. Aber die Grenzen sind fliessend.

Während in den 1990er Jahren die US-Staatsschulden (nur der Bundesregierung) um 2,4 Bio. auf 5,6 Bio. stiegen, wuchsen sie von 2001 bis 2010 um 7,9 auf 13.5 Bio. Aber die Staatspapiere der selber hochverschuldeten USA stellten damals offiziell noch kein systemisches Problem dar, weil sie per definitionem höchste Bonität genossen. Ein viel grösseres Problem waren die kleinen Schulden der kleinen Leute.

«Wie vermittelt man armen Leuten das Gefühl von Wohlstand, wenn die Gehälter stagnieren?» fragt Michael Lewis in seinem spannenden Buch über die Subprime-Krise *The Big Short*. «Man gibt ihnen billige Kredite.»[121] Genau dies geschah in den Nullerjahren in grossem Stil. Zwei Faktoren waren dabei entscheidend: Zum einen senkte die Fed die Leitzinsen kontinuierlich von 6,5 Prozent im Jahr 2000 auf den damals historischen Tiefstwert von 1 Prozent 2003. Kredit war damit so billig, wie noch nie. Zum anderen wurde ein schon früher er-

---

121 Michael Lewis: The Big Short. 2010. S. 33.

fundenes Instrument perfektioniert und in grossem Stil angewandt, die «Mortgage Backed Securities» MBS (Hypothekenbasierte Wertpapiere). Dabei werden Hypotheken in einem Pool zusammengefasst, dessen Anteile man als Wertpapier verkaufen kann. Das hat zwei entscheidende Vorteile: Erstens kann man die Risiken breiter streuen, d.h. gute mit schlechten Risiken verwursten und dadurch sicherer erscheinen lassen. Das erleichterte vor allem die Vergabe von riskanten Hypotheken. Bis auch die guten Risiken in der Wurst in Gefahr kamen, musste es schon ordentlich schlecht gehen, und das war nach den Regeln der Wahrscheinlichkeitsrechnung (siehe *Das Risiko, das uns den Rest gibt*, S. 129) höchst unwahrscheinlich. Zweitens konnten die Banken die Risiken verkaufen und dadurch auch ausländisches Kapital in den US-Eigenheimmarkt ziehen. Zudem konnten sie die Risiken aus der Bilanz bringen, was die Möglichkeit, weitere Kredite zu verleihen, drastisch erweiterte.

Die Mischung – ständig sinkender Leitzins, Vernebelung der schlechten Risiken – war zu attraktiv, um der Versuchung zu widerstehen. Und als George W. Bush die «ownership society» proklamierte, gab es keine Hindernisse mehr, armen Menschen mit Krediten das Gefühl von Wohlstand zu vermitteln. Subprime-Hypotheken (Hypotheken von Kreditnehmern geringer Bonität) wurden ein echtes Massengeschäft mit einem Anteil von 20 Prozent am gesamten US-Hypothekenmarkt. Die Kreditnehmer mussten z.T. ihren Lohn nicht mehr nachweisen, sondern konnten einfach einen bestimmten Betrag in das Antragsformular eintragen. Sie erhielten Kredit über dem Wert des Hauses oder mussten mit Zinszahlungen und Tilgung erst nach ein oder zwei Jahren beginnen. Und weil das Ganze clever verbrieft und von den Rating-Agenturen mit Bestnoten versehen wurde – 80 Prozent der Subprime-Hypotheken erhielten ein AAA-Rating[122] – kannte das Geschäft keine Grenzen. Die steigende Geldmenge liess die Häuserpreise steigen und die riskanten Hypotheken schienen relativ sicher.

Einen entscheidenden Anteil der Geldschwemme, die sich von den USA aus über die Welt ergoss, hatte Japan, das 2003/2004 ein bemerkenswertes geldpolitisches Experiment durchführte, das trotz

---

122 Samuel M. Williams: The Return of The Bank Run, 2013, S. 9. www2.gcc.edu/dept/econ/ASSC/Papers2013/ASSC2013-WilliamsSam.pdf

seines gigantischen Volumens kaum beachtet wurde. Die Währungsbehörden schöpften 35 Bio. Yen (das entspricht 50 Dollar pro Kopf der Weltbevölkerung), kauften von Privaten Dollars und damit dann US-Staatsanleihen im Umfang von 320 Mrd. Dollar. Der Effekt: Steuersenkung in den USA und Wachstum der Weltwirtschaft wie seit 30 Jahren nicht mehr.[123]

Das viele Geld führte praktisch auf der ganzen Welt zu finanziellen Exzessen. Vielleicht der beste Erzähler dieser verrückten Geschichten hinter den seriösen Fassaden der Bankenwelt ist der ehemalige Investmentbanker und Bestsellerautor Michael Lewis. In *Boomerang – Europas harte Landung* (Campus, 2011) beschreibt er den phänomenalen Aufschwung Islands von einer armen Insel von Fischern auf Platz eins des Human Development Index der UNO: «Ein Hedgefondsmanager aus London erklärte mir das Prinzip des isländischen Bankwesens so: Stellen Sie sich vor, Sie haben einen Hund, ich habe eine Katze. Wir einigen uns darauf, dass beide eine Milliarde Dollar wert sind. Sie verkaufen mir den Hund für eine Milliarde, ich verkaufe Ihnen die Katze für eine Milliarde. Jetzt sind wir keine Haustierbesitzer mehr, sondern isländische Banken mit einem Milliardenvermögen.»Tatsächlich liessen sich hochbezahlte Fondsmanager, vor allem aus Grossbritannien, Deutschland und den Niederlanden, von den überbewerteten Anlagewerten blenden und gaben den isländischen Banken Milliardenkredite, mit denen sie dann weitere minderwertige Anlagen kauften – Hunde und Katzen – und die hohe Verzinsung finanzierten, mit der sie das Kapital anlockten. Im Grunde ein Schneeballsystem, ein legaler Betrug.

Island war vielleicht ein extremes Beispiel. Aber das billige Geld hat allen den Kopf verdreht. Und weil die Staatsanleihen wegen der tiefen Zinsen zu wenig abwarfen, haben sich gerade auch Pensionskassen, die zu fixen Einnahmen verpflichtet waren, in riskanten Anlagen engagiert.

Das Schattenbankensystem produzierte in den Nullerjahren Sicherheiten, die keine waren, gegen welche die Banken Kredite mit

---

[123] Richard Duncan, zitiert von James Robertson und John Bunzl: Monetary Reform, making it happen. 2003

Geld verliehen, das es vorher nicht gegeben hatte und wofür die Zentralbanken Reserven zur Verfügung stellten, deren Gegenwert aus Staatsanleihen jenseits jeder Rückzahlbarkeit bestand. Als die Krise 2007 schliesslich ausbrach, hatte sie scheinbar niemand kommen sehen. Aber das ist nicht wahr, wie Michael Lewis feststellt: «Eine der Ursachen der globalen Finanzkrise war, dass diejenigen, die sie kommen sahen, durch Warnungen nichts und durch Leerverkäufe sehr viel verdienen konnten.» Lewis widmete den Leuten, die schon früh ahnten, dass etwas nicht stimmen konnte, ein ganzes Buch: *The Big Short – wie eine Handvoll Trader die Welt verzockte*. Der deutsche Untertitel ist irreführend. Die paar Trader mit dem sicheren Instinkt und der grossen Geduld, auf ein Ende des falschen Booms zu setzen, haben zwar tatsächlich an der Krise viel Geld verdient. Aber verzockt haben die Welt ganz andere: die Banker der Wallstreet, ihre Kumpanen in den Rating-Agenturen, die Federal Reserve und die Medien, die den Warnern kein Gehör schenkten.

Auch mit einfacher Beobachtung hätte man ahnen können, dass der Boom seinem Ende zusteuerte, als die Fed 2004 in kleinen, aber regelmässigen Schritten den Leitzins anzuheben begann, von einem auf über fünf Prozent 2006. Das bedeutete nichts Gutes für die neuen Hausbesitzer mit grösstenteils variablen Zinsen auf ihren Hypotheken. Und so kam es, wie es kommen musste:

Den Auftakt machte die britische Grossbank HSBC, die im Februar 2007 einen Abschreiber von 10,5 Mrd. Dollar auf ihre Subprime-Papiere publizierte. Im April waren es bereits 50 auf Hypotheken spezialisierte Firmen, die Bankrott gingen. Im Mai beschwichtige Fed-Chef Bernanke: Die Schwierigkeiten im Subprime-Markt würden nicht auf andere Sektoren übergreifen. Aber genau das geschah. Der Vertrauensverlust übertrug sich von den Subprime-Hypotheken auf Studentenkredite, Leasing-Verträge, Konsumentenkredite und was sonst noch verbrieft und verkauft wurde. Es waren eben nicht nur die schwarzen Hausbesitzer in den USA, es war das System. Die Banken wussten aufgrund der hochkomplexen Verbriefungen und Derivate nicht einmal von den eigenen Beständen, was nun «sicher» war und was nicht, geschweige denn von den Portfolios ihrer Handelspartner. So rächte sich, dass im Jahr 2000 die Regulierung des zentralen Sicherungsinstruments, der Credit Default Swaps, mit dem Commodities Futures Modernization Act erheblich gelockert wurde. Das ist Modernisierung!

Im Juli warnte Ben Bernanke, die Subprime-Krise könnte bis zu 100 Mrd. kosten. Er sollte sich gewaltig irren. Als am 6. August mit der American Home Mortgage Investment Corporation einer der grössten US-Hypothekenanbieter in Konkurs ging, entwickelte sich ein Horrorszenario, vor dem sich die Banken fürchten, seit es sie gibt: der Bank Run, bzw. ein «next generation bank run» in der Terminologie von Samuel M. Williams. Nicht in erster Linie die Kunden misstrauten den Banken und deckten sich mit Barem ein. Es waren die Banken selber, die sich gegenseitig misstrauten; der Interbanken-Verkehr kam praktisch zum Erliegen.

Der Geldkreislauf zwischen den Banken ist für Firmen und Private faktisch bedeutungslos; sie bezahlen ja nicht mit gesetzlichem Zahlungsmittel, sondern mit Ansprüchen darauf, die die Banken selber herstellen. Untereinander verwenden die Banken allerdings nicht selbst geschöpftes Geld, sondern gesetzliches Zahlungsmittel, echtes Geld der Zentralbanken in elektronischer Form. Sie brauchen Zentralbankgeld einerseits, um die Mindestreservepflichten zu erfüllen und die Transaktionen ihrer Kunden von einer Bank zur andern auszuführen. Dabei geht es nur am Rande um realwirtschaftliche Kleinigkeiten wie Handwerkerrechnungen oder Mietzinszahlungen, sondern um kurzfristige, spekulative Transaktionen, die volumenmässig den grössten Teil der Finanzströme ausmachen.

Weil dieses echte Geld die Banken teurer kommt als die Ansprüche darauf, mit denen sie ihre Kunden abspeisen, halten sie es knapp und müssen sich deshalb ständig kurzfristig mit sogenannten Repo-Geschäften (von *repurchase* zurückkaufen) refinanzieren. Man kann die Situation mit einem Warenhaus vergleichen, das so scharf kalkuliert, dass es dauernd Waren verpfänden muss, um genügend Bargeld in der Kasse zu haben.

Bei den Repo-Geschäften geben sich die daran beteiligten Banken, Hedgefonds, Versicherungsgesellschaften und grossen Investoren nicht Kredit, sondern verkaufen sich gegenseitig Wertpapiere mit der Verpflichtung, sie nach kurzer Zeit, typischerweise am nächsten Tag, mit einem kleinen Einschlag wieder zurückzukaufen. Im Gegensatz zu den Zentralbanken, die für Repo-Geschäfte nur erstklassige Papiere als Sicherheiten akzeptieren (als solche gelten z.B. Staatspapiere), werden im Interbankenverkehr auch Derivate verwendet.

Repo-Geschäfte gelten grundsätzlich als pleitesicher, weil der Gläubiger im Fall eines Bankrotts nicht in ein Konkursverfahren eintreten muss, sondern die Sicherheit behalten kann. Zudem musste auch vor Ausbruch der Krise der überwiegende Anteil der in den Derivaten enthaltenen Kredite «investment grade» sein; das sind Kredite, die bei Zahlungsunfähigkeit des Schuldners bevorzugt behandelt werden.

Die Bedeutung der Repo-Geschäfte ist enorm. Vor dem Crash finanzierten die grössten Investmentbanken fast die Hälfte ihrer Aktiva auf diesem Weg.[124] Bear Stearns, die Investmentbank, die im März 2008 beinahe implodierte, beschaffte sich so täglich 75 Mrd. Dollar.[125]

Weil die Derivate plötzlich unsicher waren, wurden die Repo-Geschäfte mit einem sogenannten «Haircut» belegt. Für die Wertpapiere gab es nicht mehr den Nominalwert in Zentralbankgeld, sondern je nach Bonität noch 90, 50 Prozent oder noch weniger. Zwischen 2007 und 2009 sank der Wert der Sicherheiten für Repo-Geschäfte allein bei den sieben grössten US-Brokern von 4,5 Bio. auf 2 Bio. Subprime-Papiere konnten überhaupt nicht mehr für Repo-Geschäfte verwendet werden. Für die Schattenbanken, die seit einer Verfügung der Aufsichtsbehörde «Securities and Exchange Commission» SEC von 2004 nur noch über 2,5 Prozent eigenes Kapital im Vergleich zu ihren Verpflichtungen verfügen mussten und mit wenig Geld ein sehr grosses Rad drehten, für diese Schattenbanken war der Haircut fast eine Enthauptung.

Das Problem ist, wie der US-Ökonom Murray N. Rothbard (1926 bis 1995) in seinem Buch *The Mystery of Banking* schrieb, dass «eine Bank inhärent immer bankrott ist und es auch würde, wenn ihre De-

---

[124] Gary Gorton und Andrew Metrick. «Haircuts». Business Source Premier Review 92, no. 6 (November 2010): S. 510.
[125] William D. Cohan: House of Cards: a Tale of Hubris and Wretched Excess on Wall Street. 2009. S. 32.

ponenten realisierten, dass das Geld, an dessen Vorhandensein sie glauben, tatsächlich gar nicht da ist.»

Dieser Moment der Erkenntnis hätte am 15. September 2008, als Lehman Brothers die Bilanz deponierte, fast stattgefunden. Niemand hatte den Überblick über die tatsächlichen Risiken. Man wusste nicht, welche der Banken bankrotter waren als andere. Dazu kam die Unsicherheit, welche Institutionen gerettet würden und welche nicht. Aber das legte sich nach ein paar mutigen Lügen, wie derjenigen von Angela Merkel, die am Sonntag, den 5. Oktober 2008 mit ihrem Finanzminister Peer Steinbrück via Fernsehen ihren Bürgerinnen und Bürgern verkündete: «Wir sagen den Sparerinnen und Sparern, dass ihre Einlagen sicher sind. ... Dafür steht die Bundesregierung ein.» Hintergrund war ein befürchteter Bankrun im Zuge der Krise um die Hypo Real Estate. Die vermutlich «grösste Garantie der Weltgeschichte» (Finanzwissenschaftler Hans-Peter Burghof von der Universität Hohenheim)[126] betraf Spareinlagen im Umfang von 2080 Mrd. Euro. Der gesamte deutsche Bundeshaushalt von knapp 290 Mrd. Euro hätte nicht annähernd gereicht, um das Versprechen zu halten. Die Einlagensicherung des Bundesverbandes deutscher Banken konnte nicht einmal die sechs Mrd. Euro für die Einleger der deutschen Tochter der Pleitebank Lehman Brothers bezahlen und musste dafür eine Anleihe platzieren.[127]

Angela Merkel hat schlicht und ergreifend gelogen und das deutsche Volk hat seiner Mutti geglaubt. Vermutlich haben beide weder das Geldsystem begriffen noch das Ausmass der Krise erfasst. Wer die Wahrheit nicht kennt, kann besser lügen.

Ein paar Burschen haben die Wahrheit natürlich schon gekannt. Es waren die Männer, die den falschen Boom orchestriert hatten und nun zur Lösung des Problems gerufen wurden, das sie selber verursacht hatten, u.a.:

---

126 Susanne Amann und Philipp Wittrock: Einlagen-Garantie. Spiegel-online, 6.10.2008. www.spiegel.de/wirtschaft/einlagen-garantie-koalition-verabreicht-kleinsparern-beruhigungspille-a-582503.html
127 Heinz Roger Dohms und Stefan Ehrlich: Ist die deutsche Einlagensicherung sicher? 4.8.2014. www.kritische-anleger.de/artikel/ist-die-deutsche-einlagensicherung-sicher/

- Hank Paulson, über dreissig Jahre bei Goldman-Sachs, die letzten zwölf Jahre vor seiner Ernennung zum US-Finanzminister 2006 als deren CEO.
- Timothy Geithner, der seine Karriere bei Kissinger Associates begann, in den 1990er hohe Posten im Finanzministerium bekleidete und nach einem Umweg über das Council on Foreign Relations 2004 Chef der Federal Reserve Bank of New York wurde, die die Wallstreet-Banken privilegiert mit Kapital versorgte. Im Mai 2007 war er beteiligt, das zur Führung einer Bank notwendige Kapital zu reduzieren und damit direkt für die verheerende Verlängerung des unguten Spiels verantwortlich.[128] 2009 wurde Geithner Finanzminister und organisierte den grössten Bail-out der Finanzgeschichte.
- Ben Bernanke, Präsident der amerikanischen Notenbank 2006 bis 2014, ein erklärter Freund der Notenpresse und Vorsitzender des Financial Stability Oversight Board, das die Krise nicht kommen sah, aber sie hinterher erklären und lösen durfte.

Der 15. September 2008 hätte der Tag der Wahrheit sein müssen. Aber statt den Drachen verenden zu lassen, wurde er wieder gesund gefüttert. Das war vielleicht tatsächlich die bessere Lösung, denn damals – wie jetzt – fehlte es am Mut der Politiker, am gesellschaftlichen Verständnis des Geldsystems und an der kollektiven Überzeugung, dass sein Zusammenbruch friedlich zu überwinden ist.

Die Ein-Wort-Begründung für die globale Rettungsaktion, die nun einsetzte: Too-big-to-fail. Gerettet wurden die Banken und Finanzunternehmen, die sich über ihre vielen Tentakel vor allem aus der grossmächtigen Derivatblase ernähren, die mit Forderungen im Umfang von aktuell 630 Bio. Dollar[129] die Weltwirtschaft bedroht. Eigentlich ist es keine Blase, sondern eine Guillotine. Ihr Gewicht entspricht der Produktivleistung der gesamten Erdbevölkerung von acht Jahren. Wenn diese Forderungen fällig werden, dann ist alles denkbar: von Plünderung über Krieg bis zu Diktatur und Zwangsarbeit. Oder alles

---

128 Jo Becker und Gretchen Morgenstern: Geithner, as Member and Overseer, Forged Ties to Finance Club. New York Times, 26. April 2009.
129 Bank für Int. Zahlungsausgleich BIZ, Quartalsbericht Juni 2015. Zahlen für Ende 2014.

zusammen. Es ginge natürlich auch anders, aber dafür wollen wir irgendwie nicht reif genug sein.

Diese Forderungen dürfen natürlich auf keinen Fall fällig werden. Also müssen die Bilanzen derjenigen Banken saniert werden, die die Derivatblase geschaffen haben und sie unterhalten. Gemäss dem Financial Stability Board sind aktuell 29 Banken too-big-to-fail. Die Weltwirtschaft würde ohne diese 29 Banken vermutlich ebenso gut funktionieren, aber ihre aufgeblasenen Werte sind mittlerweile so omnipräsent, dass jedes Konto in den westlichen Ländern direkt betroffen ist, gehöre es nun einem Rentner, einer KMU oder einem Konzern. Die sechs grössten US-Banken kontrollieren 95 Prozent aller Derivate und die 29 systemrelevanten Banken kontrollieren 40 Prozent des globalen Kreditgeschäfts und 52 Prozent der Vermögen. Selbst wenn diese Geldvermögen nie in reale Werte umgewandelt werden können, sie sind in den Büchern und der Schein muss gewahrt werden. Deshalb sind diese 29 Banken too-big-to-fail.

In einer ersten Phase wurden die Banken mit Geld von den Regierungen gerettet, das diese natürlich nicht hatten und sich zuerst auf dem Kapitalmarkt mit verzinslichen Anleihen beschaffen mussten. In den USA kaufte beispielsweise das Finanzministerium über das «Troubled Asset Relief Program» den Banken für 435 Mrd. Dollar toxische Papiere ab. Etwas ähnliches machte die Schweizer Regierung mit der UBS, wobei sie sich nur zu rund zehn Prozent an der Rettung durch die Nationalbank beteiligte. Mit Geld der Regierungen (das sie nicht hatten) wurden auch Banken und Finanzinstitute verstaatlicht, in Deutschland beispielsweise für 130 Mrd. Euro die Hypo Real Estate. Auch der «Europäische Stabilitäts-Mechanismus» ESM gehört in diese Kategorie. Er finanziert seine Rettungen mit ein bisschen Geld und hohen Garantien der Regierungen, womit er von den Banken die zur Rettung nötigen Kredite erhält. Gerettet wird damit im Grunde nichts. Das Risiko der toxischen Papiere wird damit nur von den Banken und Investoren auf die Steuerzahler übertragen, von denen man bis vor kurzem noch annahm, dass sie nie pleite gehen können und deshalb unbeschränkt kreditwürdig sind. Notfalls kann man ja noch die nächsten Generationen zur Kasse bitten.

Nach Angaben des Int. Währungsfonds (IWF) betrugen die Kosten der Finanzkrise 12000 Mrd. Dollar, etwa 20 Prozent des globalen Bruttosozialprodukts.[130] Die Summe umfasst Liquiditätsspritzen der Zentralbanken, Kreditgarantien und die Neutralisierung von toxischen Papieren in den Bilanzen. Forderungen ausserhalb der Bilanzen, in «Special Purpose Vehicles», in Bad Banks oder in der Derivatblase sind darin ebenso wenig eingerechnet wie die Kosten durch Arbeitsplatzverlust oder die Verluste an den Aktienmärkten von 34,4 Billionen.[131] Allein diese letzte Position ist das Zwanzigfache der weltweiten Militärausgaben oder das Achtfache der Gesamtschulden der Entwicklungsländer[132]. Mit diesem Geld könnte man die Dritte Welt komplett entschulden, den Hunger besiegen, allen Menschen Bildung und Gesundheitsversorgung bieten, die Umweltschäden aufräumen und hätte immer noch einen anständigen Batzen übrig.

All dies trieb natürlich die Staatsschulden in die Höhe. «Weltweit stiegen die Schulden um beeindruckende 30 Prozent seit 2007», schreibt David Stelter.[133] «Nicht anders in den Krisenländern Europas: Irland hat 84 Prozent mehr Schulden relativ zum BIP als 2008, Portugal 69, Griechenland 55, Spanien 40, Frankreich 34 und Italien 27 Prozent. ... Ein grosser Teil der Schulden dient nur dazu, das bestehende Schuldengebäude vor dem Einsturz zu bewahren, führt aber nicht zu neuer Nachfrage und schon gar nicht zu neuen Investitionen.»

Staaten finanzieren sich grundsätzlich auf zwei verschiedene Arten: über Steuern und über die Platzierung von Anleihen, also weiteren Schulden. Um dies zu erleichtern, senkten die Zentralbanken die Leitzinsen auf breiter Front auf Werte um Null. Mittlerweile kauft die Europäische Zentralbank ganz direkt Staatsanleihen, zwar nicht

---

130 After the crisis: towards a sustainable growth model. European Trade Union Institute. 2010
131 Henry C.K. Liu: The Crises of Wealth Destruction. 2011. www.rooseveltinstitute.org/new-roosevelt/crisis-wealth-destruction
132 World Bank: Global Development Finance. 2012. http://data.worldbank.org/sites/default/files/gdf_2012.pdf
133 David Stelter: Die Schulden im 21. Jahrhundert. 2014. S. 87.

zur direkten Finanzierung der Regierungen, sondern um den Markt liquide zu halten.

Die Fed stellt ihren primary dealers seit 2008 Kredite zum Nullzins zur Verfügung. Die Konsequenzen sind bizarr. Weil die Staatsanleihen keinen Ertrag mehr abwerfen, wandert das Geld in die Blasen, die sich seit Ausbruch der Krise neu gebildet und das Volumen ihrer Vorgänger mittlerweile übertroffen haben. Rentner, die von Kapitalerträgen leben, müssen entweder wieder zur Arbeit oder in riskante Anlagen investieren. John Rubino, Autor mehrerer Finanzbücher und Betreiber der Website dollarcollapse.com fasst die Situation griffig zusammen: «Werde ein Hedgefund oder sterbe.»

Mit Sterben hat auch die andere Quelle der Staatseinnahmen zu tun, die Steuereinnahmen. Vor allem für den Mittelstand wurden die Steuerschrauben weltweit angezogen, während den Konzernen, Hedgefonds und Banken nach wie vor das ganze Programm an Steuerschlupflöchern zur Verfügung steht. Man braucht mit den mittelreichen Steuerhinterziehern kein Bedauern zu haben; aber die ungleiche Behandlung zwischen natürlichen und juristischen Personen, zwischen dem frei fliessenden Kapital und den sesshaften Menschen ist mehr als stossend. Sie ist eine Gefahr. Oder in den Worten von Noam Chomsky: «Schulden sind kein einfacher ökonomischer Fakt, sondern ein soziales und ideologisches Konstrukt. Zudem ist schon lange bekannt, dass die Liberalisierung der Kapitalflüsse als mächtige Waffe gegen soziale Gerechtigkeit und Demokratie wirkt. Die politischen Entscheidungen der letzten Zeit sind die Wahl der Mächtigen auf der Basis ihrer Eigeninteressen, nicht mysteriöse ‹ökonomische Gesetze›.»[134]

Das letzte Bollwerk der Wert-Illusion sind jetzt noch die Staatsanleihen. Wenn sie keine Käufer mehr finden, wäre dies ein verheerendes Signal: Papierwerte sind wertlos, weil die dahinterstehenden Verträge nicht eingehalten werden. Dies ist auch der tiefere Grund, warum man Griechenland den Schuldenschnitt verweigert, ohne den es keine Chance hat, sich aus seinem Jammertal zu befreien. Das Land kommt einem vor wie ein arbeitsloser Schlucker mit einer

---

[134] Noam Chomsky: The people always pay. The Guardian, 21.1.1999

Millionenschuld, dem man noch das Sonntagswürstchen vom Grill nimmt. Das eingesparte Geld macht die Schuld nicht kleiner, bloss den Menschen, der doch noch die Schuld abtragen soll. Vielleicht ist dies auch die versteckte Botschaft der Troika aus IWF, Eurogruppe und EZB, die das Sparprogramm mit eiserner Hand durchzieht: Seht her, so geht es denen, die ihre Verträge nicht einhalten. Dabei kann der Geld-Vertrag kollektiv gar nicht eingehalten werden, wie wir im Kapital *Juristenfutter* (S. 46) gesehen haben. Es ist ein unmöglicher Vertrag.

Zudem standen den verantwortungslosen Kreditnehmern in Griechenland auch verantwortungslose Kreditgeber in Deutschland oder in Frankreich gegenüber. Die dauerhaften Handelsbilanzüberschüsse Deutschlands waren nur möglich, weil die Schuldner von den Banken bedenkenlos finanziert wurden, wohl in der berechtigten Annahme, dass man sie nicht im Regen stehen lassen würde. «Das ist vergleichbar mit dem Kauf eines Autos bei einem Händler, der Ihnen auch das Darlehen verschafft, damit Sie sich das Auto leisten können», beschreibt der zwischenzeitliche griechische Finanzminister Varoufakis das System. Ohne die Schulden der Griechen, Iren, Spanier und Portugiesen hätte Deutschland auch nicht so grosse Überschüsse machen können. Nur: Im Eurosystem gibt es keine Möglichkeit, dauerhafte Überschüsse wie derjenige Deutschlands wieder ins Gleichgewicht zu bringen, ohne die anderen Länder in die Verarmung zu treiben. Es bleiben nur Schuldenschnitt oder Austritt und Abwertung mit unabsehbaren Folgen.

Das ist denn auch die Gefahr eines Schuldenerlasses für Griechenland. Damit stünden automatisch auch die Schulden anderer Länder zur Disposition und der gefürchtete Flächenbrand mit zusammenstürzenden Werten und Pleiten könnte erneut ausbrechen. Natürlich, Griechenland ist– oder zumindest war – administrativ und ökonomisch ein Selbstbedienungsladen mit freiwilliger Kasse. Der Staat übernahm auf Pump alle Verpflichtungen, die ihm seine Bürger überliessen, von den Senioren mit den höchsten Renten Europas über die Ärzte, die zu zwei Dritteln keine Steuern bezahlten, bis zu den Reedern mit von der Verfassung garantierten Steuerprivilegien. Als Giorgos Papandreou 2009 zum griechischen Ministerpräsidenten gewählt wurde, musste er eingestehen, dass das Staatsdefizit weit grösser war, als von seinen Vorgängern angegeben. Es war sogar so gross, dass nach den Regeln des IWF jede Kreditwürdigkeit verspielt war. Aber Dominique Strauss-Kahn, damals noch Chef des IWF und Aspirant auf die französische Präsidentschaft, wollte die französischen Banken nicht auf den faulen Papieren sitzen lassen. So wurde beim IWF eine nicht traktandierte Regeländerung durchgebracht und Griechenland erhielt Rettungskredite im Umfang von 207 Mrd. Euro. Nach Berechnungen von attac Österreich gingen 77 Prozent an den Finanzsektor. 22,5 Prozent flossen in den griechischen Staatshaushalt oder konnten nicht eindeutig zugeordnet werden.[135] Gerettet wurde nicht Griechenland, sondern die Banken. Zudem musste Griechenland ein scharfes Spar- und Ausverkaufsprogramm akzeptieren, in dessen Verlauf u.a. die Hälfte der Ärzte der öffentlichen Polikliniken entlassen wurde und als Folge die Sterberate signifikant anstieg.

Sehr zu Ungunsten des griechischen Staates verliefen auch die Privatisierungen, wie eine detaillierte Recherche der deutschen Journalistin Elisa Simantke zeigt.[136] Der Staatsanteil von einem Drittel am hochprofitablen Wettbüro OPAP, der an einen griechisch-tschechischen Fonds verkauft wurde, war am Tag der Transaktion fast doppelt so viel wert wie der erzielte Erlös. Zum Schnäppchenpreis von 577 Mio. Euro ging auch das grosse Gelände des ehemaligen Stadtflughafens Hellinkon weg, dessen Wert noch 2011 auf 1,2 Mrd. geschätzt wurde. Profiteur war der griechische Oligarch Spyro Latsis, der in einem undurchsichtigen Verfahren als letzter Bieter übrig blieb.

Als Giorgos Papandreou im Herbst 2011 ein Referendum zur Sparpolitik durchführen wollte, musste er nach heftiger internationaler Kritik zurücktreten. «Papandreou riskiert eine globale Finanzschmelze» titelte «Die Welt» am 1. November 2011. Bereits die Ankündigung führte an den Finanzmärkten zu Milliarden-Verlusten. Als Alexis Tsipras anfangs Juli 2015 das Referendum als letzten Trumpf in den Verhandlungen mit der jetzt «Institutionen» genannten Troika spielte,

---

135 Jens Berger: Wir retten nicht die Griechen, sondern die Banken. 17.6.2013. www.nachdenkseiten.de/?p=17651

136 http://europoly.tagesspiegel.de

waren die privaten Gläubiger grösstenteils am Trockenen. Er durfte das Referendum durchführen, aber dem Willen des Volkes nicht folgen.

Obwohl EU-Kommissionspräsident Juncker im Vorfeld der Abstimmung das Schreckgespenst eines Grexit an die Wand malte, blieb nach dem Nein der Griechen zum Sparprogramm alles beim Alten. Es wurde zwar neu über eine Umschuldung (=Verlängerung der Tilgungsfristen) diskutiert, aber Tsipras übernahm weitgehend die Forderungen der Gläubiger und Angela Merkel musste ihr unhaltbares Versprechen nicht schon jetzt brechen, die Griechenlandkrise würde den deutschen Steuerzahler nichts kosten. Wie schon so oft, wurde wieder einmal ein bisschen Zeit gewonnen, in der – das wissen wir mittlerweile – die Probleme in unserem Geldsystem nur grösser werden können. Deutschland wird mit Sicherheit zahlen müssen, später einfach ein bisschen mehr.

Man könnte Griechenland natürlich ohne weiteres helfen, wenn man nur wollte. Die EZB kauft seit März 2015 für 60 Mrd. Euro monatlich Staatsanleihen aller Euroländer auf, ausser von Griechenland – weil es nicht an einem Sparprogramm teilnimmt. Nach Schätzungen des IWF braucht Griechenland einen Schuldenerlass von 60 Mrd. Euro, um wieder kreditfähig zu werden, genau eine Monatstranche des EZB-Programms.[137]

Wenn eine Zentralbank Staatsschulden aufkauft, kommt dies einem Schuldenerlass gleich, nur dass die Gläubiger keinen Forderungsverzicht leisten müssen. Die Schulden werden durch simple Geldschöpfung beglichen, deren inflationäre Wirkung allerdings sämtliche Euro-Guthaben betrifft. Aber dieselbe inflationäre Wirkung würde auch eintreten, wenn Griechenland seine Schulden mit Krediten bezahlt, die sich der Europäische Stabilitäts-Mechanismus (ESM) mit den Garantien der Steuerzahler bei den Banken holt, die das Geld genauso aus dem Nichts herbeizaubern wie die EZB. So kann man ein Land mit einfacher Finanzpolitik in die Knie zwingen.

---

[137] Ellen Brown: Grexit or Jubilee? How Greek Debt Can Be Annulled. 14.7.2015. http://ellenbrown.com/2015/07/14/grexit-or-jubilee-how-greek-debt-could-be-annulled/

Aber nicht nur der griechische Staat, auch die Firmen und Gewerbler werden hart an die Kandare genommen. Sie müssen, wenn sie denn überhaupt noch Kredit bekommen, ein Mehrfaches an Zins bezahlen.

Interessant ist der Weg, den Island genommen hat. Seine drei grossen Banken Kaupthing, Glitnir und Landsbanki hatten vor Ausbruch der Finanzkrise 2008 eine Bilanzsumme, die elfmal höher lag als das Bruttoinlandprodukt. Wenn der Staat deren Schulden nach ihrem Zusammenbruch im Oktober 2008 übernommen hätte, wäre der augenblickliche Staatsbankrott oder eine jahrzehntelange Schuldenmisere die Folge gewesen. Die Regierung überführte deshalb das kleinere Inlandgeschäft der drei Banken in neue Institute in öffentlichem Besitz und sicherte so den überlebenswichtigen Zahlungsverkehr. Die Auslandschulden der drei Banken überliess sie der Liquidation. Zur teilweisen Rückzahlung dieser Verpflichtungen legte die isländische Regierung zweimal einen Plan vor, die aber beide die Hürde eines Referendums nicht schafften. Schliesslich wurden die Guthaben der niederländischen Anleger im Rahmen der von der überforderten Einlagensicherung garantierten Beträge ausbezahlt. Mit den britischen Anlegern, den anderen wichtigen Gläubigern, konnte keine Einigung gefunden werden. Schon vorher hatte der britische Premier Gordon Brown das Anti-Terror-Gesetz benutzt, um Guthaben der Landsbanki in Grossbritannien einzufrieren.

Gleichzeitig untersuchte ein offizielles «Team gegen Wirtschaftskriminalität» das Debakel, und es kam sogar zu Verurteilungen von Bankern – ein Unikum. Zum Schutz der isländischen Krone vor spekulativen Angriffen wurden Kapitalverkehrskontrollen eingeführt, die bis heute in Kraft sind. Trotzdem verlor die isländische Krone 30 Prozent an Wert und die Inflation stieg auf 14 und der Zinssatz auf 15,5 Prozent.

Bis zum folgenlosen griechischen Referendum zur Sparpolitik vom Juli 2015 war Island das einzige Land, das Massnahmen zur Bewältigung der Finanzkrise einer Volksabstimmung unterwarf – mit bemerkenswerten Konsequenzen. 2011 setzte auf tieferem Niveau wieder ein Wachstum ein und die Finanzkrise wurde offiziell für beendet erklärt.

Praktisch das Gegenteil machte Irland. Die Gelder, welche die drei grossen irischen Banken, die Anglo Irish Bank, die Bank of Ireland und die Allied Irish Banks im Ausland sammelten, vergaben sie vor allem als Kredite an irische Bauträger und Eigenheimbesitzer, die sich gegenseitig Grund und Boden zu steigenden Preisen kauften und darauf in Erwartung weiter steigender Preise mehr Häuser bauten, als je zu bewohnen waren. Während in den 1980er Jahren noch knapp ein Drittel der Iren unter der Armutsgrenze lebte, stieg das Land nach Angaben der Bank of Ireland zum zweitreichsten Land der Erde auf.[138] In den 15 Jahren nach 1994 versechsfachten sich die durchschnittlichen Eigenheimpreise in Dublin.[139] Am 29. September 2008 verloren die Aktien der drei Grossbanken an einem einzigen Tag zwischen 15 und 47 Prozent an Wert. An jenem Abend tagte der Finanzausschuss der Regierung, vor sich ein Gutachten der Investmentbank Merrill Lynch mit dem Fazit: «Alle irischen Banken sind rentabel und gut kapitalisiert.»[140] Die Regierung konnte also das Versprechen wagen, alle Verluste der Banken zu übernehmen, damit die Märkte zu beruhigen und weitere Verluste zu vermeiden. Und so veröffentlichte der bereits krebskranke Finanzminister Brian Lenihan eine Garantie für die Schulden der Banken. Während er schon bald die Grabesruhe geniessen konnte, versenkte er Irland im grössten Schuldenloch Europas. Irland zahlt für die Kredite, die es zur Rettung spekulativer Gelder aus dem Ausland in Anspruch nehmen musste, 1629 Euro Zins pro Kopf der Bevölkerung, fast dreimal so viel wie Griechenland.[141] Das Land stottert brav ab und gilt deshalb als Musterschüler für die Überwindung der Schuldenkrise. Um die Vorgaben der Troika zu erreichen, wurden nach Berechnungen des Irish Fiscal Advisory Board der irischen Wirtschaft seit 2008 32 Mrd. Euro entzogen, 20 Prozent des jährlichen Bruttoinlandprodukts.[142] Die Steuerprivilegien der

---

[138] Michael Lewis: Boomerang. 2011. S. 110

[139] a.a.O., S. 114

[140] a.a.O., S. 137

[141] Quelle: Eurostat. http://www.haushaltssteuerung.de/staatsverschuldung-europa-ranking.html#zinsausgaben-je-einwohner

[142] Deutsche Wirtschafts-Nachrichten: Irland: Banken gerettet, Bürger müssen weiter darben. 21.11.2014 http://deutsche-wirtschafts-nachrichten.

ausländischen Konzerne blieben dabei unangetastet. Aber mit der Einführung von hohen Wasserzinsen auf der regenreichen Insel scheint die traditionelle Leidensfähigkeit zu schwinden. Hunderttausend Iren gingen im November 2014 auf die Strasse.

Ein weiterer Fall von speziellem Interesse ist Zypern, und das aus zwei Gründen: Zum einen wurde dort in relativ kleinem Massstab der Bail-in durchgeführt, gewissermassen als Hauptprobe, wie einige Beobachter meinen. Zum andern zeigt dort die Politik der Troika in besonderem Mass ihr korruptes Gesicht. Als Vorbedingung für die Gewährung von Hilfskrediten verlangte die Troika den Verkauf des Griechenlandgeschäfts der Bank of Cyprus, der Laiki- und der Hellenic Bank. Der Verkauf für 524 Mio. Euro erfolgte weit unter Wert und brachte der griechischen Piraeus-Gruppe des Oligarchen Spyro Latsis einen Gewinn von 3,4 Mrd. Euro zu Lasten der zyprischen Steuerzahler und Sparer.[143]

Auch der Bail-in, die Abschöpfung der Spareinlagen auf den zyprischen Banken zu deren Sanierung, erfolgte unter undurchsichtigen Bedingungen. Während die Banken in Zypern geschlossen blieben, konnten die ausländischen Anleger ihre Einlagen noch eine Woche lang über die ausländischen Filialen abziehen. Bestraft wurden damit nicht die ausländischen Investoren, die vom zyprischen Schwarzgeld-Casino in der Eurozone profitierten, sondern die Sparerinnen und Sparer des Landes, die ihr Geld nicht zu spekulativen Zwecken auf die Bank brachten.

Die Beispiele zeigen: Dem Schuldenmanagement der Banken und der Austeritätspolitik der Troika fehlt nicht nur die demokratische Legitimation, sie sind auch von reichlich Willkür geprägt und unter dem Strich wirkungslos.

«Die nächste grosse Krise ereignet sich nicht, weil jemand einen grossen Fehler macht», sagt Jim Rickards, der als Anwalt des 1998 untergegangenen Hedgefonds LTCM den über 100 Mrd. Dollar schweren

---

de/2014/11/21/irland-banken-gerettet-buerger-muessen-weiter-darben
143 Sehr detailliert dargestellt hat die Affäre der deutsche Journalist und Autor Harald Schumann in seinem Film «Macht ohne Kontrolle – die Troika» und in verschiedenen Artikeln im Berliner «Tagesspiegel».

Bail-out aushandelte und die folgenden zehn Jahre damit verbrachte, die Risiken des Finanzsystems zu studieren und Bestseller zu schreiben. «Die Fehler wurden schon begangen. Das System ist bereits instabil. Wir warten nur auf die Schneeflocke, die die Lawine auslösen wird.»

Diese Schneeflocke wird mit Sicherheit fallen. Denn es ist bereits jetzt mathematisch unmöglich, die Schulden zurückzahlen, wie der US-Autor und Crash-Prophet Michael Snyder vorrechnet.[144] Staat, Unternehmen und Haushalte sind in den USA zusammen mit rund 58 Bio. Dollar verschuldet (vor 35 Jahren waren es noch 4,3 Bio.). Die Geldmenge M1 dagegen, Bargeld und Bankguthaben, liegt bei 3 Bio. Rechnet man Termineinlagen und andere Geldformen dazu – «near money» –, sind es 12 Bio. (M2). Alles vorhandene Geld in seinen verschiedenen Spielarten, sei es in der Hand von Privaten, Banken oder dem Staat, reicht also gerade mal für 20 Prozent der Schulden. Für 80 Prozent der Geldschulden ist das Geld gar nicht vorhanden, auch nicht auf fremden Konten. Das Missverhältnis ist entstanden, weil mit jeder Geldschöpfung zusätzliche Zinsforderungen entstehen, die sich automatisch vermehren. Man muss also noch die nicht finanziellen Vermögen heranziehen. Eigenheime, Fabriken, Maschinen und Rechte von Privaten und Körperschaften aller Art (ausser Banken) haben gemäss dem jüngsten Quartalsbericht der Fed einen Wert von total 56 Bio. Dollar.[145] Davon müsste man vier Fünftel verkaufen, um alle Schulden loszuwerden. An wen müsste man verkaufen? An die Inhaber der Forderungen, also die Banken und Hedgefonds dieser Welt und damit an ihre Besitzer.

Wie sieht es denn mit der ganzen Welt aus? Schwer zu sagen. Die Weltbank publiziert die Geldmengen nur in lokaler Währung, und dies für die über 150 Positionen in der Tabelle auszurechnen, ist sehr aufwändig. Mike Hewitt vom Wirtschaftsblog DollarDaze.com hat es für das Jahr 2010 gemacht und ist auf den Betrag von 55 Bio. in US-

---

144 Michael Snyder: It Is Mathematically Impossible To Pay Off All Of Our Debt. 21.5.2015. http://theeconomiccollapseblog.com/archives/it-is-mathematically-impossible-to-pay-off-all-of-our-debt

145 Federal Reserve System: Z1, Financial Accounts of the United States. S. 134 ff. www.federalreserve.gov/releases/z1/Current/z1.pdf

Dollars gekommen.[146] Das reicht bloss für ein gutes Viertel der Weltschulden von 200 Bio. Es bleiben noch 145 Bio. Dollar offen. Gemäss dem Global Wealth Report der Credit Suisse betrug das Weltvermögen 2014 250 Bio. Dollar.[147] Nach Abzug der Weltgeldmenge von 55 Bio. ergibt sich ein nicht finanzielles Weltvermögen in Form von Immobilien, Anlagen und Beteiligungen von 195 Bio. Davon müssten folglich nach Räumung aller Konten und Ablieferung allen Bargeldes drei Viertel des gesamten bewerteten Vermögens dieser Welt zur Schuldentilgung eingezogen werden.

Die Welt als Ganzes ist also bereits in hohem Masse konkursit und müsste in einem korrekten Verfahren abgewickelt werden. Geschieht dies nicht, wird die unmögliche Tilgung der Schulden zu einem umfassenden Ausverkauf führen. Um ihre Verpflichtungen zu erfüllen, werden die Schuldner zu jedem Preis verkaufen, wie sich aktuell an den Beispielen von Griechenland und rohstoffreichen Entwicklungsländern ablesen lässt. Da ist die Frage schnell beantwortet, wem die Welt gehört: Dem Finanzestablishment dieser Welt.

Angesichts des hohen Monopolisierungsgrades der Finanzwelt und der intensiven Vernetzung versteht man, wie ETH-Forscher 2011 in einer Auswertung der komplexen Beteiligungen und Vernetzungen von 43 060 multinationalen Unternehmen zum Schluss gekommen sind, die Welt würde von 147 Finanzkonzernen regiert.[148] Logisch: Sie gehört ihnen ja.

Vereinfacht dargestellt haben diese Situation die beiden Ingenieure Theodore R. Thoren und Richard F. Warner in ihrem lesenswerten *The Truth in Money Book*.[149] In ihrem Beispiel lebt eine kleine Gemein-

---

146 Josh Clark und Kathryn Whitbourne: How much actual money is there in the world? http://money.howstuffworks.com/how-much-money-is-in-the-world1.htm

147 Credit Suisse AG: Global Wealth Report 2014. S. 4.

148 Daniel Meierhans: 147 Finanzkonzerne regieren die Welt. Schweiz am Sonntag, 22.10.2011.

149 Theodore R. Thoren und Richard F. Warner: «The Truth in Money Book». 1980. S. 77 ff. Das Buch erreichte während der Sparkassenkrise in den USA der 80er Jahre eine breite Leserschaft. Mehr als dreissig grössere Städte forderten die im Buch vorgeschlagene Lösung durch staatliche Geldschöpfung.

schaft ohne Geld auf dem Planeten Pluto und erschafft sich durch Tauschwirtschaft einen bescheidenen Wohlstand. Dann schlägt Carl die Einführung von Geld zur Erleichterung des Wirtschaftens vor und stellt sich als Banker zur Verfügung. Ed ist der erste Kunde und erhält 100 Geldeinheiten zu einem Zins von sechs Prozent. In der Volkswirtschaft zirkulieren also 100 Einheiten, erleichtern den Tausch und beschleunigen die Schaffung von Mehrwert. Nach einem Jahr steht Ed vor einer Schuld von 106, die er nicht bezahlen kann, selbst wenn es ihm unter idealen Bedingungen gelingt, sämtliches umlaufendes Geld wieder in seinen Besitz zu bringen. Denn Naturalien, von denen er reichlich hat, werden als Zahlung nicht angenommen. Bezahlt er nur den Zins, bleibt die Schuld bei 100, aber die Geldmenge sinkt auf 94. Ein Jahr später liegt sie bei 88, knapp 17 Jahre nach ihrem Erscheinen ist sie wieder bei Null und Carl kann im Konkursverfahren den gesamten Besitz von Ed übernehmen. Falls Ed aber den Zins nicht bezahlt und ihn von Carl zur Schuld dazurechnen lässt, beträgt die Gesamtschuld in der Plutowirtschaft nach einem Jahr 106, die Geldmenge liegt unverändert bei 100. Zu diesem Zeitpunkt könnte Carl bereits ein Konkursverfahren einleiten. Um das Spiel zu verlängern, reicht Carl weitere Kredite an Mitglieder der Pluto-Kolonie aus, die nun gemeinsam in der Situation von Ed stecken: Ihre Schulden sind grösser als die Geldmenge. In einer weiteren Stufe nimmt das Pluto-Kollektiv einen grossen Kredit auf, um Strassen zu bauen, die bisher in gemeinsamer Fronarbeit erstellt wurden. Als Sicherheit dient Carl die Verpflichtung, über Steuern die Zinszahlungen zu erheben. Mit dem neuen Geld können einige zwar ihre individuellen Schulden zurückzahlen, aber als Kollektiv stecken sie in einer Situation, in der die Lücke zwischen Schulden und Geldmenge noch grösser geworden ist. Selbst wenn Carl dazu übergeht, keine Rückzahlung mehr einzufordern, sondern nur noch den fälligen Zins, wäre das Spiel ohne neue Schulden früher oder später aus.

Deshalb lässt das internationale Finanzregime den Staaten nur noch eine moderate Neuverschuldung zu, um sicherzustellen, dass sie wenigstens die Zinsen zahlen können. Aber selbst das ist in der gegenwärtigen Situation mit historisch tiefen Zinsen für viele Staaten nicht mehr möglich. Nach einem Bericht, den die englische «Jubilee

Debt Campaign» zusammen mit der EU im Juli 2015 veröffentlicht hat, können aktuell 24 Staaten nur mit externer Hilfe ihre Zinsen zahlen. 71 weitere Staaten sind akut bedroht.[150]

Wir sind schon so gewohnt an solche Hiobsbotschaften, dass wir sie kaum noch wahrnehmen. Aber die Situation ist ernst. Allein die europäischen Schwergewichte Spanien und Italien haben Schulden von mehr als 1 bzw. 2,6 Billionen Euro, die als Sicherheiten für Dutzende von Billionen in Derivaten dienen. Ein Haircut oder ein Schuldenerlass würde zu einem Systemzusammenbruch in Europa führen.

Egon von Greyerz, Gründer der Matterhorn Asset Management AG in Zürich und einer der bedeutendsten Goldhändler der Welt, sagte kürzlich in einem Interview mit Kings World News: «Es gibt heute mehr Problemgebiete als stabile Situationen auf der Welt. Keine grössere Nation des Westens kann ihre Schulden zurückzahlen. Dasselbe gilt für Japan und die meisten Schwellenländer. Europa ist ein missratenes Experiment in Sozialismus und Defizitwirtschaft. China ist in Bezug auf seinen Aktienmarkt, seine Immobilien und sein Schattenbankensystem eine riesige Blase. Japan ist ebenfalls ein hoffnungsloser Fall und die USA sind das höchstverschuldete Land der Welt, das mehr als 50 Jahre über seine Verhältnisse gelebt hat. Wir gehen auf eine Zwillings-Implosion der Schulden von 200 Billionen und der Derivate von 1,5 Billiarden Dollar zu. Das wird zur grössten Vermögenszerstörung der Geschichte mit Marktzusammenbrüchen bei Wertpapieren und Immobilien von mindestens 75 bis 95 Prozent führen. Der Welthandel wird dramatisch schrumpfen und wir werden ein massives Elend auf dem ganzen Globus erleben.»[151]

Der Handlungsspielraum ist tatsächlich klein geworden. Die Welt werde nicht in der Lage sein, eine nächste globale Finanzkrise zu

---

150 Jubilee Debt Campaign: The new debt trap. Juli 2015. http://jubileedebt.org.uk/wp-content/uploads/2015/07/The-new-debt-trap-executive-summary.pdf

151 Twin Crack-Ups Set To Implode The World Economy And Financial System. King World News, 16.7.2015. http://kingworldnews.com/danger-the-twin-crack-ups-set-to-implode-the-world-economy-and-financial-system/

bekämpfen, warnt die Bank für Int. Zahlungsausgleich BIZ in ihrem Jahresbericht für 2014. Die Zentralbanken haben mit ihrer Nullzinspolitik ihre Munition verschossen. «Die Zentralbanken und Marktteilnehmer», schreibt Claudio Borio, Chef des monetären und wirtschaftlichen Departements der BIZ in ungewöhnlich deutlichen Worten, «tasten im Dunkeln herum auf der Suche nach neuen Sicherheiten.»

In der Tat: Nachdem jetzt praktisch alle verschuldet sind, gibt es für die Zukunft aus Sicht des bestehenden Finanzsystems im Wesentlichen nur drei mögliche Szenarien:

1. **Inflationierung.** Die Überproduktion der Realwirtschaft und vor allem die Überbewertung der Wertpapiere sind offensichtlich. Um die drohende Deflation abzuwenden – sie gefährdet über sinkende Preise den Zinsendienst –, bringen die Zentralbanken Geld in Umlauf wie die heiss laufenden Notenpressen zur Zeit der Weimarer Republik. Die galoppierende Inflation würde allerdings nicht nur die Schulden kleinrechnen, sondern auch die Vermögen all derer vernichten, die es nicht durch den Kauf von Realwerten in Sicherheit bringen können. Eine Hyperinflation kann nur durch eine Währungsreform gestoppt werden, die in diesem Fall die ganze Welt umfassen müsste.

Das besinnungslose Drucken von elektronischem Geld hat ja bereits begonnen. Nur merken wir in der Realwirtschaft mit Ausnahme der Immobilien noch vergleichsweise wenig davon. Die Billionen zirkulieren vorderhand noch in der Finanzwirtschaft, wo sie nominelle, aber ständig geringere und riskantere Erträge erzielen. Aber schon bald könnten die Investoren ihr Geld in die Rohstoffmärkte werfen und dort für eine Preisexplosion sorgen, die der Realwirtschaft diese Rohstoffe faktisch entzieht. Sie würden als Geldersatz gekauft und wegen der Preissteigerungen gehalten statt genutzt. Einen Vorgeschmack dazu haben wir in der Finanzkrise 2007/2008 erlebt, als sich die Nahrungsmittelpreise verdreifachten und für die ärmere Hälfte der Welt unerschwinglich wurden.[152]

---

[152] Oxfam Deutschland: Fact-Sheet zur Nahrungsmittelspekulation. www.oxfam.de/files/factsheet_nahrungsmittelspekulation_pb.pdf

2. **Negativzinsen.** Negativzinsen werden seit einiger Zeit diskutiert und von der Schweiz. Nationalbank seit Januar 2015 angewendet. In der Zwischenzeit sind die Zentralbanken von Schweden und Japan gefolgt, seit Dezember 2015 auch die EZB mit einem Negativzins von 0,3 Prozent. Janet Yellen, die im Februar 2016 die Einführung von Negativzinsen noch in Abrede stellte, erklärte bereits im Juni, es gäbe dafür keine rechtlichen Hindernisse. Ende August sagte ihr Stellvertreter Stanley Fisher in einem Interview mit dem Finanzportal Bloomberg, Negativzinsen funktionierten in Europa. Wenn das so weitergeht, sind Negativzinsen auch bei der wichtigsten Zentralbank der Welt schon bald Tatsache.

Viele Menschen denken, die Kreditvergabe würde durch Negativzinsen erleichtert. Aber das trifft nicht zu. Zum Einen erhalten Kredite nach wie vor nur die Kreditwürdigen – salopp formuliert: wer sie nicht braucht – und zum Andern erhöht das leichte Geld die Preise der Vermögenswerte und setzt sie ausserhalb der Reichweite der Durchschnittsverdiener. So ist für die Hälfte der Schweizer ein Haus für 600 000 Franken bereits zu teuer, wie eine Untersuchung des Beratungsunternehmens «Moneypark» feststellte.[153] Die billigste Kategorie (bis 600 000 Franken) umfasst bloss 14 Prozent des Angebots und ist oft ungenügend (zu klein, zu abgelegen, in schlechtem Zustand).

Negativzinsen müssen vorderhand nur Banken bezahlen; Ausnahme sind grosse Guthaben bei gewissen Schweizer Banken. Ihre Wirkung erschliesst sich, wenn man die Optionen der Banken betrachtet, Negativzinsen zu verhindern. Die Vergabe von Krediten gehört nicht dazu, denn dazu braucht es ja entsprechende Reserven bei der Zentralbank, die durch die Negativzinsen laufend schrumpfen. Warum also verkaufen die Banken der EZB für monatlich 80 Mrd. Euro Anleihen und bezahlen Strafzinsen auf das Geld, das sie dafür erhalten? Gute Frage. Der deutsche Geld-Autor Egon W. Kreutzer sieht vier mögliche Strategien[154]: 1. Weg mit den riskanten Papieren; 2. neue, weni-

---

[153] Jürg Meier: Der Traum vom Eigenheim rückt in weite Ferne. Sonntagszeitung 23.10.2016.

[154] Egon w. Kreutzer: Was in der Geldflut verschwindet. Zeitpunkt Nr. 142-März/April 2016, S. 75-77

ger riskante Anleihen kaufen; 3. andere spekulative Papiere kaufen, sie in einen Fonds packen und die Anteile an Privatkunden verkaufen; 4. Währungsspekulation. Der vierte Weg ist deshalb interessant, als dadurch «das Euro-Währungsrisiko in eine Dollar-Währungschance verwandelt» wird, wie Kreutzer schreibt. Durch den Kauf von Devisen bei der EZB sinkt die Geldmenge in Euro, der deflationäre Trend wird aufrechterhalten und damit auch die Begründung für die erwünschte weitere Ausweitung der Geldmenge. Dies alles macht nicht nur die Reichen reicher, sondern führt die Staaten noch tiefer in die Verschuldung. Erreichen sie die Schuldenobergrenze, fallen sie automatisch unter das Austeritätsdiktat der EU. «Die Schuldenobergrenze ist kein fixer Betrag», betont Kreutzer, sondern «steigt und fällt mit der Wirtschaftsleistung». Sinkt das Bruttoinlandsprodukt, kann ein Staat selbst bei ausgeglichenem Haushalt unter Fremdverwaltung fallen, wie sie in Griechenland praktiziert wird.

3. **Vermögensabgabe.** Dieser harmlos klingende Begriff bezeichnet die ultima ratio zur Überwindung der riesigen Lücke zwischen Geld und Schulden. Bei einer zehnprozentigen Reduktion der Bankguthaben, Wertpapierportfolios und Immobilien kämen in der Eurozone auf diesem Weg 3853 Mrd. zusammen; die Schuldenquote der Staaten würde auf 55 Prozent sinken, knapp unter die Grenze von 60 Prozent, die der Vertrag von Maastricht für das Funktionieren des Euro bestimmte. Vorgeschlagen vom IWF im Oktober 2014, befürwortet selbst die konservative Deutsche Bundesbank diese Massnahme, für die es eigentlich nur ein Wort gibt: Diebstahl. Man versteht, dass darüber nicht auf den Frontseiten der Zeitungen oder zur besten Sendezeit berichtet wird.

Den beiden letztgenannten Massnahmen, der Einführung der Negativzinsen und der Vermögensabgabe steht aber ein entscheidendes Hindernis entgegen: das Bargeld. Sie lassen sich allerdings nicht umsetzen, solange der Mensch auf Münzen und Banknoten ausweichen kann. Das ist denn auch der tiefere Grund, warum seit seit einigen Jahren hinter den Kulissen an der Abschaffung des Bargeldes gearbeitet wird. Für Prof. Gerald Mann und Ulrich Horstmann, Autoren des Buchs «Bargeldverbot» ist klar, dass ein solches nur Sinn macht, um Negativzinsen durchzusetzen und einen Bankrun zu verhindern. Im Zuge des Vertrauensverlustes der Banken hat sich denn auch die Bargeldhaltung in der Eurozone seit Ausbruch der Finanzkrise um 400 Prozent erhöht, ein bemerkenswertes Zeichen.

«Die Anti-Bargeld-Aktivitäten entspringen einem Netzwerk», schreibt der deutsche Ökonom und Journalist Norbert Häring, «dessen Zentrum an der Ostküste der USA liegt und zu dessen zentralen Figuren Larry Summers, Ken Rogoff und Mario Draghi gehören, die über eine äusserst enge Seilschaft miteinander verbunden sind. Diese umspannt Harvard, das MIT, die Group of Thirty, die Bilderberger, Goldman Sachs, die internationalen Finanzinistitutionen (IWF und Weltbank) und zum Teil die Trilateral Commission.[155] Die massgebenden Kräfte scheinen alle der Group of Thirty anzugehören, einer 1978 von den Rockefellers gegründeten informellen Gruppe von globalen Spitzenkräften aus Banken, Wissenschaft und Behörden. Seit 2011 wurden in verschiedenen Ländern der Eurozone zunehmend tiefere Grenzen für Bargeldzahlungen eingeführt. Häring: «Je grösser die Probleme der lokalen [gemeint sind die nationalen] Banken, desto niedriger ist tendenziell die Obergrenze, bis zu der bar ausgezahlt werden darf.»[156] Im Falle von Griechenland wurde die «Rettung» sogar an die Bedingung geknüpft, die Bargeldzahlungen einzuschränken. Seit dem 1. Januar 2016 müssen die Griechen auch Bargeldbestände über 15 000 und Schmuck über 30 000 Euro deklarieren.[157]

Obwohl die Bargeldabschaffer jeweils die Bekämpfung von Kriminalität und Steuerhinterziehung in den Vordergrund stellen, nehmen sie in ihren internen Veranstaltungen kein Blatt vor den Mund. Am 18. Mai 2015 richtete die Schweizerische Nationalbank in London (sic!) eine Konferenz aus mit dem Titel «Removing the Zero Lower Bound on Interest Rates Conference» – Beseitigung der Nullzins-Untergrenze. Keynote-Speaker waren die führenden Bargeldabschaffer

---

[155] Norbert Häring: Die Abschaffung des Bargeld und die Folgen. Quadriga, 2016. S. 46/47

[156] a.a.O.: S. 12

[157] Taxpayers must declare all assets like cash 'under mattresses' & jewelry. 1.12.2015. www.keeptalkinggreece.com

und Mitglieder der Group of Thirty, Ken Rogoff, Wirtschaftsprofessor an der Harvard University und Willem Buiter, Chefökonom der Citigroup. «Die Existenz von Bargeld ist der Grund, warum es eine effektive Untergrenze für die Notenbankzinsen gibt,» sagte Buiter und forderte daher die umgehende Abschaffung des Bargelds.[158] Darum geht es also und nicht um Kriminalität, selbst wenn Rogoff an seinen Präsentationen jeweils Bilder von Notenbündeln mit Pistolen zeigt.

Die Verwendung des Bargeldes wird auf zwei Arten eingeschränkt, einerseits durch Obergrenzen und andrerseits durch die Abschaffung grosser Noten. So hat die EZB beschlossen, die 500 Euro-Note aus dem Verkehr zu ziehen. Die Wirkung solcher Massnahmen ist allerdings umstritten. In einem Beitrag in der Westschweizer Zeitschrift «L'Hebdo» vom 26. Mai 2016 schrieb der frühere Nationalbankpräsident Jean-Pierre Roth, es sei eine «Illusion zu glauben, Kriminalität oder Steuerhinterziehung könne durch den Rückzug grosser Banknoten bekämpft werden, weil andere Zahlungsmittel oder alternative Wege der Verschleierung gefunden werden», speziell Bitcoins.

Das hindert die Bargeldabschaffer allerdings nicht daran, die bargeldlose Welt mit schönen Worthülsen zu propagieren – «smart & easy» – und mit pfiffigen Aktionen in den Köpfen zu verankern. So ging das Bild eines Bettlers aus Stockholm um die Welt, der auch bargeldlose Almosen akzeptiert. Das Lesegerät finanzierte eine Kreditkartenorganisation, die auch Björn Ulvaeus von Abba unterstützt, der sich für die Abschaffung des Bargeldes einsetzt. Ein alternder Pop-Musiker als Werbeträger für finanztechnische Reformen? Das kann nicht mit rechten Dingen zu- und hergehen.

In der Tat ist die Rechtsgrundlage des Euro nicht eindeutig formuliert. «Die von der EZB und den nationalen Zentralbanken ausgegebenen Banknoten sind die einzigen Banknoten, die in der Union als gesetzliches Zahlungsmittel gelten» heisst es in Art. 128 des EU-Vertrages. Nach dieser Formulierung könnten durchaus noch andere zu gesetzlichen Zahlungsmitteln erklärt werden. Ist das der Grund, warum EZB-Präsident Mario Draghi als Hüter des Euro alle Bargeldeinschränkungen widerstandslos durchbringen konnte? Die

---

[158] Norbert Häring: Die Abschaffung des Bargeld und die Folgen. Quadriga, 2016. S. 58

Rechtsgrundlage für die Bargeldeinschränkungen ist dünn. Die EZB beruft sich dabei auf eine Verordnung aus dem Jahr 1998, in der die Annahmepflicht für Münzen geregelt wird. Wirklich wohl in der Sache fühlen sich die politischen Instanzen deshalb nicht. Im Februar 2016 sprach sich der deutsche Finanzminister Schäuble für eine europaweit einheitliche Regelung für Bargeldzahlungen aus. Kurz darauf beauftragten die EU-Finanzminister die Kommission, bis 1. Mai einen Plan vorzulegen. Seither herrscht Funkstille.[159] Die Bargeldabschaffung ist höchst unpopulär. Kein Politiker, der die nächsten Wahlen überstehen will, wird sich daran die Finger verbrennen. In der Schweiz ist das Bargeld als einziges gesetzliches Zahlungsmittel im «Bundesgesetz über die Währung und die Zahlungsmittel» festgeschrieben. Änderungen unterstehen dem fakultativen Referendum und haben aus heutiger Sicht keine Chance, eine Volksabstimmung zu überstehen.

Trotzdem nehmen die Banken ihre Pflicht zur Umwandlung von Giroguthaben in Bargeld schon jetzt bloss selektiv wahr. Als sich im März 2015 eine Pensionskasse mehrere Millionen Franken in bar auszahlen lassen wollte, um die Negativzinsen zu umgehen, erhielt sie von ihrer Bank den Bescheid, «wir bedauern, dass innert Frist keine ihren Erwartungen entsprechende Lösung gefunden werden konnte».[160] Die Pensionskassen der Schweiz verwalten rund 730 Milliarden Franken, wovon 40 Milliarden auf Giroguthaben gehalten werden. Der Negativzins von 0,75 Prozent verursacht Verluste von jährlich 300 Millionen.

Was wären denn die Vorteile der Bargeldabschaffung für die Banken? Entscheidend ist die Tatsache, dass die Einlösepflicht der Bankguthaben in gesetzliches Zahlungsmittel und damit die wichtigste Begrenzung der Kreditgeldschöpfung fallen würde. Die Banken könnten noch leichter in hochriskante Papiere investieren, weil sie keinen Abzug der Mittel befürchten müssten. Dies gilt allerdings nur

---

[159] Norbert Häring: Die EU-Kommission hat Angst vor der Barzahlungsobergrenze. 1.6.16. www.norberthaering.de

[160] Nachrichtensendung 10vor10 vom 12.3.2015, www.srf.ch/news/wirtschaft/negativzins-bank-verweigert-pensionskasse-bargeld-auszahlung

für das Bankensystem als Ganzes. Die Kontrolle der Transaktionen – schon jetzt eine erhebliche Bedrohung der Privatsphäre – könnte ausgebaut werden. Wir würden gezwungen, für alle unsere Zahlungen den Banken Kredit zu gewähren, denn das ist es, was ein Bankkonto im Grunde darstellt. Weil viele Menschen ihre Ausgaben beim elektronischen Bezahlen weniger gut im Griff haben, ist auch mit einem Anstieg der privaten Verschuldung zu rechnen – ein Bombengeschäft für die Banken. Der Verzugszins für überfällige Zahlungen beträgt bei den fünf grössten US-Kreditkarten im Durchschnitt 28.77 Prozent[161] – sehr viel Geld für etwas, das aus dem Nichts herbeigezaubert wurde.

Fazit: Die Abschaffung des gesetzlichen Zahlungsmittels und sein Ersatz durch ein privates Substitut bedeuten den Übergang in ein Reich der monetären Willkür, in dem der Zugriff auf unser Vermögen auf Knopfdruck verhindert werden kann.

Die Massnahmen des Finanzestablishments, den Zusammenbruch der Schuldenpyramide zu verhindern, sind aus zwei Gründen absurd: Erstens lösen sie das Problem nur auf Zeit, d.h. sie verschieben die Lösung in die Zukunft, wo sie wesentlich teurer wird. Zweitens könnte das Problem auf anderem Weg grundlegend entschärft werden. Das dazu erforderliche Geld wird auf den Inseln in der Karibik und im Ärmelkanal gebunkert. «Der IWF schätzte 2010, dass sich die Bilanzen der kleinen Insel-Finanzzentren [wie den Cayman Islands, den Bahamas oder Jersey] allein auf bis zu 18 Billionen Dollar belaufen, eine Summe, die etwa einem Drittel des weltweiten Bruttosozialprodukts entspricht», schreibt Nicholas Shaxson in seinem lesenswerten Buch Schatzinseln – wie Steueroasen die Demokratie untergraben. Dort liegen die Gewinne der Banken und Hedgefonds, die in der Finanzkrise gerettet wurden. Dort liegen die Steuergelder, die die Konzerne mit trickreicher Buchhaltung einsparen, z.B. indem sie sich selber Kugelschreiber für 8500 Dollar pro Stück verkaufen. Dort wartet die Beute der monetären Piraten darauf, dass sie endlich gerecht verteilt wird. Dass die Existenz dieser Rechts- und Steuer-

---

161 «Federal Reserve G19 Report» und «Consumer Financial Protection Bureau», zitiert von https://www.valuepenguin.com/average-credit-card-interest-rates

oasen toleriert und in der politischen Auseinandersetzung um die Schuldenkrise nicht einmal diskutiert wird, nimmt der Krisenpolitik die letzte Glaubwürdigkeit, die sie in den Augen all derer vielleicht noch hatte, die auf die Einhaltung von Verträgen pochen. Ja: Verträge sind einzuhalten, aber von allen, nicht nur den Schuldnern.

Das Geldsystem kommt mir vor wie ein klinisch toter Patient, der mit Maschinen in einer Art lebendigem Zustand gehalten wird. Hie und da tritt ein Arzt auf den Balkon und beruhigt das Volk vor dem Spital mit einer unverständlichen Diagnose. Der Tod des Patienten hängt nicht von seinem Zustand ab, sondern von der Entscheidung derjenigen, die den Stecker ziehen. Aber die kennen wir nicht und auch nicht ihre Motive.

So bleibt uns einstweilen nicht anderes, als unsere eigene Notfallmedizin zu entwickeln. Wenn wir wollen, wird sie wirken.

Das nächste Geld – der Drache wird den Weg freigeben

Niemand weiss, wie es geschehen wird – langsam oder schnell, global oder regional, geplant oder chaotisch, gewaltsam oder friedlich. Aber der Zusammenbruch wird kommen. Die Leute an den Schalthebeln, die ihn auslösen könnten, wissen nicht wie das Fussvolk reagieren wird. Und wir, die Fussvölker dieser Erde, wissen weder, wie wir ihn verhindern können, noch wie wir darauf reagieren sollten. Die wahrscheinlichste Variante ist die schrittweise Auflösung der Geldordnung mit regionalen Versuchskaninchen wie Griechenland oder Afrika, wo die Methoden erprobt werden, an die sich die andern gewöhnen dürfen.

Mit dem bevorstehenden Zusammenbruch des Finanzsystems stehen wir nicht nur am Ende des Geldes, sondern auch am Ende der Rechtsordnung, und das in globalem Umfang. Wenn Geld nichts mehr gilt, dann verlieren auch fast alle Verträge, die meisten Besitzansprüche und viele Gesetze ihre quantitative Basis. Um ein Chaos zu verhindern, muss schnell, z.B. übers Wochenende entschieden werden – also diktatorisch. Andernfalls ist mit Versorgungsengpässen zu rechnen, mit Panik, mit Aufständen und mit all dem Schrecken, den die meisten westlichen Menschen bis jetzt nur aus dem Fernsehen kennen. Beide, die Diktatur und das Chaos, müssen nicht eintreten. Aber wenn wir nichts unternehmen, ist die Wahrscheinlichkeit gross.

Die grosse Frage lautet nun: Was tun? Und wer wird uns das nächste Geld bringen? Denn wir brauchen ein neues, ein gerechtes Geld. Das alte trägt eine Last von mehr als 300 Jahren Ungerechtigkeit und Ausbeutung mit sich, die sich bis heute zu einer historisch einmaligen Ungleichverteilung summiert haben, die dem grössten Teil der Menschen die Zukunft raubt. Wir brauchen einen Neustart!

Dürfen wir ihn von den bisherigen Herren des Geldes erwarten? Da ist doch Skepsis angebracht! Ich kenne kein einziges geschichtliches Beispiel, wo Mächtige, die durch Betrug, Diebstahl oder Zerstörung an die Macht gekommen sind, ein gerechtes Geld geschaffen hätten. Und ich glaube, es gibt auch keines. Dabei sind es gerade Betrug (private Geldschöpfung aus dem Nichts gegen Zins), Diebstahl (Abschöpfung von Vermögen ohne Gegenleistung) und Zerstörung (Hunger, Krieg und Vernichtung von Ressourcen), die die Meister des heutigen Geldes in ihre Position gebracht haben. Von ihnen wird – ohne wundersame Bewusstseinserweiterung – nur noch mehr Betrug, Diebstahl und Zerstörung zu erwarten sein, selbst wenn das öffentlich sichtbare Führungspersonal komplett ausgewechselt wird. Denn die Fortführung des Alten erfordert eine massiv beschleunigte Umverteilung und Enteignung (siehe Exponentialkurve, S. 72 ff). Da darf man sich nichts vormachen.

Es ist aufgrund des bisherigen Verlaufs der Geschichte auch davon auszugehen, dass es den Herren des Geldes schon längst nicht mehr um Geld und Vermögen geht – davon haben sie in jeder Beziehung mehr als genug –, sondern um Macht. Und von der Macht wissen wir, dass sie wachsen muss, bis es nichts mehr gibt, worüber man Macht ausüben kann. Nicht alles ist das Ziel der Macht, sondern nichts.

Denn was ist Macht im Grunde? Es ist die willkürliche Einschränkung souveränen Lebens in all seinen Formen, ob menschlich, tierisch, pflanzlich oder gar mineralisch. Souveränität ist natürlich nicht absolut, für niemanden und zu keiner Sekunde. Wir sind kontinuierlich mit anderen Daseinsformen verbunden – ja, wir sind eingebettet in ihnen –, die alle ihr eigenes Leben verwirklichen wollen. Die Regeln, nach denen diese existenziellen Ansprüche honoriert oder eingeschränkt werden, sind die Gesetze der Evolution, die wir höchstwahrscheinlich noch nicht zur Gänze ergründet haben. Denn wenn die Wissenschaft sie erkannt hätte, hätten wir schon längst zur einzigartigen Fülle zurückgefunden, die den Planeten Erde über sämtliche gegenwärtig einigermassen erforschten Himmelskörper hinaushebt. Macht ist nichts weiter als der untaugliche Versuch, sich über diese universellen Gesetze zu erheben und das Leben nach eigenen Regeln zu verwalten. Selbst wenn die Macht mit guten Absichten beginnt: Wird sie nicht eingeschränkt, wird sie sich selber dienen, bis sie unter ihrer eigenen Last zusammenbricht. Dies ist die Botschaft von Leopold Kohr (1909 bis 1994), dem österreichisch-amerikanischen Ökonomen und Philosophen der kleinen Dimension, Autor von *The Breakdown of Nations* (1957) und Träger des alternativen Nobelpreises (1983).

Wohin uns grenzenlose Eigenmächtigkeit führt, zeigen die Beispiele von Hitler, Stalin und Mao, denen dutzende Millionen Menschenleben zum Opfer fielen. Aber sie sind harmlos im Vergleich zum Regime des privaten Geldes mit einem Blutzoll von hunderten Millionen und einem Vielfachen davon an Verarmten, Entrechteten und Verblendeten.

Mit welcher Erbarmungslosigkeit und Blindheit der Markt mit dem Menschen umgeht, ist seit der grossen irischen Hungersnot 1845 bis 1852 aktenkundig. Die Kartoffelfäule führte zu einer Serie katastrophaler Missernten des Grundnahrungsmittels, eine Million Iren starben, zwei Millionen wanderten aus. Die apokalyptischen Zustände im irischen Untertanengebiet wurden auch im englischen Parlament diskutiert; aber die «Nichteinmischung in die Kräfte des Marktes», für die sich u.a. die Zeitschrift «Economist» stark machte, behielt die Oberhand. Eine Lieferung von amerikanischem Mais im Wert von 100 000 Pfund war alles, was die Regierung durchs Parlament brachte. Benjamin Jowett, damals Vorsteher des Balliol College in Oxford, zitierte einen politischen Ökonomen, der befürchtete, «die Hungersnot von 1848 in Irland werde nicht mehr als eine Million Menschen töten und dies sei kaum ausreichend, um viel zu nützen.»[162]

Von den Leuten, die das globale Desaster verursacht, davon profitiert oder untätig zugeschaut haben und für diese Verbrechen gegen die Menschlichkeit auch vor Gericht gestellt werden sollten (und hoffentlich werden), von diesen Leuten ist tatsächlich nicht viel zu erwarten, schon gar nicht ein besseres, ein gerechtes und nachhaltiges Geld. Viel wahrscheinlicher ist, dass sie die Notlage, in die sie uns gebracht haben, dazu missbrauchen, zu tun, was sie schon immer getan haben: betrügen, stehlen und zerstören. Und da gibt es bei allem gegenwärtigen Elend noch einiges Potenzial nach unten. Sie könnten den Hungernden das Recht auf Hilfe gänzlich absprechen und sie die Kräfte des Marktes schutzlos spüren lassen. Sie könnten alles einziehen, was die Menschen geschaffen haben, nicht nur den Tribut von rund einem Drittel des Umsatzes, den sie jetzt schon kassieren (siehe auch *Der grosse Umverteiler*, S. 120 ff). Sie könnten den Rechtlosen auch noch Pflichten aufbürden, zum Beispiel Arbeit ohne Gegenlei-

---

[162] Zitiert nach Felix Martin: Geld, die wahre Geschichte. 2014. S. 193.

stung. Und sie könnten die Wahrheit zu verbieten versuchen, angeblich weil sie die öffentliche Ordnung stört, aber tatsächlich, weil sie frei macht. Alle diese Methoden wurden im bisherigen Verlauf der Finanzkrise propagiert und erprobt. Hoffnung in die dunklen Magier des Geldes ist also fehl am Platz.

Muss man diesen Leuten einen Namen geben? Ich glaube, das wird weder möglich noch nötig sein. Die Sichtbaren sind ersetzbar und die Unersetzlichen sind unsichtbar. Wäre ich der reichste Mensch der Welt, wäre mein erstes Bemühen, nicht auf der Liste der Reichsten zu erscheinen. Wir können also davon ausgehen, dass sich die wirkliche Macht der Wahrnehmung entzieht, sonst hätte sie kaum so mächtig werden können. Diese Macht ist bereits das Nichts, in das sie alles andere verwandeln muss. Wir müssen sie brechen, ohne sie zu kennen. Und das ist gut so. Genauso wie Judentum, Christentum und Islam es verbieten, sich ein Bild von ihrem Gott zu machen, ist es auch ratsam, sich kein Feindbild zu machen. Die Gefahr, das Ziel zu verfehlen, ist einfach zu gross. Zudem hat der Kampf gegen das Böse noch nie das Gute hervorgebracht.

Der Impuls zur historischen Wende muss also von uns kommen. Aber wer sind wir? Wir sind selber seit Generationen so tief in den Irrtum des Geldes verstrickt, dass wir ihn nur noch mit einer intellektuellen Anstrengung erkennen, die den durchschnittlichen couch potatoe und Schnäppchenjäger bei weitem überfordert. Zudem hat uns der Irrtum so viel Profit gebracht, dass wir gar nicht gemerkt haben, in welcher Währung wir dafür bezahlen müssen: mit Souveränität. Und wer nicht mehr frei ist, kann auch nicht mehr frei denken.

Dazu kommt, dass das Ende aller Ordnung ein so bedrohliches Szenario darstellt, dass man lieber gar nicht hinschaut. Angst ist deshalb das erste, was wir überwinden sollten, wenn wir wieder klar denken und vernünftig handeln wollen. Sonst werden wir uns vorschnell mit einer Lösung zufrieden geben, die zwar als solche verkauft wird, aber nur das Bestehende fortschreibt und die letzten Reste des freien Geistes im Finanz-Holocaust verbrennt.

Deshalb jetzt zur Abwechslung ein Mutmacher: Es geht auch ohne Geld und Banken! In Irland waren 1970 die Banken wegen eines Arbeitskampfes während über sechs Monaten geschlossen. Es wurden keine Überweisungen getätigt, keine Bankkredite gesprochen und keine Konten nachgeführt. Es wurde nur noch mit Bargeld bezahlt und mit Geld, das die Menschen selber schöpften, mit Schecks.[163] Der Scheck ist die moderne Manifestation von Geld in seiner Urform: ein Recht auf Gegenleistung. Jemand liefert etwas und erhält ein dokumentiertes, übertragbares Recht auf spätere Gegenleistung. Das ist im Grunde alles, was Geld ist. Was sich während der irischen Bankenschliessung änderte: Die Schecks konnten nicht mehr eingelöst und die Konten nicht mehr nachgeführt werden. Der Scheck wurde so zu einem privaten Zahlungsmittel, das so gut war wie die Kreditwürdigkeit seines Ausstellers. Insgesamt fünf Milliarden irische Pfund in privater Währung schöpften die Iren, nach heutiger Kaufkraft etwa 70 Mrd. Euro. Gemäss einem Bericht der irischen Zentralbank funktionierte die Wirtschaft nicht nur, sie wuchs sogar. Nach der Schliessung dauerte es allerdings drei Monate, bis alle Schecks verbucht waren und wieder Normalbetrieb einkehrte. «Nach dem Ereignis bestand allgemeines Einvernehmen darüber», schreibt Felix Martin, «dass mehrere Merkmale des irischen Gesellschaftslebens dieses Wunder in einzigartiger Weise begünstigten, nicht zuletzt das berühmteste von allen: das irische Pub. Die grundlegende Herausforderung bestand darin, die Kreditwürdigkeit derjenigen zu überprüfen, die mit nicht verrechenbaren Schecks bezahlten. Irland hatte den Vorteil, dass sowohl auf dem Land als auch in den Städten ein starkes Zusammengehörigkeitsgefühl herrschte. Die Menschen kannten die meisten Leute, mit denen sie Geschäfte machten, persönlich, sodass sie deren Kreditwürdigkeit relativ zuverlässig einschätzen konnten.»[164]

In Argentinien brach Ende 2001 das Finanzsystem mit einem Staatsbankrott zusammen. Drei Monate später bestand bereits ein Drittel der Geldmenge aus Schuldscheinen, die Provinzen, Städte,

---
163 Felix Martin: Geld, die wahre Geschichte. 2014. S. 34 ff
164 a.a.O.: S. 40

Supermarktketten und Kooperativen herausgaben und die als private Zahlungsmittel im Umlauf waren.

Natürlich lassen sich die heutigen Verhältnisse nicht mehr mit denjenigen in Irland vor 45 Jahren vergleichen, und in Argentinien wurden viele lokale Währungen von ihren Herausgebern zu überhöhter Geldschöpfung mit Inflationsfolgen missbraucht. Aber die Beispiele zeigen: Wir sind nicht auf Gedeih und Verderb von den Banken abhängig. Wir können auch in schwierigen Situationen gegenseitiges Vertrauen und die Strukturen dafür entwickeln. Vielleicht ist es sogar so, dass wir erst in der Krise die Kräfte anzapfen, die zu ihrer Überwindung nötig sind, wie schon Hölderlin schrieb: «In der Not wächst das Rettende auch.»

Allerdings muss das Rettende eine Kraft entwickeln, wie sie die Welt noch nie gesehen hat. Denn das globale Finanzsystem bereitet uns ein Problem von epochalen Dimensionen: Weil Geld im Grund ein Recht ist, fällt mit dem Geld auch die Rechtsordnung – das ist nun wirklich alternativlos. Entweder werden diese Rechte vom Finanzestablishment zur Rettung seines Systems neu definiert und zugeteilt oder wir wagen den Neustart und verteilen die Karten neu, diesmal ohne versteckte Joker und nach transparenten und für alle gleichen Spielregeln. Die Symptome der Rechtsauflösung zeigen sich ja seit den 90er Jahren immer deutlicher: Wichtige Regeln, wie die Trennung zwischen Geschäfts- und Investmentbanken, wurden aufgehoben, die im Vertrag von Maastricht festgelegten Verschuldungsgrenzen wurden überschritten, das Bailout-Verbot gebrochen, der Schutz der Bankguthaben verwässert oder Volksentscheidungen missachtet, wie zuletzt in Griechenland. Die Immobilienderivate sind heute schon so kompliziert, dass in gewissen Fällen die Besitzerschaft selbst von Gerichten nicht mehr geklärt werden kann.

Es wird ein gigantisches, globales Konkursverfahren einsetzen, in dem jeder Mensch mit Schulden und Besitz gleichzeitig Kläger und Beklagter ist. Dieser gordische Knoten lässt sich nicht entwirren, nur zerschneiden. Es wird ein Neuanfang nötig werden, wie ihn die Welt noch nie gesehen hat und wie ihn Dee Hock, der visionäre Gründer der Visa-Kreditkartenorganisation in prophetischen Worten beschrieben hat: «Wir sind an dem Punkt in der Geschichte, an dem ein 400-jähriges Zeitalter in seinem Totenbett röchelt, während das nächste damit kämpft, geboren zu werden – ein Wandel von Kultur, Wissenschaft, Gesellschaft und der Institutionen, der enorm viel grösser und schneller ist als alles, was die Welt bis jetzt erfahren hat. Vor uns liegt die Möglichkeit einer Erneuerung der Individualität, Freiheit, Gemeinschaft und der Ethik, wie sie die Welt noch nie gesehen hat, eine bis jetzt unbekannte Harmonie mit der Natur, untereinander und mit der göttlichen Intelligenz.»[165]

Ein gerechtes und nachhaltiges Geld hat tatsächlich das Potenzial einer Rundumerneuerung des Lebens auf der Erde. Es vermeidet nicht nur versteckte und offene Kapitalkosten von rund einem Drittel des Bruttosozialprodukts, es erspart auch Verschwendungen eines geschätzten weiteren Drittels für Militär, Polizei, nicht erneuerbare Ressourcen, Sozialkosten und schlechte, überteuerte, unnötige oder kurzlebige Produkte, die nur zum Zweck der Umsatzsteigerung hergestellt werden. Wenn wir die Arbeit für den Lebensunterhalt in täglich zweieinhalb Stunden erledigen können, wenn die Umwelt nicht mehr zerstört wird und jeder Mensch genug zum Leben hat, dann hört eine ganze Reihe von Schwierigkeiten einfach auf zu existieren: Arbeitslosigkeit, Elend, Terrorismus, ein grosser Teil der Kriminalität, Kinder- und Altenbetreuung, die Folgen der flächendeckend gestressten Gesellschaft – der grösste Teil der Aufgaben, zu deren Bewältigung sich die heutigen Regierungen immer tiefer verschulden und autoritärer werden müssen. Vielleicht beginnen dann auch ganz neue Probleme, wie John Maynard Keynes in seinem *Essay on Persuasion* (1930) festgestellt hat: «Wenn das wirtschaftliche Problem [die Beschaffung des Lebensunterhalts] gelöst ist, fehlt dem Menschen sein traditioneller Daseinszweck. ... Zum ersten Mal seit seiner Schöpfung steht der Mensch dann vor seinem eigentlichen, seinem ständigen Problem. ... Meiner Meinung nach gibt es kein Land und kein Volk, das diesem

---

165 Thomas Greco: The End of Money and the Future of Zivilisation. 2009. Pos. 136

Zeitalter der Freizeit und des Überflusses ohne Furcht entgegensehen kann.»

Nur: Wenn wir schon die Angst vor dem Abgrund überwinden müssen, dann können wir gleich noch die Furcht vor der Fülle dazunehmen. Vielleicht gibt es ja Rabatt.

Ein nächstes Geld wird also bloss genügen, um die Pforte zum verlorenen Paradies wieder zu finden. Um sie zu durchschreiten, wird es eine geistige Erneuerung brauchen, die jeden Menschen und die Menschheit als Ganzes erfasst. Der französische Jesuit und Paläontologe Pierre Teilhard de Chardin (1881 bis 1955) hat dies in seinen Schriften als «Punkt Omega» bezeichnet. Die Evolution führt nach seiner Darstellung zu einer Verdichtung mit zwei Konsequenzen: Konflikte und Spannungen streben auf einen Punkt der umfassenden Zerstörungen zu; gleichzeitig wächst das globale Bewusstseinsfeld zur Erkenntnis, dass alles mit allem zusammenhängt. Wir stehen also vor der Entscheidung zwischen Untergang oder organischer Einswerdung – für beides stellt die evolutionäre Entwicklung die Kräfte bereit.

Es ist nicht verboten, diese Situation mit dem Jüngsten Gericht zu vergleichen, wenn man den Begriff seiner religiösen Konnotationen befreit. Wir stehen mit dem Ende des Geldes tatsächlich an einem vorläufigen Endpunkt der Welt, wie sie der menschliche Geist in seiner bis jetzt vorherrschenden Verfassung hervorgebracht hat.

Die Misere auf der Erde ist nicht durch eine Fehlkonstruktion des Menschen entstanden, sondern durch seine Unkenntnis der universellen Gesetze – es hat genug für alle – und durch die Verwirrung in seiner Beziehung zur Welt der Materie, die sich in seiner Konzeption des Geldes als Stellvertreter von Materie kristallisiert hat. Geld ist und bleibt ein Recht (eine soziale Technologie) und kann nicht materieller Besitz an sich sein. Die Gleichsetzung von Beziehung – was ein Recht immer darstellt – mit materiellem Besitz hat den Menschen so weit materialisiert, dass er nun tatsächlich vor der grossen Frage steht: Will ich Materie oder will ich Geist werden? Seine Antwort wird ziemlich endgültig sein.

Es ist meiner Einschätzung nach nicht möglich, die Probleme des Geldes zu lösen und gültige Antworten auf die grossen Fragen zu finden, wenn wir uns nicht Klarheit über die philosophischen Hintergründe und die universelle Dimension unserer Lage verschaffen. Es geht um Freiheit oder Sklaverei, Geist oder Materie, Alles oder Nichts. Die einmalige Ernsthaftigkeit dieser Situation wird uns den Mut geben, das Richtige zu tun und sie wird uns hoffentlich auch zur Einsicht bringen, dass wir das Problem nicht mit Gewalt, sondern allein mit Geisteskraft lösen können.

Dieses letzte Spiel um alles oder nichts können wir jedoch nur gewinnen, wenn wir auch die Möglichkeit einer Niederlage zulassen. Sonst ist es kein Spiel mehr, sondern ein Kampf, der nur Verlierer kennt. Wie bei David gegen Goliath wird nicht Kraft entscheiden, sondern Intelligenz, wobei in diesem Fall eine höhere Intelligenz gemeint sein muss, die Liebe, Scharfsinn, Friedfertigkeit und Intuition zu einer entwaffnenden Waffe vermählt. Überhaupt werden wir uns die Paradoxien des Lebens zunutze machen müssen, wie die Freiheit, die wir erst gewinnen, wenn wir sie aufgeben, die Liebe, die wir erst bekommen, wenn wir sie verschenken oder das Geld, «eine Sache deren Gebrauch erst dadurch möglich ist, dass man sie veräussert», wie Immanuel Kant in *Metaphysik der Sitten* schrieb.[166] Deshalb werden wir die Herren des Geldes auch nicht bestrafen. Es wird genügen, sie zu benennen und ihre Taten offen zu legen.

Sobald wir die mentale Verfassung erlangt haben, dieses letzte Spiel aufzunehmen, werden wir uns mit strategischer Analyse befassen müssen. Die vielen Varianten des Geldsturzes sind ein erhebliches Risiko: Wer sich nicht nur auf einen willkürlichen Zeitpunkt einstellen muss, sondern auch auf unbekannte Gegner und verschiedenste Spielarten, kann es nur mit Glück richtig machen – und dieses wird mit Sicherheit nicht eintreten. Denn: Bereiten wir uns auf einen einzigen wahrscheinlichen Ablauf vor, werden wir mit Bestimmtheit falsch liegen. Die Leute auf der Intensivstation werden bestimmen, wann dem Finanzsystem der Stecker gezogen wird. Fassen wir da-

---

166 Zitiert nach Jochen Hörisch in: Philosophicum Lech: Geld – was die Welt im Innersten zusammenhält? 2009. S. 90

gegen alle Eventualitäten ins Auge, fehlen uns die Ressourcen. Man kann sich in einem Krieg – selbst wenn es, wie in diesem Fall, nur ein Spiel ist – nie für alle Möglichkeiten bereit halten. Zudem sind wir viele – 99 Prozent, wenn wir uns an das Motto von Occupy Wallstreet halten –, und da braucht die Koordination doch einige Zeit, während der anderen Seite eine Telefonkonferenz genügt. Wenn wir also warten, bis der Stecker gezogen wird, liegen wir mit Sicherheit auf verlorenem Posten. Wir müssen jetzt beginnen, zum Zeitpunkt der Lektüre dieses Buches.

Als erstes wird es darum gehen, die Handlungsfähigkeit wieder zu erlangen, das Vermögen, etwas zu bewirken. Was bisher unternommen wurde, die Bewältigung der Finanzkrise in demokratische Bahnen zu lenken, muss angesichts der Grösse des Ziels als quasi wirkungslos bezeichnet werden. Alle Versuche, die Auswirkungen der Finanzkrise zu verlangsamen oder zu mildern, sind mehr oder weniger gescheitert. Petitionen, Aufrufe, Vorstösse, Konferenzen, Reformvorschläge, Demonstrationen, Streiks – sie haben so gut wie nichts gebracht. Zwei Gründe stehen dabei im Vordergrund: Erstens kennen wir unseren Gegner nicht, sondern nur seine Vasallen an der Spitze der Institutionen. Und zweitens haben wir bis jetzt nur versucht, die Krise zu verlangsamen, während er, der Gegenspieler jederzeit aufs Gaspedal treten und fast beliebig Ereignisse zur Beschleunigung einsetzen kann, die uns zu Reaktionen zwingen. Nur: Reagieren ist nicht freies Handeln.

Eigentlich haben wir strategisch nur eine einzige Chance, das Gesetz der Tat in die Hand zu nehmen: Wenn wir nicht wollen, dass die Andern das Unvermeidliche tun, müssen wir es selbst tun. Das heisst: die Krise beschleunigen und den Zusammenbruch des Geldsystems bewusst herbeiführen. Und – wichtig! – gleichzeitig den Übergang planen und den Neuanfang einleiten. Damit setzen wir den Gegner unter Zugzwang. Er, der bisher das Tempo bestimmen und die Bedingungen der «Rettung» diktieren konnte, wird reagieren müssen. Er, der bisher den optimalen Zeitpunkt für seine Handlungen mehr oder weniger autonom bestimmen konnte, wird seine Pläne selber retten müssen. Und vielleicht wird er sogar sein Gesicht zeigen.

Wie bringt man ein Geldsystem zum Zusammenbruch? Wir haben ja keinen Zugang zur Intensivstation. Im Kern besteht jedes Geld, sei es nun das bestehende oder ein gerechtes der Zukunft, aus dem Vertrauen, das mit ihm verbundene Recht auch wahrnehmen zu können. Wer über einen bestimmten Betrag verfügt, als Zahl auf dem Konto, als Note in der Hand oder als Münze im Tresor, baut darauf, dieses Guthaben bei Bedarf in reale Güter umzutauschen. Dieses Vertrauen wird in unserem Geldsystem kontinuierlich missbraucht. Unser Geld kann die realen Güter längst nicht mehr kaufen, die es verspricht. Es ist in Auflösung begriffen. Das Geldsystem zerstört sich selber. Wir brauchen zu seiner Beendigung also nichts zu tun! Ausser mit der Dummheit aufzuhören, den Beteuerungen der Geld-Kapitäne zu glauben.

Warum scheint das so schwierig? Weil sie nicht zu hundert Prozent lügen, sondern vielleicht nur zu fünfzig, siebzig oder neunzig Prozent. Für einen Teil des vielen Geldes, mit dem sie uns überschütten, wird es tatsächlich noch etwas Realwert geben. Aber niemand weiss, für welchen und alle hoffen, zu den glücklichen Gewinnern zu zählen. Darum glauben wir den Magiern des Geldes. Anstatt das Ende ihrer Vorstellung abzuwarten, sollten wir sie besser selbst beenden und ihnen die falschen Karten aus dem Ärmel ziehen, bevor sie damit eine nächste Nummer machen.

Natürlich wird es konkrete Massnahmen brauchen, damit ein substanzieller Teil der Bevölkerung aufhört, sich von den Managern des Geldes ins Bockshorn jagen zu lassen – Aufklärung im besten Sinne des Wortes. Die Menschen sollen verstehen, wie der Betrug funktioniert und sie müssen begreifen, dass er ohne ihr Dazutun nicht hätte glücken können. Es wird, wie auf den ersten Seiten dieses Buches beschrieben, nicht leicht sein, diesen Irrtum zu erkennen. Aber ohne Einsicht wird ein Neuanfang nicht möglich sein, sondern bestenfalls die gewaltsame Zerstörung des Finanzsystems und die Beseitigung seiner Verwalter. Wer immer dieses Zerstörungswerk vollzieht, er wird nicht in der Lage sein, ein gerechtes Geld zu schaffen. Denn wer Macht ausübt, wird an ihr zugrunde gehen.

Die Einsicht erfordert deshalb zwei Voraussetzungen, die gleichzeitig erfüllt werden müssen und die sich gegenseitig bedingen: Erkenntnis des Irrtums und Wahrnehmung des Gewinns, der mit einem gerechten Geld möglich ist. Wir können den Gewinn des Neuen erst wahrnehmen, wenn wir den Irrtum der Vergangenheit erkennen. Und wir können den Irrtum erst akzeptieren, wenn wir den daraus entstehenden Gewinn auch tatsächlich sehen. In diesem Prozess wird sich der angedrohte Verlust, mit dem uns die Finanzindustrie am Gängelband führt, in Nichts auflösen und eine neue Zeitrechnung der Fülle wird beginnen.

Natürlich wird dieser Übergang nicht leicht und nicht über Nacht zu schaffen sein. Der Mensch ist in vielerlei Hinsicht ein Herdentier. Wir halten für richtig, was andere tun. Da kann es lange dauern, bis die kritische Masse erreicht ist. Die Überwindung der Sklaverei und die Gleichberechtigung der Geschlechter hat Jahrhunderte erfordert, und sie sind beide noch nicht abgeschlossen. So viel Zeit werden wir beim Geld auf keinen Fall haben. Dazu kommt: Wir sind nicht nur Herdentiere, wir sind auch von den Hirten verlassen. Die neuen Hirten werden aus unseren Reihen kommen müssen und sie werden den Ihresgleichen nicht befehlen, sondern sie nur überzeugen können. Sie werden Hirten sein müssen, ohne Hirten sein zu dürfen.

Damit ein kollektiver friedlicher Vorstoss auf das Geldsystem funktioniert, muss er gleichzeitig offen erfolgen und unsichtbar bleiben. Offen muss er sein, damit der Austritt aus der Geld-Sekte ansteckende Wirkung entfalten kann. Geld wirkt stärker auf unsere Überzeugungen und Handlungen als jede bekannte Religion. Da braucht es Vorbilder, den Bann zu brechen.
Unsichtbar muss der Vorstoss sein, damit er nicht gekontert wird. Denn die Hüter des Glaubens sind wachsam und seine Prediger in der Meinungsindustrie bereit. Unsichtbar wird der Vorstoss sein, wenn er von Individuen und kleinen Gruppen getragen wird, mit informeller Koordination, ohne gemeinsame Begriffe, die von den spin doctors pervertiert werden können, ohne Demonstrationen, die man verbieten oder zusammenschlagen kann und ohne grosse Netzwerke, die leicht zu kontrollieren oder lahmzulegen sind. Aber eng verbunden

durch die Kraft des Geistes und den Elan der Befreiung, die allen Menschen guten Willens gegeben sind – eine Ausbreitung des revolutionären Feuers, nicht durch Gewalt, sondern durch Bewusstsein und tätige Liebe. Die lang ersehnte Vereinigung von Geist und Gemeinschaft. Wir werden gewissermassen alle Anführerinnen und Anführer werden, und beginnen werden wir damit, dass wir uns von unserem Bewusstsein führen lassen.

Wann soll der friedliche Angriff auf das Geldsystem beginnen? Er hat bereits angefangen – in den Köpfen der zahlreicher werdenden Menschen mit der Erkenntnis, dass es so nicht mehr weiter geht, wenn es so weiter geht, um mit Erich Kästner zu sprechen. In der Tat begegnet man in allen gesellschaftlichen Schichten Menschen, selbst Bankern, die im vertraulichen Gespräch zugeben, dass sie den Glauben an die Reparaturfähigkeit des Systems aufgegeben haben. Warum sprechen wir nicht einfach offen und öffentlich darüber? Der Wahrheit ins Auge zu blicken tut immer gut, gerade wenn sie unangenehm ist. Warum sollen wir so viel Energie auf die Reparatur eines Hauses verwenden, das ohnehin zusammenstürzen oder sich in ein Gefängnis verwandeln wird?

Nun ist es an der Zeit, sich mit den konkreten Möglichkeiten des Übergangs und des Neuanfangs zu befassen. Beginnen wir mit einer Geschichte, wie man sich schnell und nachhaltig aus einer Notsituation befreien kann. Dass diese Geschichte ein ungutes Ende genommen hat, soll uns warnen, dass Geldreform noch nie ein leichtes Unterfangen war. Das liegt nicht am Mangel an Konzepten oder Erfahrungen, sondern an den mächtigen Gegenkräften. Seit dem Entstehen von Nationalstaaten und ihren von den privaten Banken geschöpften und von den Zentralbanken gestützten Währungen ist Geld zu einem Monopol geworden, das mit allen Mitteln verteidigt wird.

Österreich ging es in der Depression der 1930er Jahre zwar nicht ganz so schlecht wie dem heutigen Griechenland nach fünf Jahren Spardiktat. Aber das Elend war gross, auch in der Tiroler Kleinstadt Wörgl mit 4200 Einwohnern. 400 waren arbeitslos, 200 bereits ausgesteuert, dazu war kein Geld in der Kasse. Von den Steuerausständen im Umfang von 118 000 Schilling gingen im ersten Halbjahr 1932 nur gerade 3000 ein.[167] Es herrschte Handlungsbedarf. Da startete der Bürgermeister Michael Unterguggenberger ein Konjunkturprogramm und gewann dafür das ganze Dorf. Die lokale Raiffeisenkasse und alle Geschäftsleute machten mit, der Pfarrer und der Schuldirektor hatten die Oberaufsicht. Finanziert wurde das Konjunkturprogramm mit sogenannten «Arbeitswertscheinen», die ein gemeindeeigener Wohlfahrtsausschuss herausgab und die durch eine entsprechende Summe Schillinge gedeckt waren. Die zwei entscheidenden Merkmale waren die monatliche Wertverminderung um ein Prozent und die Möglichkeit, mit den Arbeitswertscheinen Gemeindesteuern zu bezahlen. Dadurch wurden die Scheine gerne angenommen und auch leicht ausgegeben.

Am 31. Juli 1932 zahlte die Gemeinde die ersten 1000 Schilling als Löhne aus. Am nächsten Tag waren sie bereits wieder in der Gemeindekasse: Es wurden Steuern damit bezahlt. Mit diesen Arbeitswertscheinen finanzierte die Gemeinde eine ganze Reihe von Projekten, von der Instandstellung der Infrastruktur über eine moderne Strassenbeleuchtung und eine neue Brücke bis zu einer Skisprungschanze. Dabei zirkulierte das Geld keineswegs nur zwischen der Gemeinde und ihren Bürgern, sondern vor allem unter den Einwohnern.

Um die Haltegebühr zu umgehen, so gering sie auch war, wechselten die Scheine die Hand wesentlich schneller als die offiziellen Schillinge. 104 Mal im Jahr liefen die Arbeitswertscheine um und schafften so Wohlstand. Tatsächlich schuf jeder Arbeitswertschein etwa 12- bis 14mal so viele Arbeitsplätze und Realwert wie der entsprechende Betrag in Schilling.[168] Das Horten des Geldes war in der Zeit der Depression ein enormes Problem. Die Menschen behielten das Geld in Erwartung sinkender Preise, entzogen es damit dem Kreislauf und vergrösserten dadurch die Schwierigkeiten.

«In Österreich», schrieb der schweizerische Geldreformer Fritz Schwarz 1951[169], «hielt damals die Nationalbank für die rund 6 Mio. Einwohner 914 Mio. Schilling im Jahresdurchschnitt im Verkehr, das

---

167 Fritz Schwarz: Das Experiment von Wörgl. 1951/2007. S. 40.
168 Bernard Lietaer: Das Geld der Zukunft. 1999. S. 270
169 Fritz Schwarz: Das Experiment von Wörgl. 1951/2007. S. 48.

sind pro Kopf 153 Schilling. Als in Wörgl am meisten Arbeitswertscheine ausgegeben wurden, waren es 7443 Schilling oder pro Kopf nicht einmal 2 Schilling. Aber diese 2 Schilling pro Kopf haben in Wörgl in den Jahren 1932 und 1933 mehr Einkommen und Verdienst geschaffen als die 153 Schilling der österreichischen Nationalbank. Warum? Weil es das Geld war, das die Leute veranlasste, es zu dem zu brauchen, zu dem es geschaffen worden war, zum Zahlen, zum Erledigen der Geldgeschäfte, zum Tauschen.»

Der Erfolg des Experiments war enorm. Die Arbeitslosigkeit wurde drastisch reduziert, die Infrastruktur erneuert und der Erlös der monatlichen Schwundgebühr finanzierte sogar eine Suppenküche, die 220 Familien ernährte. Das «Wunder von Wörgl» machte in ganz Europa Schlagzeilen, der französische Ministerpräsident Daladier reiste ins Tirol und Hunderte von weiteren Gemeinden wollten das Konzept übernehmen. Jetzt spürten andere Handlungsbedarf, namentlich die Österreichische Nationalbank, die das Experiment durch Verbot am 21. November 1933 zum Stillstand brachte.

Das Schicksal des Experiments war vorhersehbar. Im thüringischen Schwanenkirchen hatte der Bergbauingenieur Max Hebecker 1930 ein konkursites Braunkohlebergwerk übernommen. Als die Banken ihm die Finanzierung verweigerten, erhielt er von der freiwirtschaftlichen Wära-Genossenschaft einen Kredit in der umlaufgesicherten Alternativwährung Wära. Das Bergwerk konnte 65 Arbeiter einstellen und viele Geschäfte nahmen das Notgeld an. Die private Initiative von Schwanenkirchen war nicht ganz so erfolgreich wie die von Wörgl. Trotzdem liess die Deutsche Reichsbank das Experiment im Herbst 1931 nach rund einem Jahr verbieten.

Geistiger Vater dieser wegweisenden Experimente war der deutsch-argentinische Geschäftsmann und Geldreformer Silvio Gesell, «ein sozialer Wegbereiter von grösstem geistigem Wuchs», wie der Schriftsteller Erich Mühsam 1930 in seinem Nachruf auf Gesell schreiben sollte. Gesell wurde 1862 im deutschen St. Vith, nahe der luxemburgischen Grenze geboren. Er machte eine kaufmännische Lehre im Geschäft seiner Brüder und wanderte im Alter von 25 Jahren nach Argentinien aus, wo er eine Handelsfirma für zahnärztliche Artikel eröffnete. Die dortige Wirtschaftskrise und die sozialen Unruhen regten ihn zum Nachdenken an. Wie kommt es, dass Geld ausgerechnet dann fehlt, wenn es am nötigsten wäre und im Überfluss vorhanden ist, wo es am wenigsten gebraucht wird?

Mit erst 29 Jahren ging er als Autodidakt mit seiner Idee der «rostenden Banknoten» an die Öffentlichkeit und publizierte im Selbstverlag *Die Reformation im Münzwesen als Brücke zum sozialen Staat*. Es folgten weitere Publikationen, z.T. auch auf Spanisch, die in die argentinische Bankenreform von 1898 einflossen und zur Blüte des Landes beitrugen. Wir vergessen heute gerne, dass Argentinien einmal das sechstreichste Land der Erde war.

Gesells wichtigste Erkenntnis ist die Einsicht, dass Geld gegenüber allen vergänglichen Dingen dieser Welt, die man dafür kaufen kann, zwei unverdiente Vorteile hat. Einerseits hat man immer die Wahl und andrerseits behält das Geld seinen Wert (ausser in inflationären Zeiten), während alles altert, rostet, schimmelt und schrumpft. Deshalb wird es in Krisenzeiten, wenn die Preise tendenziell fallen, gehortet. Gehortetes Geld fehlt in der Wirtschaft, es wird weniger konsumiert und produziert, Arbeitslosigkeit breitet sich aus. Gesell erlebte dies hautnah in Argentinien und entwickelte daraus die Idee eines Geldes, dessen Wert sukzessive leicht abnimmt, fünf Prozent pro Jahr. Wie für nicht gebrauchte Güterwagen eine Abstellgebühr bezahlt werden muss, sollte auch für Geld, das dem Wirtschaftskreislauf entzogen wird, eine Abgabe entrichtet werden und zwar in Form eines abnehmenden Wertes, der sogenannten Umlaufgebühr. Die Folge eines solchen Negativzinses ist eine schnellere Umlaufgeschwindigkeit des Geldes, und das ist volkswirtschaftlich entscheidend. Wenig Geld, das schnell umläuft, erzeugt mehr Wert als viel Geld, das bei seinen Besitzern bleibt.

Sie erinnern sich an den Satz «man kann besser stehlen, wenn man etwas gibt», die Idee hinter dem Kreditgeld. In der Umkehrung bedeutet dies: Man kann besser geben, wenn man etwas nimmt. Ein Geld, dessen Wert sich ständig ein wenig vermindert, wird den Menschen anregen, es möglichst rasch in einen echten Wert umzuwandeln, in einen produktiven Betrieb, ein gesundes Haus, in einen fruchtbaren Garten, in eine Schule.

Später ergänzte Gesell sein «Freigeld» mit dem «Freiland» und veröffentlichte 1916 sein Hauptwerk *Die natürliche Wirtschaftsordnung durch Freiland und Freigeld*. Als unvermehrbare Geschenke der Natur sollten Boden und Bodenschätze der Spekulation entzogen und verstaatlicht, aber gegen eine Nutzungsgebühr an Private verpachtet werden. Die paar Gemeinden der Schweiz, die in den 30er Jahren auf diese Politik setzten, erzielen bis heute beträchtliche Einnahmen aus Baurechtszinsen, die der Allgemeinheit zugute kommen.

Gesell erreichte die Herzen der Menschen, aber weder die Wissenschaft noch die Politik. Während des Ersten Weltkrieges waren seine Schriften sogar verboten.[170] Nur einmal hätte er seine Ideen beinahe in grösserem Stil umsetzen können, als Volksbeauftragter für das Finanzwesen der Bayerischen Räterepublik vom Frühjahr 1919. Aber seine Amtszeit betrug nur sieben Tage, dann wurde die Regierung gestürzt und Gesell inhaftiert. Den einen galt er als Kommunist, den anderen als Faschist, dabei hatte er nur erkannt, dass beide politischen Systeme dieselben autoritären Strukturen waren, mit denen der durch das Geldsystem hervorgerufene Mangel durch Einschränkung der Freiheit verwaltet wird. Der Unterschied zwischen einer Diktatur der Elite der Arbeiterschaft und der Elite der Industriellen ist in der Tat nicht besonders gross.

Gesell starb im März 1930, kurze Zeit vor der grossen Resonanz auf sein bahnbrechendes Werk. Für Keynes war klar, «dass die Zukunft mehr vom Geiste Gesells als von jenem von Marx lernen wird», wie er in seiner *Allgemeinen Theorie der Beschäftigung, des Zinses und des Geldes* schrieb.

Ersatzwährungen waren in der Depression der 1930er Jahre sehr verbreitet, vor allem in den USA, die seit der Zeit der Siedler über Erfahrungen mit bankenunabhängigem Geld verfügten und in verschiedenen Wirtschaftskrisen immer wieder darauf zurückgriffen. Der *Standard Catalogue of Depression Scrip of the United States* listet mehrere tausend Beispiele lokaler Währungen. Und fast hätten sie es in die of-

---

170 Wolfgang Uchatius: Das Wunder von Wörgl. Die Zeit, 28.12.2010. www.zeit.de/2010/52/Woergl.

fizielle Krisenpolitik der USA geschafft. Irving Fisher, der renommierteste US-Ökonom jener Zeit, schrieb 1933: «Freigeld könnte der beste Regulator der Umlaufgeschwindigkeit des Geldes sein, die der verwirrendste Faktor in der Stabilisierung des Preisniveaus ist. Bei richtiger Anwendung könnte es uns tatsächlich binnen weniger Wochen aus der Krise heraushelfen.»[171] Binnen weniger Wochen, wie in Wörgl! Er empfahl es Dean Acheson, damals Unterstaatssekretär im Finanzministerium und später als Aussenminister ein politisches Schwergewicht des Establishments. Und so kam es, wie es kommen musste: Der New Deal des neugewählten Präsidenten Roosevelt wies die Banken zwar in die Schranken; aber sie wurden gerettet und zur zentralen Finanzierung von Arbeitsbeschaffungsprojekten herangezogen. «Notwährungen» wurden verboten. «Interessanterweise sind sich die Wirtschaftshistoriker mittlerweile darüber einig, dass diese zentralen Massnahmen die USA gar nicht aus der Depression führten», schreibt Bernard Lietaer.[172] «Sie waren besser als nichts, und zahlreiche fleissige Menschen leisteten in den Programmen nützliche Arbeit. Doch die Mehrheit der Wirtschaftshistoriker stimmt darin überein, dass das Gespenst der Depression in den USA wie in Deutschland erst durch die Umstellung auf die Kriegswirtschaft verschwand.»

Nicht auszudenken, was für einen Verlauf die Geschichte genommen hätte, wenn man das Freigeld nicht verboten hätte. Ein Modell aus dieser Zeit hat allerdings überlebt und wird heute weltweit als Musterbeispiel zitiert: der Wirtschaftsring WIR in der Schweiz mit einem Umsatz von rund 1,5 Mrd. Franken, seit dem Höchststand von 2,5 Mrd 1994 allerdings kontinuierlich abnehmend. Aber das WIR-System hat die freiwirtschaftlichen Grundsätze längst über Bord geworfen. Kurz nach dem Krieg wurde die Umlaufgebühr aufgehoben, die sich vor allem zur Behebung von Krisen bewährt hat. Aus dem Wirtschaftsring ist die WIR-Bank geworden, die verzinsliche Kredite vergibt, wie jede andere Bank auch. Ihr traditioneller Zinsvorteil fällt in Zeiten von Niedrigstzinsen kaum noch ins Gewicht. Zwei Vorteile hat das WIR-Geld nach wie vor: Weil es nur bei den rund 60 000 Mit-

---

171 Irving Fisher: Stamp Scrip. 1933, S. 67.
172 Bernard Lietaer: Das Geld der Zukunft. 1999. S. 274.

gliedern ausgegeben werden kann, ist ein Abfluss aus der Volkswirtschaft nicht möglich, und es wirkt antizyklisch, wie James Snodder, Ökonomieprofessor am Rensselaer Polytechnic Institute in Troy (New York) in einer Studie nachgewiesen hat. Anstatt das WIR-System zu belächeln, sollten die Banken erleichtert sein, dass eine Institution die Krise mildert, die ihre Politik verschärft.[173]

Diesen entscheidenden Punkt strebt auch Christian Gelleri, einer der Gründer der erfolgreichen Regionalwährung «Chiemgauer» in seinem Konzept einer Parallelwährung für Griechenland an, dem Neuro. Der grosse Abfluss von Euro aus Griechenland hatte schon den früheren Finanzminister Varoufakis auf die Idee einer Parallelwährung gebracht, den FT-Coin, der durch künftige Steuern (future taxes) gedeckt gewesen wäre. Aber der FT-Coin wäre vermutlich von Anfang an durch die bekannt schlechte Steuermoral handikapiert gewesen. Zudem hätte er das Problem der extrem hohen Bargeldhortung, gerade bei grossen Vermögen, nicht gelöst.

Gelleris Konzept für Griechenland lautet wie folgt:[174]

1. Die griechische Notenbank erhält die Erlaubnis, eine Parallelwährung in Höhe von 12 Prozent des griechischen Bruttoinlandsprodukt heraus zu geben. Das entspricht etwa einem Wert von 22 Milliarden Euro.

2. Die Parallelwährung erhält den Namen «Neuro», der neue Euro für Griechenland.

3. Die Parallelwährung wird rein elektronisch herausgegeben und ist nicht umtauschbar in Euro. Es gibt kein [Neuro-]Bargeld.

4. Der griechische Staat garantiert die Annahme von Neuro für Zahlungen von Steuern, Abgaben und Leistungen 1 zu 1 zum Euro. Der offizielle Wert eines Neuro beträgt 1 Euro.

---

173 Margrit Kennedy und Bernard Lietaer: Regionalwährungen – neue Wege zu nachhaltigem Wohlstand. 2004. S. 200 ff.
174 aus einem Mail an den Autor vom 30. Juni, leicht gekürzt. Basis ist das Konzept «Expressgeld statt Euroaustritt: Wirtschaftsaufschwung in den Krisenstaaten durch umlaufbeschleunigtes und abflussgebremstes Regiogeld!» vom August 2012. http://www.eurorettung.org/67.0.html

5. Der Handel von Neuro ist erlaubt. Der Wechselkurs entwickelt sich nach Angebot und Nachfrage. Für jeden Handel ist eine Transaktionssteuer in Höhe von 3 Prozent zu entrichten.

6. Der Neuro wird der griechischen Regierung zinsfrei für drei Jahre zur Verfügung gestellt. Nach zwei Jahren werden die Ergebnisse evaluiert. Die Regeln werden optimiert und die neue optimale Geldmenge bestimmt.

7. Parallel zu den vorhandenen Eurokonten führen die Geschäftsbanken Neuro-Konten mit einem anfänglichen Negativzins von 3 Prozent. Transaktionen zu Eurokonten sind technisch erst einmal nicht möglich. Ein Drittel des Negativzinses fliesst an die Geschäftsbanken für den Betrieb des Kontensystems. Es stehen 200 Millionen Neuro zur Verfügung, um einen geschätzten Aufwand von vier Millionen Konten mit jeweils einer bargeldlosen Bezahlkarte abzudecken. Die Geschäftsbanken dürfen für die Kontoführung und die Ausgabe der Bezahlkarte keine weiteren Gebühren erheben. Ein Drittel des Negativzinses fliesst an die griechische Notenbank für den Ausbau der Infrastruktur der Parallelwährung. Bei einem Absinken der Geldumlaufgeschwindigkeit des Neuro kann die Notenbank den Negativzins erhöhen.

8. Per Gesetz werden alle Zahlungsempfänger des griechischen Staates verpflichtet, Neuro in einer festgelegten Quote zu akzeptieren. Die anfängliche Quote beträgt in den ersten sechs Monaten 10 Prozent. Sobald sich die Geldkreisläufe in Griechenland eingespielt haben, wird die Quote schrittweise erhöht. Mitglieder des Parlaments und Regierungsmitglieder erhalten von Anfang an 75 Prozent des Nettogehalts in Neuro ausgezahlt.

9. Ein grosser Teil der Neuro werden für Investitions- und Sozialprogramme verwendet. Ein Beispiel wäre die Reaktivierung von Nachtzulagen für Polizei-Beamte. Ein weiteres Beispiel wären zinsfreie Kredite für kleine und mittelständische Unternehmen. Auch Sozialprogramme zur Linderung der stärksten Not könnten in Neuro ausgezahlt werden. (Zitat Ende)

Bei einer doppelten Umlaufgeschwindigkeit des Neuro gegenüber dem Euro, also bei vierfachem anstatt nur zweifachem Umlauf pro Jahr, könnte der Neuro einen Drittel zum Bruttoinlandprodukt beitragen und es in zwei bis drei Jahren wieder auf das Niveau von 2008 anheben. Das ist zwar etwas länger als die «wenigen Wochen», die Fisher in den 1930er Jahren veranschlagt hatte, aber doch wesentlich schneller als die Jahrzehnte, mit denen die traditionellen Ökonomen für den Wiederaufschwung Griechenlands rechnen.

«Wenn man sich einmal vorstellt», schreibt Gelleri, «dass eine Massnahme, die den einzelnen Bürger im Durchschnitt etwa 50 Euro [Umlaufgebühr] im Jahr kostet und eine durchschnittliche Einnahme von 6000 Euro erzeugt, dann muss man sich fragen, warum das noch nicht längst umgesetzt ist? Die Antwort ist einfach: Anders Denken ist anstrengend. Wenn wir so weiterdenken wie bisher, dann drucken wir pro Monat 60 Milliarden Euro und kaufen dafür Altschulden. Dadurch steigen zwar die Börsenkurse ins Unermessliche, aber den Bürgern bringt das rein gar nichts, ausser dass jeder Einzelne von uns am Ende die Rechnung bekommt: 2000 Euro für den Grexit sozusagen als erster Abschlag für die noch kommenden grösseren Rechnungen. Das haben wir, bzw. unsere Banker und Politiker halt bestens gelernt: Schulden mit noch mehr Schulden bezahlen.»[175]

Aber es geht hier nicht nur darum, dass anderes Denken bloss zu anstrengend ist. Es ist auf den oberen Hierarchiestufen geradezu verboten. Das von den Zentralbanken gesicherte private Geld der Banken ist ein Monopol, das mit aller Härte durchgesetzt werden muss, selbst wenn eine umlauf- und abflussgesicherte Parallelwährung Vorteile bringt, indem der Schuldner wieder schneller auf die Beine kommt und seine alten Schulden besser abtragen kann.

Das wirft die Frage nach dem optimalen Vorgehen in der sich verschärfenden Krise auf: Sollen wir unsere Kraft in politische Reformen lenken oder doch lieber in private Alternativen wie Komplementärwährungen und Tauschringe investieren oder müssen wir gar Bunker bauen und mit Vorräten füllen, wie dies eine wachsende Zahl von Schwarzsehern tut? Die Geldreform auf politischem Weg führt durch enorm vermintes Gelände, dem bis jetzt noch sämtliche zählbaren Vorschläge zum Opfer gefallen sind. Tauschringe dagegen haben

---

175 a.a.O.

das strategische Handicap, dass die Not, die sie beseitigen könnten, durch Staatsschulden (die den Vermögenden nützen) gelindert bzw. in die Zukunft verlagert wird. Es fehlt gewissermassen die ökonomische Notwendigkeit. Unter den weltweit vielen tausend Systemen florieren vor allem die paar wenigen, die von lokalen Behörden unterstützt werden, wie etwa das Bristol-Pound.[176] Auf Tauschringe und Alternativwährungen auf privater Basis werden wir später eingehen und zuerst einen Blick auf den Königsweg werfen, den des direktdemokratischen Volksentscheids.

Die politische Reform mit dem weitaus grössten Potenzial ist die Vollgeld-Reform, wie sie in England von James Robertson, dem Mitbegründer des anderen Weltwirtschaftsgipfels TOES (The Other Economic Summit) und im deutschen Sprachraum vom emeritierten Professor für Wirtschaftssoziologie der Universität Halle, Joseph Huber 2008 mit ihrem gemeinsamen Buch *Geldschöpfung in öffentlicher Hand*[177] in die Diskussion gebracht wurde. Detailliert dargestellt und begründet hat Joseph Huber sie 2010 in einem weiteren Buch *Monetäre Modernisierung*.[178] Die Vollgeld-Reform zielt direkt auf das Hauptproblem des heutigen Finanzsystems, die private Schöpfung von Geld als wachsende Schuld.

Inhaltlich geht das Vollgeld-Konzept auf den Chicago-Plan zurück, der in den 1930er Jahren vor allem von den US-Ökonomen Henry C. Simons und Irving Fisher vertreten wurde und ein 100-Prozent-Reserve-System einführen wollte. Unter dem auch als «100-percent money» und «100 percent banking» bekannt gewordenen Plan hätten die Banken keine Kredite aus dem Nichts mehr vergeben können, sondern sich das Geld bei den Sparern und vor allem bei der Zentralbank holen müssen. Damit wäre die Kreditfinanzierung von Aktienspekulationen mit nicht vorhandenem Geld – eine Hauptursache des Crashs von 1929 und der nachfolgenden Depression – erschwert, aber nicht

---

176 Mehr dazu: http://bristolpound.org
177 Geldschöpfung in öffentlicher Hand: Weg zu einer gerechten Geldordnung im Informationszeitalter. Gauke Verlag. 2008.
178 Joseph Huber: Monetäre Modernisierung – zur Zukunft der Geldordnung. Metropolis verlag, 2010.

verhindert worden. Denn neues Geld – Kredit von der Zentralbank an die privaten Banken – wäre nach wie vor mit Zins belastet gewesen und Bankenkredite wären die Eintrittsschleuse neuen Geldes in die Wirtschaft geblieben – unterm Strich also eine halbherzige Reform. Immerhin wurde der Plan von rund drei Viertel aller US-Ökonomie-Professoren unterstützt, scheiterte aber an der Bankenlobby im amerikanischen Kongress.

Das Vollgeld oder «positive money», wie es in England genannt wird, ist eine demokratischere und stabilere Weiterentwicklung des Chicago-Plans.

Im Vollgeld-System ist die Schöpfung sämtlichen Geldes auf eine demokratisch legitimierte Institution beschränkt, typischerweise auf die Zentralbank, allerdings mit veränderten Kompetenzen. Dabei wird das neue Geld im Verhältnis zur Wertschöpfung von der Zentralbank schuld- und zinsfrei geschöpft und durch Regierungsausgaben in die Volkswirtschaft eingespeist. Um die Bedeutung der Geldschöpfung als vierte Gewalt im Staat zu unterstreichen, hat Huber dafür den Begriff «Monetative» vorgeschlagen, neben Legislative, Exekutive und Judikative. Im Vollgeld-System ist alles Geld, auch das elektronische, gesetzliches Zahlungsmittel und durch die Leistung der Volkswirtschaft gedeckt. Banken können nur noch Geld verleihen, über das sie tatsächlich verfügen. Vollgeld, das nicht in den Kreditmarkt fliesst, wird von den Banken treuhänderisch und ausserhalb ihrer Bilanz verwaltet und ist daher vor Pleiten geschützt. Die Geldmenge wird von der Zentralbank, bzw. der Monetative nach festen Regeln geschöpft, idealerweise nach Massgabe des Wachstums. Wächst die Wirtschaft um 2 Prozent – in der Schweiz entspricht dies rund 10 Mrd. Franken – kann die Nationalbank die Geldmenge um den entsprechenden Betrag erhöhen, ohne dadurch das Gleichgewicht zwischen Geld- und Gütermenge inflationär zu stören. Dieses Geld, das Produkt der wirtschaftlichen Tätigkeit der Allgemeinheit, kann sie nun der Allgemeinheit zins- und schuldfrei zur Verfügung stellen. Die Regierung kann dieses Geld für ihre laufenden Ausgaben verwenden, Schulden tilgen, den Regionen und Gemeinden geben oder sogar an die Bevölkerung verteilen – der

Vorgang ist grundsätzlich systemneutral. Das ist der als Seignorage bezeichnete Geldschöpfungsgewinn, der traditionell dem Souverän zukommt. Im Mittelalter strich der Fürst den Schlagschatz aus der Prägung neuer Münzen ein, in den heutigen Demokratien gehört die Seignorage im Grundsatz der Allgemeinheit. Denn die Wirtschaft als Ganzes hat durch ihre Leistung den Mehrwert geschaffen, der die zusätzliche Geldschöpfung ermöglicht – selbst wenn vielleicht nicht alle in demselben Mass dazu beigetragen haben. Ganz bestimmt gehört die Seignorage nicht den privaten Banken, die sie bis heute noch durch Verzinsung der aus dem Nichts geschöpften Gelder einstreichen. Für den Euroraum liegt sie übrigens gemäss dem niederländischen Ökonomie- und Statistikprofessor Merijn Knibbe bei knapp 300 Mrd. Euro pro Jahr, wie er mithilfe der gleichen Methode, wie sie für Zentralbanken gilt, berechnet hat.[179]

Geldschöpfung durch die öffentliche Hand erzeugt keinen Mehrwert – das kann Gelddrucken nie. Aber sie verteilt die Kaufkraft an dem von der Allgemeinheit erzielten Mehrwert auf gerechte Art und Weise. Die Vollgeld-Schöpfung schmälert im Übrigen nicht den Gewinn der Unternehmen und all der Wirtschaftssubjekte, die durch ihre Leistung besonders zur Erhöhung des Mehrwerts beigetragen haben, sondern bloss den Gewinn der privaten Banken, die das Geldschöpfungsprivileg usurpiert haben.

Was geschähe, wenn der erzeugte Mehrwert nicht mit neuem Geld aufgewogen würde? Wenn die Werte wachsen und die Geldmenge gleich bleibt, dann sinken die Preise und die Kaufkraft aller Geldbesitzer steigt. Weil dieser deflationäre Effekt aber die Wirtschaft als Ganzes hemmt – in Erwartung tieferer Preise wird Geld dem Kreislauf entzogen – ist es vernünftiger, die Kaufkraft durch Geldschöpfung stabil zu halten und den Mehrwert auf die Allgemeinheit zu verteilen.

Interessant ist, was bei der Umstellung auf das Vollgeld-System passiert: Dabei verwandeln sich unsere Bankguthaben (Schulden der Banken an uns) in Zentralbankgeld. Unsere Guthaben sind dann nicht

---

[179] Norbert Häring: Die Abschaffung des Bargeld und die Folgen. Quadriga, 2016. S. 139

mehr Teil der Bilanz der Banken und von ihrer Bonität abhängig, sondern unbares gesetzliches Zahlungsmittel, das von ihnen treuhänderisch verwaltet wird. Gleichzeitig verwandeln sich die Schulden der Banken an ihre Einleger in Schulden der Banken an die Zentralbank, die über eine längere Frist von vielleicht zwanzig Jahren abgetragen werden müssen. Wenn Zinsen geleistet oder Kredite an die Banken zurückbezahlt werden, muss dann immer ein substanzieller Teil an die Zentralbank zurückfliessen, wo er der Allgemeinheit zur Verfügung steht, idealerweise zur Rückzahlung von Staatsschulden. In der Schweiz kommen auf diesem Weg rund 300 Mrd. Franken zusammen, genug, um die öffentliche Hand komplett zu entschulden. Das ist die Seignorage, die die Banken durch vergangene Geldschöpfung geschaffen, aber noch nicht durch Zinsen eingezogen haben. Im Euroraum beträgt der Umstellungsgewinn 5 Bio. Euro, wie Thomas Mayer und Roman Huber, die Autoren von *Vollgeld – das Geldsystem der Zukunft*, ausgerechnet haben. Damit könnten 60 Prozent der Staatsschulden beseitigt werden.[180]

Die Volksinitiative zur Einführung des Vollgeldes in der Schweiz ist am 1. Dezember 2015 eingereicht worden und wird voraussichtlich innerhalb von drei Jahren zur Abstimmung kommen.[181] Die Annahme der revolutionären Verfassungsänderung ist zwar nach heutiger Einschätzung eher unwahrscheinlich – wobei man nie weiss, was in der schnellen Welt des Geldes noch alles geschehen kann. Aber bereits die Tatsache einer Volksabstimmung zum Thema Geldschöpfung ist ein weltweit einmaliger, historischer Erfolg. Sie wird vielen Menschen auch ausserhalb der Schweiz die Augen öffnen und es selbst bei einer Ablehnung schwerer machen, unausgegorene «Lösungen» künftiger Krisen durchzusetzen. Auch das isländische Parlament wird sich nach einem Bericht seiner Finanzkommission mit der Vollgeld-Reform befassen. Vielleicht kommen die Isländer den Schweizern ja zuvor.

---

180 Thomas Mayer und Romand Huber: Vollgeld. Tectum 2014. S. 155.
181 Auch wenn die Initiative zustande gekommen ist: Sie braucht Unterstützung. Die grosse Aufklärungsarbeit kann unmöglich den Initianten überlassen werden. Dazu braucht es eine breite Volksbewegung. Halten Sie sich über die Website www.vollgeld-initiative.ch auf dem Laufenden und treten Sie dem Trägerverein «Monetäre Modernisierung» (www.vollgeld.ch) bei.

Die Interessenvertreter der Schweizer Banken im Thinktank «avenir suisse» haben sich ungewöhnlich früh, nämlich schon vor dem Start der Unterschriftensammlung zur Initiative geäussert.[182] Unter dem Titel «Leere Vollgeld-Hoffnungen» attestieren Jörg Baumberger, Prof. em. für Volkswirtschaftslehre und Rudolf Walser von avenir suisse der Vollgeld-Initiative zunächst eine «weitgehend korrekte Wahrnehmung der systemischen Störungsanfälligkeit traditioneller Universalbanken». Dann aber behaupten sie, «die Mittel zu einer hinreichend präzisen Steuerung einer Geldmenge haben Zentralbanken schon heute», allerdings ohne diese Instrumente zu präzisieren. Wie diese Kontrolle funktioniert, bzw. eben nicht funktioniert, wurde unter der Überschrift *Fast alles wird kontrolliert, nur das Geld nicht* auf S. 58 ff bereits dargestellt. Im Weiteren schreiben sie: «Die Gouverneure einer Monetative, die in der Alimentierung des Staatsbudgets eine noch grössere Rolle einnähmen als heute in Ländern mit halbwegs unabhängiger Zentralbank bereits üblich, dürften erhebliche Mühe bekunden, eine unabhängige, am ‹Gemeinwohl› orientierte Geldpolitik zu betreiben, was immer man unter diesem Begriff verstehen mag.» Mit Verlaub: Wenn die Zentralbanken, wie behauptet, die Geldmenge schon heute hinreichend kontrollieren können, warum sollten sie dann im Vollgeld-System plötzlich Mühe damit haben? Was die Kritiker der avenir suisse wohl eher sagen wollen: Der freie Markt der Banken sei wohl besser in der Lage, die Wirtschaft adäquat mit Geld zu versorgen als eine Institution in öffentlicher Hand.

Wiederholt kritisiert werden auch die erweiterten Befugnisse der Nationalbank im Vollgeld-System, etwa von Mathias Daum, dem Schweizer Büroleiter der Wochenzeitung *Zeit*, der die Frage stellte, wie denn «der Machtzuwachs der Nationalbank demokratiepolitisch abgefedert» werde. Eine Antwort darauf formulierte Philippe Mastronardi, em. Professor für Staatsrecht der Hochschule St. Gallen, Verfasser des Vollgeld-Initiativtextes[183]:

---
182 Jörg Baumberger u. Rudolf Walser: Leere Vollgeld-Hoffnungen. avenir standpunkte 4, März 2014.
183 Veröffentlicht auf der Website www.vollgeld-initiative.ch

«Die Macht der SNB wird wie folgt demokratisch legitimiert:
- Die Verfassungsänderung selbst ist ein demokratischer Akt, der die neue Aufgabe der SNB legitimiert. Die Verfassung verschafft der SNB erstmals einen demokratisch legitimierten institutionellen Rahmen und Leistungsauftrag.
- Diese Regelung ersetzt eine Macht eines nicht legitimierten Teils von Wirtschaftsträgern, welche über die andern entscheiden, indem sie die Geldmenge nach privaten Interessen steuern. Damit wird eine völlig unregulierte Macht in den Kontrollbereich der Demokratie hereingeholt. So wird die Gewaltenteilung zwischen Staat und Wirtschaft zugunsten der Demokratie verändert.
- Die SNB wird auf das Gesamtinteresse des Landes verpflichtet, im Gegensatz zu den Banken, die bisher nur nach ihrem Eigeninteresse handeln durften. Als Staatsorgan ist sie dabei den grundlegenden Verfassungsgrundsätzen verpflichtet, insbesondere der Verhältnismässigkeit (also einer umfassenden Abwägungspflicht) oder dem Grundsatz von Treu und Glauben (während die Banken bisher in ihren Grundfunktionen nicht einmal einer Treuhandpflicht unterstehen).
- Die SNB wird (nur) dem Gesetz verpflichtet. Das ist zugleich Unabhängigkeit von Politik und Wirtschaft wie Verpflichtung auf Gesetzmässigkeit ihres Handelns. Hierin liegt die konkreteste demokratische Einbindung der SNB: Der Gesetzgeber hat es in der Hand, den Handlungsspielraum der SNB so weit oder so eng zu fassen, wie er es nach demokratischen Grundsätzen für richtig hält. Das beginnt bei der Organisation der Leitung des SNB, geht über zur Rechenschaftspflicht der Organe und endet beim inhaltlichen Instrumentarium der Institution, z. B. bei der näheren Umschreibung der Kriterien, nach welchen die Geldmenge zu bestimmen ist.

Das Gesetz kann beispielsweise folgende Machtbindungen vorsehen:
- Vergrösserung des Direktoriums
- Wahl durch das Parlament
- Beschwerderechte gegen bestimmte Anordnungen
- Rechenschaftsablage vor dem Parlament

Je nach den Erfahrungen mit der neuen Aufgabe der SNB kann diese auf dem Weg des einfachen Gesetzes jederzeit wieder geändert werden. Damit wird eine Macht, die bisher den «Marktgesetzen» – genauer: dem Eigeninteresse von Marktmächtigen – überlassen gewesen ist, den Gesetzen der Demokratie unterstellt.

Es ist nicht Aufgabe der Verfassung, die einzelnen Regulierungen der neuen Ordnung festzulegen. Die Vollgeldinitiative legt diese Aufgabe in die Hände des Gesetzgebers. Damit ist die demokratische Gestaltung und Kontolle der Macht der SNB am besten gewährleistet.»
(Zitat Ende)

Weil die angebliche Zügellosigkeit demokratisch kontrollierter Geldpolitik eine alte, ständig wiederholte Behauptung ist, soll an dieser Stelle näher darauf eingegangen werden. Zum einen überfluteten die unabhängigen Zentralbanken, allen voran das private Federal Reserve System der USA, die Banken in den letzten Jahren mit einer historisch einmaligen Geldschwemme, die den Reichen einen beschleunigten Vermögenszuwachs beschert hat. Die vor demokratischer Einflussnahme geschützte und teilweise sogar private Steuerung hat also eindeutig nicht gegriffen.

Im Gegenteil: Je grösser der demokratische Einfluss, desto gesünder ist ein öffentlicher Haushalt. Zu diesem Schluss kommen die beiden Ökonominnen Patricia Funk (Universität Pompeu Fabra, Barcelona) und Christina Gathmann (Universität Mannheim). Thomas Mayer und Roman Huber, die in ihrem Buch *Vollgeld* die Wirkung der Demokratie auf das Geldwesen detailliert behandeln, schreiben[184]:

«Die Forscherinnen untersuchten in einer akribischen Fallstudie die Entwicklung der Staatsfinanzen aller 26 Schweizer Kantone in den vergangenen 110 Jahren. Dabei stellten sie fest: Je stärker die Einwohner in einem Kanton selbst über die Verwendung der Staatsausgaben mitreden können, desto besser ist es dort um die öffentlichen Finanzen bestellt. ... Zwischen 1980 und 1999 gab es 461 verschiedene Finanzreferenden – 86 Prozent fanden die Zustimmung der Bürger. Trotz dieser hohen Erfolgsquote bremst das direkte Mitspracherecht der WählerInnen die Spendierfreude der öffentlichen Hand erheblich, zeigt die Studie. Im Schnitt sind die Ausgaben in Kantonen mit

---
184 Thomas Mayer und Roman Huber: Vollgeld: Das Finanzsystem der Zukunft. 2014. S. 175 ff.

automatischen Finanzreferenden um 12 Prozent niedriger. In manchen Kantonen können Finanzreferenden auch von der Bevölkerung selbst eingeleitet werden, die auch bei kleineren Kantonsausgaben immer als Drohung im Raum stehen.

Die Ökonomen Lars P. Feld, Gebhard Kirchgässner und Marcel Savioz untersuchten Schweizer Städte und Gemeinden.[185] Sie fanden heraus: ‹Gemeinden mit einem Referendum zum Budgetdefizit haben signifikant niedrigere Schulden pro Steuerzahler. ... Die Bevölkerung selbst scheint sich stärker um die Haushaltsdisziplin zu sorgen als die gewählten Vertreter.› Die bessere Haushaltssituation hängt jedoch nicht allein mit den geringeren Staatsausgaben zusammen. Auch die Einnahmen steigen als Folge besserer Wirtschaftsentwicklung und höherer Steuerehrlichkeit in Kantonen mit häufigen Volksentscheiden. Dass weniger Steuern hinterzogen werden – gemessen an der Zahl der aufgedeckten Fälle –, führen die Wissenschaftler darauf zurück, dass die Bürger ‹in einer direkten Demokratie mehr Vertrauen in die Verwendung ihrer Gelder durch die öffentliche Hand haben›.

Offensichtlich besteht zudem ein Zusammenhang zwischen dem Wachstum des Bruttoinlandsprodukts und der Zahl der Finanzreferenden. Adrian Vatter und Markus Freitag fassen ihre diesbezüglichen Ergebnisse wie folgt zusammen: ‹Wir können feststellen, dass sich Kantone mit einer hohen Anzahl effektiv durchgeführter Finanzabstimmungen durch eindeutig stärkere Wirtschaftsleistungen auszeichnen als Kantone mit einer geringen Beteiligung des Volkes bei fiskalischen Entscheidungen.›[186]» (Zitat Ende)

Fazit: Die Angst vor dem mündigen Volk entbehrt jeder wissenschaftlichen Grundlage und ist eher Vorwand als Begründung für die Einschränkung demokratischer Rechte.

Natürlich wird die Vollgeld-Reform schon einige Probleme bringen. Man denke nur an die Entwirrung der ungeheuren Vertragsvielfalt der heutigen Universalbanken oder an die Möglichkeit, dass die Banken ihre enorme Schuld an die Zentralbank nicht abtragen können.

---

185 Gebhard Kirchgässner, Lars P. Feld u. Marcel R. Savioz: Does Direct Democracy Reduce Public Debt?

186 Markus Freitag u. Adrian Vatter: Direkte Demokratie, Konkordanz und Wirtschaftsleistung.

Denn die Rentabilität der Bankenkredite basiert grösstenteils auf dem überschiessenden Geldwachstum, das die Vollgeld-Reform ja einschränken und der Realwirtschaft zuführen will. Man muss ehrlicherweise davon ausgehen, dass die rund 300 Mrd. Franken, die die Banken der Nationalbank im Vollgeld-System schulden, wohl teilweise abgeschrieben werden müssen.

Die grösste Gefahr haben die Kritiker von avenir suisse nicht einmal genannt: Der Franken würde mit dieser Reform zur stärksten Währung der Welt. Ohne Kapitalverkehrskontrollen – die im übrigen schon jetzt zur Abwehr der Währungsspekulation eingeführt werden müssten – könnte der Wert des Vollgeld-Frankens auf den Finanzmärkten förmlich explodieren, wenn er nicht zur Abstrafung der direkten Demokratie ganz vom internationalen Verkehr ausgeschlossen würde.

Natürlich gibt es noch andere Wege, die Seignorage aus der privaten Geldschöpfung der Allgemeinheit zuzuführen, über Steuern zum Beispiel oder durch die Verstaatlichung der Banken. Steuern in dieser Grössenordnung dürften aber mindestens so schwer umzusetzen sein wie eine Vollgeld-Reform. Zudem würden sie die verzerrte Zuteilung des neuen Geldes durch die Kreditabteilungen der Banken – wer hat, dem wird gegeben – nicht lösen. Banken in öffentlichem Besitz auf der anderen Seite, wie sie von der US-Geldreformerin Ellen Brown favorisiert werden[187], haben den Nachteil, den Geldverkehr ganz der staatlichen Kontrolle zu unterwerfen. Das kann nicht im Sinne eines Staates sein, der seinen Bürgerinnen und Bürgern grösstmögliche Freiheiten lässt. Aber: Staatliche Banken, deren Gewinn der Allgemeinheit zukommt, könnten die negativen Folgen der privatisierten Geldschöpfung beheben.

Dies führt uns zum internationalen Zahlungsverkehr, dem seit der Einführung freier Wechselkurse der stabile Wertanker fehlt. Seit 1973 sind Währungen Waren und als solche nicht nur dem Auf und Ab der Nachfrage, sondern auch spekulativen Attacken ausgesetzt. Dies stellt gleichzeitig die Funktionen des Geldes als Wertmassstab

---

[187] Mehr dazu in Ihrem Buch: The Public Bank Solution. Third Millenium Press, 2013. Sie führt zahlreiche historische Beispiele an, wie Banken in öffentlichem Interesse und Besitz der allgemeinen Wohlfahrt dienen.

und als Tauschmittel in Frage und es unterminiert das Vertrauen, ohne das kein Geld wirklich Bestand hat. Es braucht also einen neuen Goldstandard, der die nationalen Währungen zuverlässig bewertet und den internationalen Handel verlässlich macht.

An alle Freundinnen und Freunde des Goldes, die vielleicht dieses Buch lesen: Gold kann es nicht sein. Nicht nur ist es unklug, den Massstab nach einer einzigen Substanz zu eichen, deren Wert erst noch mit Angebot und Nachfrage schwankt, es gibt auch bei weitem zu wenig Gold. Nach einer Studie des World Gold Council lag alles jemals geförderte Gold 2014 bei 177 200 Tonnen, von dem der grösste Teil immer noch vorhanden sein sollte.[188] Davon sind 85 400 Tonnen in Schmuck verarbeitet, 36 100 Tonnen werden als Anlage gehalten, 30 500 liegen bei den Zentralbanken (Juli 2015: 31 953 Tonnen) und die restlichen 25 200 Tonnen verteilen sich auf Kunstgegenstände, industrielle Verwendungen etc. All dieses Gold hat einen Wert von 6,233 Bio. Dollar (bei einem Goldpreis von 35 177 Dollar pro Kilo, 22. Juli 2015). Wenn man alles Gold einziehen und von den Kunstgegenständen abkratzen würde, reichte diese Goldmenge nur, um die weltweite Geldmenge von 55 Bio. Dollar zu elf Prozent zu decken. Zieht man dafür nur die 66 600 Tonnen Gold im Wert von 2,342 Bio. heran, die von Privaten als Anlage und von Zentralbanken als Reserve gehalten werden, müsste sich der Goldpreis für einen echten Goldstandard mehr als verzwanzigfachen oder die Geldmenge entsprechend schrumpfen. Geht nicht.

Als Ersatz für den Goldstandard schlägt Bernard Lietaer, der bei der belgischen Zentralbank für die Einführung des Euro-Vorläufers Ecu verantwortlich war, später Professor für internationales Finanzwesen an der Universität Löwen wurde und heute Entwicklungsländer in Finanzfragen berät, eine globale Referenzwährung vor, den «Terra».[189] Anstatt durch eine einzige Ware ohne konkreten Nutzen definiert sich der Terra über einen Standardwarenkorb von Gütern,

---

188 Goldreport: Über so wenig Gold verfügt die Menschheit. 26.3.2014. www.goldreporter.de/ueber-so-wenig-gold-verfuegt-die-menschheit/gold/40537/
189 Bernard Lietaer: Die Zukunft des Geldes. 1999. S. 376 ff

die im internationalen Handel besonders wichtig sind: Rohöl, Weizen, Kupfer, Gold. Der Wert des Terra wäre durch einen tatsächlichen Vorrat der im Korb enthaltenen Waren gedeckt. Das wirkt im Gegensatz zum bestehenden Geld antizyklisch. Wenn die Nachfrage gering ist und die Lagerhaltung entsprechend gross, wird der Terra tendenziell günstiger und belebt die Wirtschaft. Während der Depression der 30er Jahre war es gerade umgekehrt: Da war die Lagerhaltung gross, das Geld knapp, und die Preise lagen im Keller. Um die Preise zu stützen, wurden sogar Lebensmittel ins Meer geschaufelt. Gleichzeitig mussten viele Menschen darben – ein Irrsin, wie ihn nur ein verrücktes Geld hervorbringen kann.

Eine globale Währung auf der Basis eines Warenkorbs wurde schon von verschiedenen bedeutenden Ökonomen vorgeschlagen, u.a. von Jan Tinbergen, der 1969 den Preis der Schwedischen Reichsbank (besser bekannt als Nobelpreis für Ökonomie) erhielt.

Der Inhalt des Warenkorbs ist grundsätzlich Verhandlungssache. Auch Dienstleistungen und Indizes können integriert werden, um die Referenzwährung besonders gegen Spekulation und Inflation zu sichern. Der Terra, dessen Wert auf wichtigen Gütern beruht, müsste nach Darstellung von Lietaer eine «Nachhaltigkeitsgebühr» beinhalten, die in etwa den Lagerkosten von 3 bis 3,5 Prozent jährlich entspricht und wie eine Umlaufsicherung wirkt. Überzeugend an diesem Konzept ist die Tatsache, dass diese Lagerkosten ja bereits in den Volkswirtschaften eingerechnet werden – sie sind ohnehin zu bezahlen, wenn etwas eingelagert wird. Mit der neuen Referenzwährung würden sie lediglich auf die Terra-Inhaber übertragen.

«Die Idee einer durch Waren gedeckten Währung in Verbindung mit einer Nachhaltigkeitsgebühr ist wohlgemerkt nicht neu», schreibt Bernard Lietaer. «Eine frühe Form gab es im Ägypten der Pharaonenzeit. Darin lag das Geheimnis der erstaunlichen, seither von keiner anderen Kultur wieder erreichten Stabilität des ägyptischen Währungssystems.»[190]

Lietaer, einer der weltweit bestinformierten Geldreformer, hält die Einführung einer neuen globalen Referenzwährung auf Ebene der

---

190 a.a.O., S. 380.

Regierungen und Banken allerdings für unwahrscheinlich. Er schlug deshalb schon 1999 vor, eine Reihe von internationalen Schlüsselunternehmen für die Idee des Terra zu gewinnen, jedoch ohne Erfolg.

Ein neuer offizieller «Goldstandard» wird wohl erst etabliert werden, wenn der Dollar seinen Status als Weltwährung definitiv verliert. Trotz seiner inneren Schwäche ist er paradoxerweise in Krisenzeiten besonders stark, weil er als meistverwendete Währung der Welt vorderhand ohne Alternative ist. Man glaubt lieber an etwas, an das auch andere glauben. Dazu kommt, dass die Finanzwelt im Gegensatz zur Realwirtschaft vom Fehlen eines Standards und den damit verbundenen Schwankungen profitiert.

Wir dürfen von den Organen, die heute an den Schalthebeln sitzen, also nicht die substanziellen Reformen erwarten, die zur Lösung der Schuldenkrise und zur Schaffung einer stabilen Finanzordnung beitragen. Aber wir als Individuen und Gemeinschaften haben viel mehr Möglichkeiten als uns bewusst ist. Geld ist ein Recht auf Gegenleistung und erfordert zu seiner Legitimation keinen staatlichen Stempel. Es genügt, wenn sich alle Beteiligten an die Abmachungen halten. Viele bedeutende Geld-Innovationen sind als private Initiativen entstanden, die Goldquittungen und die Wechsel im ausgehenden Mittelalter oder die Bezahlung mit Giralgeld (d.h. Forderungen an eine Bank) durch private Banken. Wir haben es also in der Hand.

Rufen wir uns nochmals in Erinnerung, was Geld ist: ein übertragbares Recht auf Gegenleistung, ein Kredit. Wie der US-Amerikaner Thomas Greco, ehemaliger Wirtschaftsprofessor und Autor mehrerer Bücher über alternative Geldmodelle in seinem Buch *The End of Money and the Future of Civilisation* unterstreicht, kann ein solches Geld nicht alle drei Funktionen des Geldes – Tauschmittel, Wertaufbewahrung und Wertmassstab – gleichzeitig erfüllen. «Wenn Geld ein Tauschmittel ist, soll es ausgegeben werden, wenn es der Wertaufbewahrung dient, soll es behalten werden.»[191] Das Grundproblem unseres heutigen Geldes ist nach Darstellung von Margrit Kennedy und Bernard Lietaer, «dass es als Wertspeicher mit exponentiell wachsen-

---

[191] Thomas Greco: The End of Money and the Future of Civilisation. 2009. Pos. 2186.

den Ansprüchen und unbegrenzter Mobilität konzipiert ist. Diese Eigenschaften machen es ungeeignet für die Schaffung von Arbeitsplätzen, besonders auf der lokalen und regionalen Ebene.»[192]

Warengelder wie Salz oder Gold könnten alle Funktionen gleichzeitig erfüllen. Aber sie haben andere gewichtige Nachteile: schwankende Versorgung, wechselnder Wert, unsichere Steuerung, umständliche Handhabung und hohe Kosten. Geld als Kredit soll also rasch zirkulieren und nicht über längere Zeit aufbewahrt werden, denn das verfestigt nur die Schuldverhältnisse.

Wer kann solche privaten Gelder in Umlauf bringen? Idealerweise sind es Körperschaften mit einer möglichst breiten oder gesicherten Nachfrage, die das Geld auch wieder durch reale Leistung zurückkaufen können – Stromversorger, grosse Detailhändler, Bahn- oder Postgesellschaften. Sie haben gewissermassen naturgemäss Kredit, indem sie die Wirtschaft und die Bevölkerung zuverlässig mit lebenswichtigen Waren und Dienstleistungen versorgen. Diese Unternehmen können ihre Mitarbeiter und Lieferanten ganz oder teilweise in selbstgeschöpftem Geld bezahlen, mit denen man dann ihre Leistungen zum Nennwert oder sogar mit einem gewissen Rabatt beziehen kann. Denn das Unternehmen erzielt durch diese Form der Finanzierung einen Vorteil; es muss sich das Geld nicht gegen Kosten auf dem Kapitalmarkt beschaffen. Die Empfänger können mit solchen Rechten oder Gutscheinen fast wie mit richtigem Geld bezahlen, denn Strom bezieht jeder, einkaufen müssen wir alle und Bahn fahren viele. So können diese Bezugsrechte mehrmals zirkulieren, bis sie schliesslich beim Emittenten als Zahlung für seine Leistung ankommen und dadurch wieder verschwinden.

Welchen Umfang kann diese Geldschöpfung annehmen? Thomas Greco, Berater vieler Alternativwährungen schreibt dazu: «Geld sollte auf der Basis von Gütern und Dienstleistungen geschöpft werden, die bereits auf dem Markt sind oder kurz davor stehen.»[193] Dies umfasst

---

[192] Margrit Kennedy und Bernard Lietaer: Regionalwährungen – neue Wege zu nachhaltigem Wohlstand. 2004. S. 212.

[193] Thomas Greco: The End of Money and the Future of Civilisation. 2009. Pos. 1213

in etwa die Produktion von drei Monaten. Die Frist geht auf die Adam Smith zugeschriebene «real bills-Doktrin» zurück, nach welcher Geld, das Banken auf der Basis von Rechnungen für bereits verkaufte Güter schöpfen, nicht inflationär ist. Die Handelswechsel, mit denen die Händler ihre Lieferanten bezahlten, hatten typischerweise eine Laufzeit von drei Monaten. In dieser Zeit wurden die Waren gegen allgemein gültiges Geld verkauft und die Wechsel konnten gelöscht werden.

Bedingung für das Funktionieren eines solchen System ist natürlich, dass effektiv nur so viel Geld geschöpft wird, wie durch Leistung innerhalb beschränkter Frist wieder zurückgekauft werden kann. Steigt die Menge an Alternativgeld darüber hinaus, setzt Inflation ein, das Vertrauen sinkt und das System verschwindet, wie es mit vielen Komplementärwährungen geschehen ist, die 2002 nach dem argentinischen Staatsbankrott entstanden sind.

In der Schweiz sind die Bedingungen für solche Alternativgelder ausgezeichnet – einmal davon abgesehen, dass es uns zu gut geht für eine Notwendigkeit. Wir haben eine relativ hohe Rechtssicherheit, nach wie vor einen gewissen Gemeinschaftssinn und grosse, diversifizierte Unternehmen unter genossenschaftlicher Kontrolle. Die Migros-Genossenschaft ist geradezu ideal: Sie kauft ein, sie produziert, sie verkauft, sie beschäftigt viele Mitarbeiterinnen und Mitarbeiter, sie kann mit der eigenen Bank auch Konten führen und sie gehört – wenigstens formell – ihren Kunden. Alles ist da. Nur: Der Migros fehlt es leider nicht an Geld, sodass auch kein Bedürfnis besteht, eigenes zu schaffen, selbst wenn dies grosse gesamtwirtschaftliche Vorteile bieten könnte. Im Gegenteil: Sie hat sogar aktiv verhindert, dass ihre Cumulus-Rabatt-Punkte übertragbar wurden und als Ersatzgeld Hilfswerken zugute kamen. Aber vielleicht erreicht uns die Krise doch noch, sodass in der Migros wieder der Geist Gottlieb Duttweilers wach wird, der in der Folge der Depression der 1930er Jahre mehr zur Verbesserung der wirtschaftlichen Verhältnisse der Bevölkerung getan hat als jeder Kapitalist, der im vergangenen Jahrhundert auf Schweizer Boden gewandelt ist.

In der Schnäppchenzone der Wirtschaft kursieren bereits verschiedene geldähnliche Rabattsysteme. Mit den Superpunkten der

Coop-Genossenschaft, für die das meiste gilt, was über die Migros gesagt wurde, mit diesen Superpunkten kann man auch ausserhalb von Coop Waren und Dienstleistungen beziehen. Und Bonusmeilen haben sich im Zeitalter der Vielfliegerei zu einer eigenen Währung entwickelt. Das alles sind freilich noch Randerscheinungen, die aber bei Bedarf und mit etwas gutem Willen recht schnell zu tragfähigen Ersatzwährungen ausgebaut werden können.

Nun mögen viele Menschen nicht warten, bis die Krise auch die Köpfe der Wirtschaftskapitäne erreicht hat. Sie stecken schon jetzt in der Not und brauchen Geld, das in unserem System bekanntlich denen zufliesst, die es schon haben bzw. gar nicht brauchen.

Kredit, denn das ist Geld in seiner Essenz, kann man sich auch gegenseitig gewähren – nicht in Form von Geldverleih, sondern als Vertrauensvorschuss. Wie man ohne konventionelles Geld Handel treiben kann, zeigt die Int. Reciprocal Trade Assocation IRTA mit 110 Partnerorganisationen in über 20 Ländern. Die 400 000 weltweit angeschlossenen Firmen erzielten 2014 mit Tauschgeschäften einen Umsatz von rund 12 Mrd. Dollar.[194] Diese Geschäfte wären ohne «Barter» (engl. für Tausch) nicht zustande gekommen und ermöglichten eine bessere Auslastung der Firmen. Die meisten Unternehmen arbeiten ja nicht mit voller Auslastung ihrer Kapazitäten. Der Barter-Umsatz kann deshalb relativ kostengünstig erzielt werden. Abgerechnet wird über eine Clearingstelle in «Universal Currency» mit Parität zum Dollar.

Tauschgeschäfte werden offiziell nicht gern gesehen, aber vorderhand noch toleriert. 1985 schrieb das US-Office of Management and Budget in einem Bericht «Die US-Regierung betrachtet Gegengeschäfte und Tausch als Gegensatz zum freien Handel und nicht im Interesse der US-Geschäftswelt.» Der freie Tausch als «Gegensatz zum freien Handel»? Da geht es wohl eher um die Aufrechterhaltung des Monopols des gesetzlichen Zahlungsmittels. Denn Tauschgeschäfte sind auch bei internationalen Geschäften, die auf Regierungsebene ausgehandelt werden, die Regel, nicht die Ausnahme – Panzer gegen Schnellzüge oder Weizen gegen Erdöl.

---

194 IRTA: Modern Trade and Barter. www.irta.com/index.php/about/modern-trade-barter

Während der Tausch auf höchster Ebene Standard ist, wird er an der Basis bereits aktiv behindert. Pittsburg, wie viele andere US-Städte, machte Garagenverkäufe bewilligungspflichtig und limitierte sie auf zwei pro Familie und Jahr, nach Darstellung von Bloomberg nur das letzte Beispiel eines jahrzehntelangen Bemühens, den direkten Tausch unter den Menschen und die Wiederverwendung gebrauchter Sachen zu behindern. Profiteure der Einschränkungen sind Billig-Märkte wie Walmart.[195]

Was Unternehmen können, steht auch Gemeinden offen: der Aufbau eines eigenen Alternativgeldes oder Tauschsystems. In Brasilien gibt es mehr als 100 Gemeindebanken im Besitz der Einwohner, die eigenes Geld herausgeben, das nur am Ort verwendet werden kann und deshalb die lokale Wirtschaft stärkt. Die Zentralbank war zunächst dagegen, hat die Lokalwährungen dann aber genehmigt.[196]

In Europa, wo die Not noch nicht so gross ist, sind die Gemeinden noch nicht offen für solche Projekte. Aber Alternativgelder können auch von Vereinen und Genossenschaften aufgebaut und betrieben werden. Dabei handelt es sich im wesentlichen um ein Kredit-Clearing-System, eine Buchhaltung, in der die Leistungen und Bezüge aller Teilnehmer nachgeführt und saldiert werden. Weil es sich dabei nicht um offizielles Geld handelt, werden die Beträge nicht in Schweizer Franken oder Euro gebucht, sondern beispielsweise in Talent, Sterntaler oder in Chiemgauern. Ihr nomineller Wert entspricht in der Regel eins zu eins der offiziellen Währung. Inspiriert sind die meisten Modelle einerseits vom Freigeld Silvio Gesells mit seiner Umlaufsicherung und dem «Local Exchange and Trading System» LETS, das Michael Linton anfangs der 1980er Jahre in Kanada entwickelte und das in den 90er Jahren Europa erreichte. Damit nicht jede Transaktion einzeln verbucht werden muss, haben die meisten der über hundert Alternativwährungen im deutschsprachigen Raum auch Geldscheine im Umlauf, was allerdings die Umsetzung der Umlaufsicherung erschwert.

---

[195] Vanessa Wong: The Government's War on Yard Sales. Bloomberg, 16.4.2012. www.bloomberg.com/bw/articles/2012-04-16/the-government-s-war-on-yard-sales

[196] Süddeutsche Zeitung: Interview mit Paul Israel Singer «Solidarische Ökonomie ist die Währung der Arbeitslosen». 3.8.2015

Eine wichtige Frage in all diesen Systemen ist die Kreditwürdigkeit der einzelnen Teilnehmer und damit die Stabilität als Ganzes. Denn wie der Euro durch hoch verschuldete Länder gefährdet wird, steht und fällt auch die Stabilität einer Alternativwährung mit dem Umgang mit Negativpositionen. Auch ein Alternativgeld muss relativ knapp sein, um wertvoll zu bleiben, aber nicht zu knapp, um Geschäfte zu verhindern. Die Festlegung der maximalen Negativsaldi ist denn auch eine der wichtigsten Aufgaben in der Verwaltung einer Komplementärwährung. Im Grundsatz gilt auch hier die «real bills-Doktrin»: Einen Umsatz von bis zu drei Monaten kann man sich auch als gegenseitigen Kredit gewähren. Diese Geldschöpfung in alternativer Währung ist dann der Betrag, der zirkuliert. Um zu verhindern, dass die Teilnehmer nicht die psychologisch wichtige Grenze ins Minus überschreiten müssen, wird ihnen in einigen Systemen beim Eintritt auch ein gewisser Betrag gutgeschrieben, der bei Austritt dann ganz oder teilweise in harter offizieller Währung rückerstattet werden muss. Andere Modelle gewähren allen Teilnehmern eine identische Dispolimite, wobei es ökonomisch vernünftiger wäre, diese von einem Dreimonatsumsatz abhängig zu machen. Das Ei des Kolumbus in dieser für die gegenseitige Vertrauensbildung entscheidenden Frage scheint auf jeden Fall noch nicht gefunden. Und es erstaunt nicht, dass einige der erfolgreichsten Komplementärwährungen gar kein eigenes Geld schöpfen und ihr System ganz mit harter Währung decken, wie etwa der Chiemgauer in Bayern oder das Bon-Netz-Bon in Basel. Die Teilnehmer kaufen sich gegen normales Geld einen entsprechenden Betrag in BNB oder Chiemgauer, z.T. mit Rabatt, und verwenden die Scheine zur Bezahlung in den angeschlossenen Geschäften. Alternatives Geld ist dies allerdings nicht mehr, wie Thomas Greco schreibt, sondern eher ein Geschenkgutschein oder ein lokaler Travelerscheck.[197] Wer kein hartes Geld hat, kann auch nicht an der Gemeinschaft partizipieren. Der ökonomische Vorteil solcher Systeme liegt nur noch darin, dass das Geld in der Gemeinschaft bleibt und, sofern eine Umlaufgebühr damit verbunden ist, schneller dreht als das normale Geld. «Um wirk-

---

[197] Thomas Greco: The End of Money and the Future of Civilisation. 2009. Pos. 1624.

lich eine Gemeinschaft zu stärken», schreibt Thomas Greco, «muss eine Alternativwährung auf der Basis von ausgetauschten Gütern und Dienstleistungen geschöpft werden, d.h. sie muss durch Bezahlung durch Menschen und Firmen in Umlauf kommen, die sie später durch Angebot von Gütern und Dienstleistungen mit allgemeiner Nachfrage wieder zurücknehmen.»[198]

Als Variante zur Alternativwährung gibt es auch den Zeittausch. Pionier auf diesem Gebiet ist Edgar S. Cahn, früher Redenschreiber für Robert Kennedy, dann Rechtsprofessor an verschiedenen Elite-Universitäten und jetzt Leiter der TimeBank USA. 1986 entwickelte er das Konzept des «Time Dollar», einer simplen Buchhaltung für den Austausch von Arbeit. Wenn Fritz Sabine den Rasenmäher repariert, kann er von einem Dritten eine Gitarrenstunde beziehen und Sabine betreut für eine gewisse Zeit Kinder. Während solche Gefälligkeiten durchaus auch ohne Geld möglich – und vermutlich befriedigender – sind, erweitert eine Time Bank den Kreis der Tauschwilligen erheblich. Die Zeit, die in einem solchen System verrechnet wird, funktioniert wie Geld, ist aber nach amerikanischem Recht steuerfrei. Heute gibt es in den USA hunderte von TimeBanks, z.T. mit «Umsätzen» von 100 000 Stunden und mehr. Inzwischen ist der gemeinschaftsbildende und gesundheitsfördernde Effekt der Timedollars wissenschaftlich bestätigt. Die New Yorker Krankenkasse Elderplan hat sogar eine eigene Care Bank eingerichtet.[199]

Während bei den TimeBanks nur die Stunden in Umlauf kommen, die wirklich geleistet werden, gehen die Ithaca Hours aus dem Bundesstaat New York einen Schritt weiter. Mit den Ithaca Hours mit einem Nennwert von zehn Dollar kann man auch kaufen und bezahlen, was den Verwendungsbereich erheblich erweitert. Zusätzlich vergeben die Ithaca-Zentralbanker auch Stunden an gemeinnützige Organisationen, das Vorgehen scheint aber wegen der Inflationsgefahr nicht zur Nachahmung empfohlen.

---

198 a.a.O.: Pos. 1630.
199 Bernard Lietaer: Das Geld der Zukunft. 1999. S. 314.

Das Land mit der gegenwärtig grössten Verbreitung von Tauschsystemen ist Japan, von den prominenten Geldreformern Margrit Kennedy und Bernard Lietaer als «Experimentallabor für Komplementärwährungen» bezeichnet.[200] In Japan gab es schon im vorletzten Jahrhundert, bevor sich das Kaiserreich dem Westen zuwandte, viele regionale Komplementärwährungen. Nach dem Zweiten Weltkrieg entstand eine Reihe wegweisender Experimente, die aber in und ausserhalb Japans weitgehend ignoriert wurden, offenbar weil es sich bei den Pionieren um Frauen handelte. 1973 gründete Turoku Mizushima die Volunteer Labour Bank in Osaka, eine Zeitbank mit tausenden von Mitgliedern, die alle möglichen Formen von ehrenamtlicher Arbeit zu einem übertragbaren Wert macht. Die Arbeit ist dann zwar nicht mehr ganz so ehrenamtlich, wird aber auch mehr geschätzt.

Die weltweit grösste Zeitbank ist mit drei Millionen Teilnehmern das japanische «Fureai Kippu»[201] (wörtlich so viel wie «Pflege-Beziehungs-Gutschein»), das 1995 vom früheren Justizminister Tsutomu Hotta gegründet wurde. Das Erdbeben von Kobe 1995 überforderte die Regierung und führte zu einer Vielfalt von Selbsthilfeorganisationen mit ehrenamtlichen Helferinnen und Helfern. Wer ältere Menschen betreut, erwirbt sich im Fureai Kippu-System ein Zeitguthaben, das er oder sie für späteren Eigenbedarf sparen oder verschenken kann. Das System basiert auf autonomen lokalen Netzwerken, die über ein Clearing-System verbunden sind, das die Übertragung von Zeitgutschriften erlaubt. Man kann beispielsweise am Wohnort ältere Menschen betreuen und die Pflegezeit entfernt wohnenden Eltern schenken. Wie Befragungen ergeben haben, fühlen sich die älteren Menschen durch die mit «Fureai Kippu» bezahlten Pflegerinnen und Pfleger besser betreut als durch Personal, das in Yen bezahlt wird.

Japan kann die Probleme seiner Überalterung und die damit verbundenen Aufgaben und Kosten nicht mehr mit konventionellen ökonomischen Massnahmen meistern, zumal im Zuge der Industrialisierung einer grosser Teil der traditionellen familiären und ge-

---

[200] Margrit Kennedy und Bernard Lietaer: Regionalwährungen – neue Wege zu nachhaltigem Wohlstand. 2004. S. 169.
[201] Thomas Plettenbacher: Neues Geld, neue Welt. 2008. S. 108.

sellschaftlichen Strukturen verschwunden ist. In der Tat scheint die Gemeinschaftsbildung bei den vielen hundert japanischen Komplementärwährungen mehr im Vordergrund zu stehen als der ökonomische Vorteil für die Mitglieder, wie Yasuyuki Hirota in einem Paper über *Complementary Currencies in Japan* feststellt.[202] Immerhin: Nach Einschätzung von Tsutomu Hotta können «ein Drittel oder die Hälfte der konventionellen monetären Funktionen durch diese neuen Währungen ersetzt werden.»[203]

Unter den vielen japanischen Tauschwährungen, die zudem noch von der Regierung unterstützt und wissenschaftlich erforscht werden, verdient das einfache WAT-System besondere Beachtung. Die WAT-Tickets werden von Firmen als Gutscheine für ihre Waren und Dienstleistungen herausgegeben und zirkulieren in der Bevölkerung, bis sie schliesslich wieder bei den Herausgebern als Zahlung angenommen werden und aus dem Verkehr verschwinden. Sogar Einzelpersonen können WAT-Tickets herausgeben, solange sie als Zahlung angenommen werden. Jeder Empfänger entscheidet so über die Vertrauenswürdigkeit der Tickets. Währungseinheit ist ein WAT und steht für eine Kilowattstunde sauberen Stroms. Vorteil ist die Bindung an reales Gut in allgemeinem Gebrauch. Nachteil ist allerdings die Pflicht zur ständigen Umrechnung. WATs verbreiten sich in Japan offenbar sehr rasch, aber wegen ihrer dezentralen Organisation weiss niemand, wieviele Nutzer es gibt.

Komplementärwährungen haben das grosse Potenzial, «mithilfe ungenutzter Ressourcen unbefriedigte Bedürfnisse auf regionaler Ebene zu befriedigen», schreiben Margrit Kennedy und Bernard Lietaer.[204] Unbefriedigte Bedürfnisse wie vernachlässigte Kinder, pflegebedürftige Senioren oder der Wunsch nach Arbeit, Bildung und Kultur verbinden sich dank Komplementärwährungen mit Ressourcen wie Brachland, Menschen ohne Arbeit oder Produkte ohne Käufer, die nur

---

202 Yasuyuki Hirota: Complementary Currencies in Japan. Juni 2004. http://www.complementarycurrency.org/ccLibrary/ccs_in_japan-Hirota.pdf
203 Bernard Lietaer: Das Geld der Zukunft. 1999. S. 47.
204 Margrit Kennedy und Bernard Lietaer: Regionalwährungen – neue Wege zu nachhaltigem Wohlstand. 2004. S. 208.

deshalb nicht genutzt werden, weil das Geld nicht vorhanden oder zu teuer ist. Das Potenzial für Tauschsysteme ist enorm, und man kann sich nur wundern, warum sie nicht mehr genutzt werden.

Es ist paradox: Der Aufbau einer Alternativwährung oder eines Tauschsystems ist heute so einfach, dass es fast schon wieder schwierig ist. Ein Satz von Regeln und eine Software genügen; beides kann man sich gratis aus dem Netz herunterladen.[205] Damit ein System aber funktioniert, braucht es eine bestimmte Anzahl aktiver Teilnehmer. Es ist wie mit dem Telefon: Je mehr Apparate, desto nützlicher wird das System. So erfreulich die Vielfalt von Tauschkreisen und Alternativwährungen, sie ist unter diesem Gesichtspunkt fast ein Nachteil.

Ein weiterer Nachteil ist die fehlende Notwendigkeit. Solange es mit dem alten Geld noch irgendwie geht, ist die Motivation, etwas Neues aufzubauen, entsprechend gering. Auch hier sind die Komplementärwährungen mit einem Paradox konfrontiert: Das Schuldgeld in exzessiven Mengen, das die wirtschaftlichen Ungleichheiten hervorruft, finanziert durch weitere Schulden vorderhand auch noch seine sozialen Schäden. Erst wo dies nicht mehr funktioniert, wie jetzt in Griechenland, nehmen Tauschmodelle zu. Es geht uns noch zu gut, um wahrzunehmen, dass es uns besser gehen könnte.

Ein Grund für das schwache Wachstum von Alternativgeld ist ferner die rechtliche und steuerliche Unsicherheit. In den USA sind Einkünfte in «Time Dollars» steuerfrei, während in Deutschland und der Schweiz Einkünfte in Alternativwährungen versteuert und in harter Währung bezahlt werden müssen. Die ökonomischen Gründe sprechen allerdings dagegen. Alternativwährungen tragen dazu bei, dass soziale Probleme gelöst werden, die die öffentlichen Kassen sonst belasten würden. Zudem gehen viele soziale Probleme direkt auf die Globalisierung zurück, die es dem Kapital ermöglicht, jederzeit an den Ort des grössten Gewinns zu wandern, Steuern zu vermeiden und soziale und ökologische Kosten zu umgehen. Regionale Gelder machen das gerade nicht: Sie bleiben dort, wo sie verdient werden. Sie mit Steuern in knapper Währung zu bestrafen, denen sich das freie

---

[205] Ein Handbuch gibt es unter www.regionetzwerk.de und Software unter www.cyclos.org

Kapital entziehen kann, bedeutet eine doppelte Benachteiligung. Ein Vorteil wäre es dagegen, wenn Einkünfte in Regiogeld auch in dieser Währung besteuert würden, denn das würde sie für alle zu einem nützlichen Tauschmittel machen. Regionale Ressourcen werden besser genutzt, die Arbeitslosigkeit wird verringert, der Kaufkraftabfluss verhindert und die Gemeinden erhalten neue finanzielle Möglichkeiten. Ähnliche Ziele verfolgt auch die EU mit ihren Förderprogrammen; aber sie erreicht sie mit dem offiziellen Geld nicht.[206] Geld sucht sich immer den grössten Profit, und der liegt meist anderswo.

Ein letztes Handicap von Alternativwährungen ist die rechtliche Grauzone, in der sie sich bewegen. Das gilt im Übrigen auch für das Geld der Banken, für das sie sich auf die Vertragsfreiheit berufen. «Wenn Geschäftsbanken durch die Vergabe von Krediten an ihre Kunden ‹Geld schöpfen›, ist dies keineswegs ein Privileg, sondern ein Ausfluss der allgemeinen Vertragsfreiheit», schreibt etwa avenir suisse.[207] Nichtsdestotrotz: Nach Ansicht des früheren EZB-Direktoriumsmitglieds Otmar Issing (heute «International Adviser» von Goldman-Sachs) gefährden elektronische Ersatzwährungen das staatliche Geldmonopol.[208] Ein absolutes staatliches Geldmonopol ist allerdings schwer zu begründen. Denn Geld ist ein Recht auf Gegenleistung, das freie Menschen in freier Assoziation untereinander begründen. Solche Rechte-Gemeinschaften sollten im Rahmen der Vertragsfreiheit geschützt werden wie die Meinungs- oder die Versammlungsfreiheit. Ein Monopol kann – und muss! – der Staat nur auf gesetzliche Zahlungsmittel geltend machen. Aber genau das tut er nicht, indem er das private Geld der Banken nicht nur zulässt, sondern in der Praxis dem gesetzlichen Zahlungsmittel gleichstellt und mit dem Vermögen der Bürger sogar noch rettet.
Paragraf 35 des Gesetzes über die Bundesbank zeigt, in welche Rich-

---

206 Robert Musil, zitiert in Margrit Kennedy und Bernard Lietaer: Regionalwährungen – neue Wege zu nachhaltigem Wohlstand. 2004. S. 212.

207 avenir suisse: Leere Vollgeld-Hoffnungen. März 2014. S. 4.

208 Hugo Godschalk: Währungs- und bankrechtliche Aspekte [von Regionalwährungen]. In: Margrit Kennedy und Bernard Lietaer: Regionalwährungen – neue Wege zu nachhaltigem Wohlstand. 2004. S. 225.

tung der Wind bläst: «Mit Freiheitsstrafe bis zu fünf Jahren oder mit Geldstrafe wird bestraft, 1. wer unbefugt Geldzeichen (Marken, Münzen, Scheine oder andere Urkunden, die geeignet sind, im Zahlungsverkehr an Stelle der gesetzlich zugelassenen Münzen oder Banknoten verwendet zu werden) oder unverzinsliche Inhaberschuldverschreibungen ausgibt, auch wenn ihre Wertbezeichnung nicht auf Euro lautet. ...» Nun werden Regiogelder nicht «an Stelle», sondern «in Ergänzung» gesetzlicher Zahlungsmittel verwendet. Und wenn sie auf die dingliche Darstellung als Papierschein verzichten, sondern nur in elektronischer Form als Buchungseintrag existieren, dann fallen sie nicht unter die Liste der betroffenen Geldzeichen. Über die Details lässt sich sicher trefflich streiten; aber das wurde bis jetzt noch nicht getan, wenigstens nicht vor Gericht.

Die Bundesbank hat Empfehlungen abgegeben über die Gestaltung solcher Scheine, damit sie nicht gegen den erwähnten Paragrafen verstossen; sie müssen als «Gutschein» bezeichnet werden, «möglichst auf den Namen einer bestimmten Person ausgestellt sein und mit einem deutlichen Aufdruck ‹nicht übertragbar› versehen werden.»[209] Daran halten sich die Komplementärwährungen Deutschlands allerdings nicht, und noch keine ist deswegen vor Gericht gezogen worden.

Dagegen hat die EU in ihrer Richtlinie 2009/110/EG über E-Geld verfügt, «ein Rücktausch sollte jederzeit zum Nennwert und ohne die Möglichkeit, eine Mindestgrenze für den Rücktausch zu vereinbaren, möglich sein.» Im Klartext bedeutet dies: 100-Prozent-Deckung. Aber der Begriff «E-Geld» bezeichnet nur elektronische Guthaben, die man vorher durch Zahlung erworben hat.[210] Bankguthaben sind

---

[209] a.a.O., S. 233, aus einem Schreiben der Deutschen Bundesbank an Hugo Godschalk vom 27.6.2003.

[210] Art 2. der Richtlinie im Wortlaut: «Für die Zwecke dieser Richtlinie bezeichnet der Ausdruck ... ‹E-Geld› jeden elektronisch — darunter auch magnetisch — gespeicherten monetären Wert in Form einer Forderung gegenüber dem Emittenten, der gegen Zahlung eines Geldbetrags ausgestellt wird, um damit Zahlungsvorgänge im Sinne des Artikels 4 Nummer 5 der Richtlinie 2007/64/EG durchzuführen, und der auch von anderen natürlichen oder juristischen Personen als dem E-Geld-Emittenten angenommen wird; http://eur-lex.europa.eu/legal-content/DE/ALL/?uri=CELEX:32009L0110

damit nicht gemeint, denn die Richtlinie gilt nur für Institutionen ohne Banklizenz. Nur: Auch ein Bankguthaben ist ein elektronisch gespeicherter monetärer Wert, der durch Zahlung erworben wurde, nur dass ein Rücktausch in der Gesamtheit der Guthaben nicht zum Nennwert, sondern nur im Umfang der Mindestreserve möglich ist. Sicher ist nur, dass leistungsgedeckte Komplementärwährungen, bei denen die Teilnehmer ihre Guthaben nicht mit Euro erwerben, sondern mit Leistung, davon nicht betroffen sind.

Man sieht: Mit den schwammigen Rechtsnormen, die das heutige Geld regeln, wird man sich auch bei den komplementären Zahlungsmitteln im Nebel verlieren. Aber noch ist der Weg frei.

Margrit Kennedy bezeichnete Alternativwährungen treffend als Rettungsboote. Man kommt wirtschaftlich zwar nicht so weit wie mit einem Ozeandampfer; aber man gerät nicht in Panik, wenn der Untergang der Titanic droht, und man kann sich mit ihnen in Sicherheit bringen. Ich kann deshalb die Teilnahme an einem Tauschkreis oder einer Komplementärwährung nur ans Herz legen. Auch Rettungsboote erfordern gewisse Kenntnisse in Navigation; die Theorie kann man sich in Büchern erwerben, die Praxis nur durch konkrete Erfahrung.

Fassen wir zusammen:
• Die Vollgeld-Reform ist die aussichtsreichste, wenn nicht einzige Massnahme, ein Land auf demokratischem Weg vom betrügerischen globalen Finanzsystem zu befreien, ohne gleichzeitig die wesentlichen Rechtsverhältnisse aufzulösen. Die Vollgeld-Reform ist notwendig, aber nicht hinreichend. Ohne Aufhebung der privaten Geldschöpfung aus dem Nichts bleiben alle anderen Reformen letztlich Stückwerk.
• Gelingt die Vollgeld-Reform nicht, können «private» Geldsysteme auf breiter, genossenschaftlicher Basis die Transaktionen für das Funktionieren der Realwirtschaft fast vollständig übernehmen – binnen weniger Wochen, wie die Erfahrung gezeigt hat. Solche Systeme sind in allen denkbaren Verhältnissen sinnvoll und sollten deshalb jetzt schon geplant und mindestens im kleinen Rahmen geübt

werden. Man darf davon ausgehen, dass solche Systeme auch grenzüberschreitend wirken, wenn sie nicht aktiv daran gehindert werden. Guter Kredit ist immer und überall gern gesehen, Vertrauen die Basis aller menschlichen Interaktion.

- Gelingen die privaten Geldsysteme nicht, landen wir auf der untersten Stufe der Geldreform: bei dem, was das Individuum tun kann. Dazu an dieser Stelle nur eine summarische Antwort: Angemessene, nicht übertriebene Wohnverhältnisse in einem möglichst energieautarken Haus, ein fruchtbarer Garten, ein bisschen Vorrat und vor allem gute Nachbarschaft, tragfähige Freundschaften und ein stabiles Netz sind die beste Vorsorge. Vor allem die Erhaltung einer produktiven Landwirtschaft dürfte ein Schlüsselfaktor sein. Dazu kann man durch Einkauf auf dem Markt, direkt auf Höfen oder durch Beteiligung an genossenschaftlichen Landwirtschaftsbetrieben (community supported agriculture CSA) jetzt schon beitragen – und nebenbei auch profitieren.

Zur Vorsorge gehört auch die Verteidigung der Demokratie und die Wiederherstellung der Souveränität des Volkes, bzw. deren Eroberung in Ländern ohne direkte Demokratie. Wir werden als Bürgerinnen und Bürger nicht darum herumkommen, uns mit dem Thema Geld zu befassen, die Materie in den Grundzügen zu verstehen und die Führungsleute in Politik und Wirtschaft mit dem grundlegenden Reformbedarf zu konfrontieren. «Wenn das Geld die Welt regiert», schreibt der Ökonom und Wirtschaftsethiker Karl-Heinz Brodbeck, Professor an der Fachhochschule Würzburg-Schweinfurt, «dann ist die Wissenschaft vom Geld, die Ökonomik, eine Herrschaftswissenschaft.»[211] Dieses Herrschaftswissen, dessen eklatante Lücken wir in diesem Buch verfolgt haben, gilt es zu brechen. Solange wir uns tatenlos als Manövriermasse behandeln lassen, sind wir es auch. Wer nicht entscheidet, über den wird entschieden.

Das Finanzsystem ist der wirksamste Ansatzpunkt zum Schutz der Demokratie. Unser Geld ist nicht nur die Hauptursache vieler Probleme, deren Symptome wir mit grossem Aufwand und beträcht-

---

211 Karl-Heinz Brodbeck in: Philosophicum Lech: Geld – was die Welt im Innersten zusammenhält? 2009. S. 209

lichen Einschränkungen zu beheben versuchen. Es zerstört die Demokratie gleich dreifach:

• Kapital ist grenzenlos, während wir nur innerhalb von nationalen Grenzen (und vielleicht unter gewissen Bedingungen sogar in multinationalen Einheiten wie der EU) demokratisch entscheiden können. Wir liegen also im wörtlichen Sinn immer daneben. Entschieden wird anderswo, meist im quasi rechtsfreien Raum der globalisierten Wirtschaft.

• Geld als sich ständig beschleunigende Kraft ist immer schneller als der demokratische Entscheidungsprozess. Wir kommen also immer zu spät. Die Entscheidung ist bereits gefallen. Deshalb ist sie ohne Alternative, und nicht, weil es keine Alternative gäbe.

• Und schliesslich zwingt der grenzenlose Wachstumsdrang des Geldes immer mehr Menschen in die Selbstverteidigung. Das Naturrecht, sein Leben mit angemessenen Massnahmen zu retten, steht über dem geschriebenen Gesetz, schon heute. Je mehr Menschen wir in die Selbstverteidigung treiben, desto weniger Demokratie ist möglich. Das könnten einige auch zu nutzen wissen. Harte Zeiten sind für Despoten gute Zeiten.

Es ist deshalb Bürgerpflicht, das Geld zu entmachten und die Selbstbestimmung des rechtmässigen Souveräns wiederherzustellen. Das Instrument erster Wahl ist dabei die Vollgeld-Reform. Andernfalls wird es den Bürger als solchen bald nicht mehr geben, sondern nur noch als Funktionsträger eines unterdrückerischen Systems oder als sein Opfer, aber bestimmt nicht als freien Menschen. Die politischen Grenzen werden deshalb in Zukunft nicht mehr zwischen den Klassen, sondern zwischen den Menschen verlaufen, die der Finanzwirtschaft und denen, die der realen Wertschöpfung dienen.

Auch wenn sich die monetären Verhältnisse in den letzten zwei, drei Jahrzehnten im historischen Rahmen sehr schnell verändert haben, in Relation zu unserer Wahrnehmungsfähigkeit war die Entwicklung immer noch zu langsam. Es geht uns in dieser Hinsicht wie dem berühmten Frosch im heisser werdenden Wasser: Wenn er die Gefahr endlich erkennt, sind seine Kräfte zur Selbstrettung bereits geschwunden. Wir müssen daher auf eine Gefahr reagieren, die für uns als Kollektiv noch gar nicht existiert. Ein typischer Fall von Angstmacherei also? Ja und nein.

Ich bin kein Leser von Verschwörungsliteratur und halte nichts von Angstmache, auch nicht für einen guten Zweck. Selbst wenn die Verschwörungsspezialisten recht hätten: Ein übermächtiges Feindbild aufzubauen, dient letztlich nur dem Feindbild. Das bedeutet freilich nicht, vor einem möglichen Finanz-GAU die Augen zu verschliessen. Wer in See sticht, hält die Rettungsboote klar. Man fühlt sich sicherer, wenn die Mannschaft vor dem Auslaufen die Rettungsausrüstung kontrolliert, als wenn der Kapitän ohne Check-up die Leinen löst und die Passagiere beruhigt: Es kann nichts geschehen. Das haben sie auf der Titanic auch gesagt.

Es ist nicht verboten, im Gedankenspiel mit dem Schlimmsten zu rechnen und die notwendigen Massnahmen durchzudenken. Das macht man für viele Grossrisiken auch, den Klimawandel, atomare Terroranschlägen oder den befürchteten elektromagnetischen Puls der Sonne, der die ganze elektrische und elektronische Infrastruktur der Erde ausser Betrieb setzen kann.

Es ist sogar Pflicht, sich in Vorsorge mit dem Schlimmstmöglichen zu befassen. Denn nur dadurch können wir die Angst überwinden, die den Finanz-GAU zum unlösbaren Problem macht. Erst wenn wir hinschauen, erkennen wir die Lösungen.

Der Finanz-GAU ist damit wie der mythologische Drache, der nur von denen bezwungen werden kann, die ihre Angst überwinden. Wenn wir dafür auf Perseus, den heiligen Georg oder einen anderen Drachentöter warten, sind wir allerdings kaum zu retten. Für uns alle heisst es: Schau hin oder stirb.

Diesen mutigen Blick zu erleichtern, das ist das Ziel dieses Buches. Denn der Lohn ist gross. Vor uns steht eine Ära des Friedens, der Freude und der Erkenntnis, wie sie die Welt in geschichtlicher Zeit noch nie erlebt hat. Das kleine Untier am Eingang zum gelobten Land, das werden wir wohl noch gemeinsam schaffen. Wenn es erkannt wird, gibt es den Weg frei.

Oder, um ein altes Wort zu zitieren: Fürchtet Euch nicht!

Empfohlene Literatur

Für Leserinnen und Leser, die neu in das Geldthema einsteigen, kann dieses Buch nur ein Anfang sein. Blogbeiträge und manchmal auch Artikel aus den Mainstream-Medien mögen einen mit aktuellen Nachrichten auf dem Laufenden halten, ein kohärentes Bild über das Wesen des Geldes und seinen Einfluss auf die Welt liefern sie nicht. Dazu ist die Lektüre von Büchern unerlässlich.

Trotz der enormen Fülle an Literatur ist die Auswahl an empfehlenswerten Büchern relativ klein. Die meisten beschränken sich auf die Exzesse der Finanzmärkte, die fehlenden politischen Antworten oder Wege, sein persönliches Vermögen in Sicherheit zu bringen. Viele lassen die Geldschöpfung aussen vor, die Wirkung des Zinses, die juristischen Fragen oder konzentrieren sich sonstwie auf einen Teilaspekt.

Sehr empfehlenswert:

Argentarius: Vom Gelde. Nikol Verlag, 2011. 120 S. Fr. 6.90/€ 4,–. Ein anonymer Bankdirektor der frühen 1920er Jahre erklärt seinem Sohn das Geldwesen. Allgemeinverständlich und inspirierend!

Norbert Häring: Die Abschaffung des Bargelds und die Folgen – der Weg in die totale Kontrolle. Quadriga Verlag, 2016. 256 S. Geb. Fr. 26.90/€ 18.–. Ausgezeichnet! Häring erklärt die Bargeldabschaffung als Folge der privaten Geldschöpfung. http://norberthaering.de

Ellen Hodgson Brown: Der Dollar Crash. Kopp-Verlag, 2008. 640 S. Fr. 14.90/€ 9.95. Vermutlich das komplettseste Werk, 2007 unter dem Titel «The Web of Debt» erschienen, endet aber mit dem Ausbruch der Finanzkrise. Die Autorin führt einen informativen «Web of Debt»-Blog: http://ellenbrown.com

Joseph Huber: Monetäre Modernisierung – die Zukunft der Geldordnung: Vollgeld und Monetative. Metropolis, 2013. 258 S. Fr. 35.90/€ 26.–. His Masters Voice – das massgebende Buch des Vaters der Vollgeld-Reform. Seine Website: www.vollgeld.de

Margrit Kennedy: Occupy Money – damit wir zukünftig alle die Gewinner sind. Kamphausen Verlag, 2011. 112 S. Fr. 14.90/€ 9.95. Das vorletzte Buch der grossen Geldreformerin. Alles drin, sehr kompakt.

Bernard Lietaer: Das Geld der Zukunft – über die destruktive Wirkung des existierenden Geldsystems und die Entwicklung von Komplementärwährungen. Riemann, 1999. 478 S. Fr. 24.90/€ 19.95. Bernard Lietaer ist als ehemaliger leitender Mitarbeiter der belgischen Zentralbank, als Professor für Finanzwissenschaft und als Förderer von Alternativwährungen wohl der umfassendste Kenner der Materie. Dieses Buch enthält alles, was man wissen muss, ausser der Vollgeld-Reform und den aktuellen Stand der Dinge.

Bernard Lietaer et al.: Geld und Nachhaltigkeit. Von einem überholten Finanzsystem zu einem monetären Ökosystem. Ein Bericht des Club of Rome/EU Chapter. Europa Verlag. 336 S. Fr. 28.90/€ 20.–. Eine übersichtliche Darstellung der Zusammenhänge zwischen Geld und Nachhaltigkeit, samt verschiedenen Reformvorschlägen.

Felix Martin: Geld, die wahre Geschichte. 2014. Deutsche Verlags-Anstalt, 2014. 432 S. Fr. 33.90/€ 23.–. Erhellende Darstellung des Geldes und seiner Entwicklung durch die Jahrzehnte; die Konsequenzen der modernen Geldschöpfung werden aber kaum analysiert.

David Stelter: Die Schulden im 21. Jahrhundert. Frankfurter Allgemeine, 2014. 157 S. € 14.90. Wer «Das Kapital im 21. Jahrhundert» von Thomas Piketty nicht lesen mag, ist mit dieser fairen Kritik gut bedient. Es zeigt, wie Umverteilung funktioniert. Seine Website: http://think-beyondtheobvious.com

Auch empfehlenswert:

Helmut Creutz: Das Geld-Syndrom 2012 – Wege zu einer krisenfreien Wirtschaftsordnung. Hochschul Verlag 2014. 483 S. Fr. 24.90/€ 16.80. Dieses Buch, 1993 erstmals erschienen, hat in zahlreichen Auflagen Tausende inspiriert und aktiviert. Keiner spürt der Wirkung des Zinses so detailliert nach, wie Helmut Creutz. Mangel: die Geldschöpfung aus dem Nichts kommt überhaupt nicht vor.

Charles Eisenstein: Ökonomie der Verbundenheit – wie das Geld die Welt an den Abgrund führte und sie dennoch jetzt retten kann. Scorpio, 2013. 496 S. Fr. 28.90/€ 20.–. Der Autor – Mathematiker, Philosoph und einer der Inspiratoren von Occupy Wallstreet – zeichnet das Bild einer Wirtschaft, die weit über die Geldreform hinausgeht. Seine Website: http://charleseisenstein.net

David Graeber: Schulden: Die ersten 5000 Jahre. Klett-Cotta, 2011. 536 S. Fr. 39.90/€ 27.–. Die grosse Leistung dieser oft im Plauderton gehaltenen Arbeit liegt darin, dass sie zeigt, dass der Kredit und nicht das Geld am Anfang der Wirtschaft steht.

Thomas Greco: The End of Money and the Future of Zivilisation. Chelsea Green Pub. 2009. 280 S. (nur in englisch). Übersichtlich und klar, beantwortet die wichtigsten Fragen zur Schaffung privater Alternativwährungen. Seine Website: http://beyondmoney.net

Jésus Huerta de Soto: Geld, Bankkredit und Konjunkturzyklen. Lucius+Lucius, 2011. 660 S. Fr. 98.90/€ 79.–. Das massgebende Werk über die grundlegenden Rechtsprobleme des Geldes. Etwas anstrengend, nur für «Profis».

Margrith Kennedy u. Bernard Lietaer. Regionalwährungen: Neue Wege zu nachhaltigem Wohlstand. Riemann, 2004. 301 S. Fr. 26.90/€ 18.–. Das Standardwerk über Alternativgeld. Nicht mehr ganz up-to-date und ein Tick zu optimistisch.

Adam LeBor: Der Turm zu Basel – BIZ, die Bank der Banken und ihre dunkle Geschichte. Rotpunkt Verlag, 2014. 344 S. Fr. 33.–/€ 29.90. Der Autor zeigt überzeugend, dass auch die Zentralbanken nicht ihren Ländern, sondern der Bankenwelt dienen und dafür ein intransparentes Netzwerk mit dunkler Geschichte bilden.

Michael Lewis: The big short – wie eine Handvoll Trader die Welt verzockte. Campus 2010. **Boomerang – Europas harte Landung.** Campus, 2011. **Flashboys – Revolte an der Wallstreet.** Campus 2015. Der amerikanische Ex-Trader ist der beste Erzähler des Finanzirrsinns. Aber das Verständnis der systemischen Zusammenhänge kommt zu kurz. Lewis erklärt nicht, er erzählt.

Thomas Mayer und Roman Huber: Vollgeld – das Geldsystem der Zukunft. Tectum, 2014. 320 S. Fr. 26.90/€ 18.85. Überzeugende Darstellung des Vollgeldes durch die beiden Aktivisten von der Bewegung «Mehr Demokratie».

Philosophicum Lech: Geld. Was die Welt im Innersten zusammenhält? Hrsg. v. Konrad Paul Liessmann. Zsolnay, 2009. 312 S. Fr. 29.90/€ 24.50

Nicholas Shaxson: Schatzinseln – wie Steueroasen die Demokratie untergraben. Rotpunkt-Verlag, 2011. S. Fr. 27.–/€ 24.50. Einfach unglaublich, mit welcher Konsequenz Steuern im grossen Stil hinterzogen werden – von der Politik weitgehend toleriert.

Über den Autor

Christoph Pfluger (*1954) stieg nach sechs Semestern Medizin und Rechtswissenschaft 1980 in den Journalismus ein, schrieb zunächst für die Wirtschaftsseiten grösserer Schweizer Tages- und Wochenzeitungen und betreute Verbands- und Firmenzeitschriften. Nach dem vertieften Einstieg in die Problematik des Geldwesens gründete er 1988 den Newsletter «Die neue Wirtschaft», bei dem er bereits das Prinzip der freien Abobeiträge erprobte. Nach einem Intermezzo als Chefredaktor des Wochenmagazins «Diagonal» der Tageszeitungen Bund, Bieler Tagblatt und Solothurner Zeitung (1989/90) gründete er 1992 das Zweimonatsmagazin «Zeitpunkt», das er bis heute herausgibt und bei dem die Leserinnen und Leser ihren Abobeitrag frei bestimmen. 1993 half er mit bei der Gründung des «Talent», der ersten Komplementärwährung der Schweiz und war einer der beiden Initianten des (gescheiterten) Referendums gegen die neuen GATT-Verträge (1994/95). Die Schweiz wäre das einzige Land gewesen, das über diesen wichtigen Globalisierungsschritt hätte abstimmen können.

«Das nächste Geld» ist nach zahlreichen Artikeln über Aspekte des Geldsystems das erste Buch von Christoph Pfluger. Der Autor ist Vater von fünf erwachsenen Söhnen, sechsfacher Grossvater und lebt in Solothurn. Seine Texte zum Thema Geld erscheinen auch auf der Website www.christoph-pfluger.ch

Er freut sich auf Leserecho an christoph.pfluger@zeitpunkt.ch

Bücher aus der edition Zeitpunkt

Das Buch zur wichtigsten Volksinitiative seit Jahrzehnten: Drei hochkompetente Autoren erklären die Geldschöpfung, ihre Probleme und eine überzeugende Lösung: die Vollgeld-Reform.
Hans Christoph Binswanger beschäftigt sich seit Jahrzehnten als em. Professor der Hochschule St. Gallen mit Fragen der Geldschöpfung. Joseph Huber hat als Professor em. für Wirtschafts- und Umweltsoziologie der Universität Halle das Vollgeld-Konzept entwickelt. Und der em. Professor für Staatsrecht der Hochschule St. Gallen, Philippe Mastronardi, hat den Verfassungstext zur Vollgeld-Reform und zur Neugestaltung des Bankwesens geschrieben, über den die Schweiz in naher Zukunft abstimmen wird.
Hintergrundwissen für Staatsbürgerinnen und Staatsbürger, die ihre Verantwortung ernst nehmen.

Verein Monetäre Modernisierung (Hrsg.): Die Vollgeld-Reform – wie Staatsschulden abgebaut und Finanzkrisen verhindert werden können. Mit Beiträgen von Hans Christoph Binswanger, Joseph Huber, Philippe Mastronardi und einer Einleitung von Mark Joób. edition Zeitpunkt, 4. Aufl., 2014. 84 S. Fr.12.50/€ 10.01.

Niemand schrumpft zivilisierter. Die japanische Krankheit spitzt sich unaufhaltsam zu: Mit einer Staatsverschuldung, die bei 240 Prozent seines Bruttoinlandproduktes liegt und der Aussicht, ein Drittel seiner heutigen Bevölkerung zu verlieren, muss Japan heute als erstes OECD-Land den Übergang in die Postwachstumsgesellschaft gestalten. Seine Bevölkerung erträgt diesen Wandel trotz Prekarisierung der Arbeitswelt bisher mit bemerkenswerter Disziplin, ja sogar mit einer gewissen Anmut.
Die Philosophin und Nachhaltigkeitsforscherin Christine Ax nimmt Sie mit auf die Reise in ein Land, das zehn Jahre tiefer in einem Problem steckt, das den übrigen Ländern des Westens erst noch bevorsteht.

Christine Ax: Reise ins Land der untergehenden Sonne – Japans Weg in die Postwachstumsgesellschaft. edition Zeitpunkt, 2014. 80 S. Fr. 12.50/€ 10.01. ISBN: 978-3-9523955-1-6

Es gibt Zitronen, die werden ausgepresst, bis Blut fliesst. Griechenland ist so ein Fall. Das Ergebnis wird selbst den Köchen der Rettungsdiät nicht schmecken. Der Journalist und Filmemacher Harald Schumann hat die Rezepte analysiert und mit dem Küchenpersonal des IWF, der EZB und der EU gesprochen. Er hat sich vor Ort in Griechenland umgesehen und die Resultate in zahlreichen Artikeln im «Tagesspiegel» und zwei bemerkenswerten Filmen dokumentiert, dem preisgekrönten «Staatsgeheimnis Bankenrettung» (2013) und «Macht ohne Kontrolle – die Troika» (2015).

Die Autorin Ute Scheub hat aus dem umfangreichen Material ein griechische Tragödie geschrieben, samt Chor der Boulevardjournalisten. Eine überzeugende, eingängige Darstellung einer Geschichte, die wir verstehen müssen, wenn wir sie noch beeinflussen wollen.

Harald Schumann und Ute Scheub: Die Troika – Macht ohne Kontrolle. Eine griechische Tragödie und eine europäische Groteske in fünf Akten. edition Zeitpunkt, 2015. 106 S., geb. Fr. 15.–/€ 14.– ISBN: 978-3-9523955-4-7

Sie sah, was die Messgeräte verkannten. Mit 17 entdeckte Cornelia Hesse-Honegger als junge Illustratorin Fehler in einer wissenschaftlichen Arbeit. Nach Tschernobyl sah sie, dass die Natur rund um Atomanlagen voll von verkrüppelten Insekten ist. Mit ihren Zeichnungen öffnete sie der Welt die Augen für die zerstörerische Macht der angeblich schwachen Strahlung. Doch die Wissenschaft wollte nicht hinsehen, sondern vertraute ihren Grenzwerten. Dann machte sich Cornelia Hesse-Honegger auf die Reise zu den Hotspots der Atomgeschichte, zeichnete Wanzen, sammelte Daten, schloss Freundschaften und legt nun ihre bewegende Geschichte vor. Es ist die Geschichte der grossen Hoffnung, die Macht der schwachen Strahlung und des grossen Geldes zu brechen. Es ist auch unsere Geschichte, die wir immer noch zu einem guten Ende führen können.

Cornelia Hesse-Honegger: Die Macht der schwachen Strahlung – was uns die Atomindustrie verschweigt. edition Zeitpunkt, 2016. 232 S., geb. Fr. 29.-/ € 26.-.Geb. Mit 20 ganzseitigen, farbigen Abbildungen.

Die Titel der edition Zeitpunkt sind im Buchhandel oder über edition.zeitpunkt.ch erhältlich. Bei Bestellung über unsere Website wird den Autoren das doppelte Autorenhonorar vergütet.

Veränderungen kann man nicht bestellen,
aber die Anregungen dazu!

Der Zeitpunkt ist die gepflegte Alternative zur Gleichschaltung der Massenmedien. Er bietet Journalismus mit Kopf, Herz und Hand für intelligente Optimistinnen und konstruktive Skeptiker. Er putzt trübe Scheiben, macht Mut und vernetzt mit Organisationen, in denen Pioniergeist weht.

Der Zeitpunkt erscheint zweimonatlich und zeigt, wie die grossen Schwierigkeiten dieser Zeit zur grossen Chance werden.

Einzelnummer: Fr. 10.–/€ 10.–. Der Abobeitrag wird von den Lesern selbst bestimmt. www.zeitpunkt.ch